财经法治

财税体制改革指引系列

增值税法百问百答

郭维真／著

法律出版社
LAW PRESS · CHINA
北京

图书在版编目（CIP）数据

增值税法百问百答 / 郭维真著. -- 北京 : 法律出版社, 2025. -- ISBN 978 - 7 - 5197 - 9968 - 7

Ⅰ. D922.229.5

中国国家版本馆 CIP 数据核字第 202563TT58 号

增值税法百问百答
ZENGZHISHUIFA BAIWENBAIDA

郭维真 著

策划编辑 陈 妮
责任编辑 陈 妮 张思婕 李晶晶
装帧设计 鲍龙卉

出版发行 法律出版社
编辑统筹 法治与经济出版分社
责任校对 王 皓
责任印制 吕亚莉
经 销 新华书店

开本 A5
印张 13.25 **字数** 357 千
版本 2025 年 4 月第 1 版
印次 2025 年 4 月第 1 次印刷
印刷 固安华明印业有限公司

地址:北京市丰台区莲花池西里 7 号(100073)
网址:www.lawpress.com.cn
投稿邮箱:info@lawpress.com.cn
举报盗版邮箱:jbwq@lawpress.com.cn
销售电话:010 - 83938349
客服电话:010 - 83938350
咨询电话:010 - 63939796

书号:ISBN 978 - 7 - 5197 - 9968 - 7
定价:76.00 元

凡购买本社图书,如有印装错误,我社负责退换。电话:010 - 83938349

我国改革开放后引入的增值税法经过40多年发展，已从一个小税种成长为我国第一大税种。《增值税法》的通过，标志着增值税制度改革和立法迈出了新步伐。本书深入浅出地从具体问题出发，解读条文的同时，回顾了立法的变迁，对增值税的理论和实践问题进行了解读，既有助于读者学习和掌握《增值税法》，也为读者呈现了如何基于整体视角理解增值税的理论和规范的统一。

刘佐

2025年4月

刘佐，国家税务总局税收科研所原所长、研究员，中国法学会财税法学研究会副会长。

《增值税法》的出台是我国全面落实税收法定原则、建立现代税收制度的重要里程碑。本书采用一问一答的方式，逐条解读条文内容，聚焦亮点与变化，结合实践操作，为读者搭建了完整且实用的增值税法知识体系。本书既是一本具有税法科普性质的大众读物，也是一本可以为专业人士提供参考的工具性用书，是理解与适用《增值税法》不可或缺的专业指南。

2025年4月

施正文，中国政法大学教授、博士生导师，中国法学会财税法学研究会副会长。

增值税是我国税收体系的第一大税种。《增值税法》的通过，是我国深化财税体制改革的一项重要成果。本书聚焦《增值税法》条文内容，全面介绍增值税的税制，包括对征税范围的适用、税率、应纳税额、税收优惠和税收征管等。解读法律条文的同时，对实务中的法律适用问题进行详释，体现了理论和实践的融合。本书有助于读者精准理解并适用《增值税法》，是实务人士不可或缺的工具书。

2025年4月

张宝云，德勤中国资深税务合伙人。

《增值税法》出台　推进税收法治化进程迈上新台阶

税收法定是税法的最高法律原则。2012 年党的十八大明确提出税收制度改革应“有利于结构优化、社会公平”,2013 年党的十八届三中全会明确提出“落实税收法定原则”。2015 年《贯彻落实税收法定原则的实施意见》的通过更是开启了我国全面落实税收法定原则的进程。这一进程不仅表现为将相关税收条例通过立法程序上升为法律,而且与深化税收制度改革同步推进。“优化税制结构”在党的二十大报告和二十届三中全会《中共中央关于进一步全面深化改革推进中国式现代化的决定》中不断得到强调。特别是党的二十届三中全会决定提出全面落实税收法定原则,有力地推动了增值税立法。可以说《增值税法》的通过,不仅体现了立法与税制改革的有机融合,更标志着我国税收法治化进程迈上新台阶。

一、增值税立法的背景

我国于改革开放后引进增值税。经过 40 多年的发展,增值税已成为我国第一大税种。1994 年税制改革,基本确定了我国现代增值税制度的雏形;2008 年增值税由“生产型”向“消费型”转型,彻底消除了生产型税制下的重复征税,体现了税制改革与经济发展的共赢;而 2011 年开始的“营改增”试点、2016 年试点的全面推开,最终在生产、流通和消费领域实现了税制的统一,也结束了生产、流通领域不同行业适用两套税制的弊端,有助于推动形成公平竞争的市场环境。随着调整增值税税率水平、健全增值税抵扣链条、建立增值税期末留抵退税制度等一系列措施的实施,我国基本建立了现代增值税制度。可以说在增值税领域,统一税制、合理税制、优化结构的税制改革目标已基本完成。

2024 年《增值税法》的通过,无论是法律文本的内容,还是立法过程中向社会公众充分征求意见，不仅以法律形式巩固了改革成果，增强了税制改革的稳定性、权威性，更是在税收立法的统一、协调等方面开启了科学立法、民主立法、依法立法的新篇章。

二、增值税立法的价值导向：保护权利和规范权力

1. 立法目的与立法原则中的价值追求

我国税收立法并没有形成规定立法目的条款的惯例。本次增值税立法，使《增值税法》成为我国现行税种实体法中继《环境保护税法》《耕地占用税法》《关税法》后，第四部引入立法目的条款的法律，同时成为继《关税法》后第二部将保护纳税人权益写入立法目的的法律。增值税作为我国税收收入占比第一的税种，《增值税法》关于立法目的的规定，特别是在增值税法草案三审稿中最后增加立法目的条款，不仅彰显了立法机关对增值税法功能的关注和认可，也为未来税种法的立法或修订是否引入立法目的条款以及具体内容提供了借鉴。

从形式上看，在《增值税法》中规定立法目的，有助于在现阶段税种法框架简单、授权立法较多的整体背景下，为税收执法、司法中法律没有明确、直接规定的问题提供符合立法初衷的答案。从内容上看，“健全有利于高质量发展的增值税制度”是从税收与国民经济发展的角度来考虑，“规范增值税的征收和缴纳”是从国家征税权的法治约束的角度来考虑，“保护纳税人的合法权益”是从纳税人主体地位和权利保护的角度来考虑，由此可见，增值税立法目的在制定过程中予以了多角度的考虑。无论是未来的改革，还是授权立法以及具体规则和制度的完善，都应当服务于前述目标。

在立法目的条款之外，《增值税法》又专门规定了立法原则。作为目前我国现行税收实体法中唯一的立法原则条款，“贯彻落实党和国家路线方针政策、决策部署”明确了党对税收工作的全面领导，既是对增值

税制度历史经验的总结,也是对增值税税收工作未来发展的宏观把握。需要指出的是,上述方针政策并不限于关于税收的方针政策,例如为配合国家生育政策的调整,此次立法在税收优惠中删除了“避孕药品和用具”这一免税项目。因此,增值税税收工作不仅服务于经济发展,而且服务于高质量发展的全局。

2. 减少兜底条款,规范立法授权

为进一步贯彻落实税收法定原则,《增值税法》较之于《增值税暂行条例》,无论是兜底条款,还是授权立法,都体现了明显的进步。

首先,与其他税收立法相比,《增值税法》中仅有一处“其他”的表述,即“国务院规定的其他进项税额”(第二十二条第六项)。删去了之前《增值税法(草案)》授权国务院规定的部分内容,包括视同应税交易的其他情形、适用简易计税方法的特殊情形、差额计算销售额的特殊情形。值得一提的是,“视同应税交易”的明确,提高了相关规定的法律层级,进一步稳定了纳税人对视同应税交易及不属于应税交易的情形的预期管理,保护了纳税人的合法权益。

其次,明确备案事项。备案审查制度是保障宪法法律实施、维护国家法制统一的重要制度。《增值税法》的备案事项除了常规的税收优惠外,还包括国务院对小规模纳税人标准的调整、对小规模纳税人的起征点标准的规定、个人携带或者寄递进境物品增值税的计征办法,上述事项与纳税人、应纳税额密切相关,在授权的同时强调了备案,既符合备案审查制度的要求,又体现了授权立法的规范性。

三、增值税立法的技术导向:概念科学与法际协调

1. 税制平移,稳定市场预期

《增值税法》对增值税具体制度进行了多项变革,但总体税制框架和税收负担水平保持不变,确保了市场预期和税收稳定性。这一举措对市场主体而言，一方面，有利于对于新法的适应，从而避免过高的遵从成本；另一方面，有利于避免税收法律制度变动带来的利润波动，从而影响主体经营行为的持续性。

2. 明确要素，优化税制结构

《增值税法》不仅统一了劳务与服务，避免了一直以来二者概念的混淆；同时，以“应税交易”概念统一了境内销售货物、服务、无形资产与不动产。在明确增值税征税对象的商业属性的同时，内含了主体通过意思表示设立、变更、终止民事法律关系的行为，实现了税法与民商事基础法律的衔接。在明确税率、计税方法的原则性规定的同时，给予特定领域享受专项优惠的立法空间，有助于进一步发展民生、促进经济的高质量发展。

3. 细化程序，提升征管效率

无论是应税交易地的认定，还是销项税额与进项税额的具体操作、进项税额抵扣，税收征管程序的细化，不仅有效解决了现行税收争议中的焦点问题，也有利于相关主体更好地遵从税法。以扣缴义务人为例，《增值税法》第十五条删去了此前增值税法律制度中境内代理人、境内未设有经营机构的表述，与《企业所得税法》的规定保持一致。一方面，境内购买方无须判定是否应承担扣缴义务，权利义务更加明晰；另一方面，《企业所得税法》关于非居民税源管控的相关制度可以直接适用，无论纳税人还是扣缴义务人均不增加额外的遵从成本。

四、本书亮点

此次增值税立法无论在立法价值还是在立法技术层面，都实现了重大突破。本书根据《增值税法》撰写，主要有以下几个方面的亮点。

第一，以法律条文为脉络，以税收要素为框架。本书以每个条文为基本脉络，在此基础上以增值税税收要素为框架，将具体问题以一问一答的形式向读者展现。在每一问下，对于具体要素的制度沿革予以介绍、对变化的内容进行比较说明，提示读者在阅读法条时应关注的重点内容，理解该法条在字面上的含义以及立法初衷。在每问结尾处附有相关的法律、法规、公告、通知等，并不局限于税法领域的重要基础法律规范，从而让读者不仅能了解每个制度的税法依据，同时更能理解《增值税法》与其他税法、法律之间的关系，站在更综合的角度来理解增值税相关法律条文，并掌握基本的适用规则。读者阅读后将构建起自己的知识体系。

第二，增值税实体问题与程序问题的有机融合。税法融实体规则与程序规则为一体的特征决定了税收的程序问题往往直接影响纳税人的实体权利，而纳税人实体权利的实现往往需要通过程序规则的适用来体现。计税方法、税率/征收率的改革，都将直接影响现行登记制度、发票制度，涉及税务机关征管职权的进一步细化。因此，本书在各问中均结合征管与发票制度相关程序规则的适用予以解读，有助于拓宽读者思路、增强其操作能力。

第三，对于具体问题的解读，或附有具体的实践案例（司法案例），或通过计算过程予以呈现。特别是对新规未尽事宜或未予以明确的问题，本节以例示作为解读。把握核心和关键问题、滤去繁琐的案情铺陈，语言简洁、针对性和指向性突出、实用性较强。通过精准的分析帮助读者通过案例快速理解法条适用的关键，增强其实际分析能力。

此次增值税立法，不仅从优化征管、合理税负的角度，体现了对纳税人合法权益的保护；还从增值税运行机制的角度，体现了对消费者作为负税人的知情权的保护。本书是一本帮助读者了解增值税立法背景、深入理解《增值税法》具体条文内容的读物，还是一本帮助读者理解增值税法重要知识点、增强知识储备，形成增值税法知识体系的工具性用书。

希望读者通过阅读本书，能够规范税法遵从行为、增强纳税人主体意识，在国家推进税收法治的进程中，实现税收领域个人发展与国家富强的共赢。

*

2025 年 2 月

---

* 刘剑文，北京大学教授、博士生导师，中国法学会财税法学研究会会长。

法律法规简称表

全称	简称
《中华人民共和国宪法》	《宪法》
《中华人民共和国立法法》	《立法法》
《中华人民共和国公司法》	《公司法》
《中华人民共和国合伙企业法》	《合伙企业法》
《中华人民共和国企业破产法》	《企业破产法》
《中华人民共和国民法典》	《民法典》
《中华人民共和国刑法》	《刑法》
《中华人民共和国会计法》	《会计法》
《中华人民共和国反洗钱法》	《反洗钱法》
《中华人民共和国慈善法》	《慈善法》
《中华人民共和国电子商务法》	《电子商务法》
《中华人民共和国行政处罚法》	《行政处罚法》
《中华人民共和国税收征管法》	《税收征管法》
《中华人民共和国税收征管法实施细则》	《税收征管法实施细则》
《中华人民共和国增值税法》	《增值税法》
《中华人民共和国增值税暂行条例》	《增值税暂行条例》
《中华人民共和国增值税暂行条例实施细则》	《增值税暂行条例实施细则》
《中华人民共和国消费税暂行条例》	《消费税暂行条例》
《中华人民共和国消费税暂行条例实施细则》	《消费税暂行条例实施细则》
《中华人民共和国营业税暂行条例》	《营业税暂行条例》
《中华人民共和国营业税暂行条例实施细则》	《营业税暂行条例实施细则》
《中华人民共和国印花税法》	《印花税法》

续表

全称	简称
《中华人民共和国价格法》	《价格法》
《中华人民共和国契税暂行条例细则》	《契税暂行条例细则》
《中华人民共和国个人所得税法》	《个人所得税法》
《中华人民共和国个人所得税法实施条例》	《个人所得税法实施条例》
《中华人民共和国企业所得税法》	《企业所得税法》
《中华人民共和国企业所得税法实施条例》	《企业所得税法实施条例》
《中华人民共和国环境保护税法》	《环境保护税法》
《中华人民共和国耕地占用税法》	《耕地占用税法》
《中华人民共和国土地管理法》	《土地管理法》
《中华人民共和国土地增值税暂行条例实施细则》	《土地增值税暂行条例实施细则》
《中华人民共和国城镇土地使用税暂行条例》	《城镇土地使用税暂行条例》
《中华人民共和国车辆购置税暂行条例》	《车辆购置税暂行条例》
《中华人民共和国耕地占用税暂行条例》	《耕地占用税暂行条例》
《中华人民共和国市场主体登记管理条例》	《市场主体登记管理条例》
《中华人民共和国海关法》	《海关法》
《中华人民共和国关税法》	《关税法》
《中华人民共和国资源税法》	《资源税法》
《中华人民共和国车船税法》	《车船税法》
《中华人民共和国资源税暂行条例实施细则》	《资源税暂行条例实施细则》
《中华人民共和国农业机械化促进法》	《农业机械化促进法》
《中华人民共和国老年人权益保障法》	《老年人权益保障法》
《中华人民共和国野生植物保护条例》	《野生植物保护条例》

续表

全称	简称
《中华人民共和国残疾人保障法》	《残疾人保障法》
《中华人民共和国残疾人证管理办法》	《残疾人证管理办法》
《中华人民共和国海关进出口货物征税管理办法》	《海关进出口货物征税管理办法》
《中华人民共和国进出口关税条例》	《进出口关税条例》
《中华人民共和国发票管理办法》	《发票管理办法》
《中华人民共和国海南自由贸易港法》	《海南自由贸易港法》
《中华人民共和国海关行政处罚实施条例》	《海关行政处罚实施条例》
《中华人民共和国海关综合保税区管理办法》	《海关综合保税区管理办法》

目 录

1. 如何理解《增值税法》的立法目的？(《增值税法》第一条) 001

2. 如何理解《增值税法》的立法原则？(《增值税法》第二条) 004

3. 什么是价外税？为什么增值税是价外税？(《增值税法》第七条) 008

4. 作为价外税，合同价格的约定是否包含增值税税款？(《增值税法》第七条) 012

5. 海南省试点的销售税是什么？与增值税有什么区别？ 016

6. 如何理解《增值税法》自 2026 年 1 月 1 日起施行？(《增值税法》第三十八条) 020

7. 如何理解《增值税法》规定的征税范围？(《增值税法》第三条) 024

8. 如何确定应税交易以及销售的有偿性？(《增值税法》第三条) 028

9. 如何理解境内以及应税交易发生在境内？(《增值税法》第三、四条) 032

10. 如何理解销售服务与无形资产境内标准的属人原则，如何判断销售方为境内单位或个人？(《增值税法》第四条) 036

11. 如何判断境外销售服务或者无形资产？(《增值税法》第四条) 041

12. 什么是视同应税交易？如何理解《增值税法》视同应税交易的类型？(《增值税法》第五条) 045

13. 如何理解增值税的“视同应税交易”,其与其他税种的“视同销售”有何异同?(《增值税法》第五条) 048
14. 对外捐赠货物在增值税上应当如何处理?具有公益性捐赠性质的实物捐赠是否应当征收增值税?(《增值税法》第五条) 052
15. 如何理解视同应税交易中的“无偿”?无偿提供服务应该如何认定?(《增值税法》第五条) 056
16. 如何理解不征收增值税?在增值税上应如何进行税务处理?(《增值税法》第六条) 061
17. 结构性存款利息,是否应该征收增值税?(《增值税法》第六条) 065
18. 如何理解员工为受雇单位或者雇主提供取得工资、薪金的服务?(《增值税法》第六条) 069
19. 雇主为聘用的员工提供服务是否应当缴纳增值税,以及如何缴纳增值税? 073
20. 如何理解行政事业性收费、政府性基金不征收增值税?(《增值税法》第六条) 077
21. 对征收、征用补偿不征收增值税,应如何适用?(《增值税法》第六条) 081
22. 如何理解《增值税法》中的交易凭证?“增值税税额,应当按照国务院的规定在交易凭证上单独列明”应如何操作?(《增值税法》第七条) 085
23. 如何理解作为增值税纳税人的单位和个人?(《增值税法》第三条) 089
24. 纳税人确定的特殊情形?(《增值税法》第三条) 093

25. 如何理解《增值税法》扣缴义务人的适用情形？（《增值税法》第十五条） 097
26. 境外单位和个人在境内发生应税交易，购买方如何履行扣缴义务？（《增值税法》第十五条） 101
27. 跨境应税交易是否约定购买方承担全部税款，对扣缴义务有何影响？（《增值税法》第十五条） 105
28. 跨境电子商务零售进口交易中的进口环节增值税应如何征收？（《增值税法》第三十二条） 109
29. 如何理解一般计税方法的适用？（《增值税法》第八条） 114
30. 如何理解简易计税方法的适用？（《增值税法》第八条） 117
31. 增值税纳税人适用一般计税方法的例外情形有哪些？（《增值税法》第八条） 120
32. 如何认定增值税小规模纳税人？（《增值税法》第九条） 124
33. 增值税的税率有哪几档？分别适用于哪些类型的应税交易？如何理解多档税率？（《增值税法》第十条） 128
34. 如何理解增值税零税率的适用范围？（《增值税法》第十、三十三条） 132
35. 如何理解出口退免税的运行机制和我国出口退税的政策？（《增值税法》第三十三条） 136
36. 如何理解我国出口退税率政策及其调节功能？（《增值税法》第十条） 140
37. 如何界定增值税中的混合应税交易？如何判断混合应税交易中的主要业务？（《增值税法》第十三条） 144
38. 如何界定增值税中的兼营？如何判断兼营与混合应税交易的区别？（《增值税法》第十二条） 149

39. 兼营分别核算的适用情形？如何理解纳税人未分别核算的税负加重？（《增值税法》第十二、二十六条） 153
40. 我国税制体系中增值税征收率的适用包括哪些情形？（《增值税法》第十一条） 157
41. 如何理解增值税预征率的适用？ 162
42. 如何界定增值税的销售额？（《增值税法》第十七条） 165
43. 什么是非货币形式的经济利益？如何理解《增值税法》中关于非货币形式经济利益的规定？（《增值税法》第十七条） 169
44. 视同应税交易或销售额为非货币形式时，如何确定销售额？（《增值税法》第十九条） 173
45. 如何理解销售额明显偏低或者偏高且无正当理由？（《增值税法》第二十条） 177
46. 销售额明显偏低或者偏高且无正当理由，税务机关应如何核定销售额？（《增值税法》第二十条） 181
47. “纳税人以人民币以外的货币结算销售额的，应当折合成人民币计算。”汇率应如何确定，有哪些规定和方法？（《增值税法》第十八条） 185
48. 如何理解违约金的销售额计算规则适用？（《增值税法》第十七条） 189
49. 如何理解纳税人发生应税交易涉及包装物的销售额计算规则？（《增值税法》第十七条） 192
50. 如何理解不同促销方式下的销售额计算规则适用？ 196
51. 如何理解以旧换新政策下的销售额计算规则适用？ 199

52. 如何理解以物易物销售方式下的销售额计算规则适用?(《增值税法》第十七条) 203
53. 如何理解现行差额扣除下的增值税销售额计算规则? 207
54. 纳税人销售自己使用过的物品、旧货,应如何计算缴纳增值税? 210
55. 如何理解纳税人购进货物、服务、无形资产、不动产支付或者负担的增值税税额?(《增值税法》第十六条) 214
56. 纳税人应当凭增值税扣税凭证从销项税额中抵扣进项税额。那么,常见的扣税凭证有哪些?其适用情形以及抵扣进项税额有何具体要求?(《增值税法》第十六条) 217
57. 如何理解增值税留抵税额的制度安排?(《增值税法》第二十一条) 222
58. 如何理解《增值税法》规定的不得抵扣的情形?(《增值税法》第二十二条) 225
59. 纳税人发生不得抵扣的情形时,进项税额如何处理?(《增值税法》第二十二条) 229
60. 一般纳税人兼营简易计税、免征、集体福利或个人消费的特别注意事项?(《增值税法》第二十二条) 234
61. 如何理解非正常损失,进项税额应如何处理?(《增值税法》第二十二条) 238
62. 纳税人可以放弃税收优惠吗?有哪些注意事项?(《增值税法》第二十七条) 243
63. 如何理解增值税的起征点及其适用?(《增值税法》第二十三条) 247

64. 如何理解免征增值税的法律后果与税务处理?(《增值税法》第二十三条) 252
65. 如何理解与适用农业生产者销售的自产农产品免征增值税政策?(《增值税法》第二十四条) 256
66. 如何理解与适用农业服务免征增值税政策?(《增值税法》第二十四条) 260
67. 如何理解与适用医疗机构提供医疗服务的免征增值税政策?(《增值税法》第二十四条) 265
68. 如何理解与适用古旧图书和出版物的增值税优惠政策?(《增值税法》第二十四条) 270
69. 如何理解与适用直接用于科学研究、科学试验和教学的进口仪器、设备免征增值税?(《增值税法》第二十四条) 275
70. 如何理解与适用残疾人个人提供的服务免征增值税?残疾人就业创业还有哪些增值税优惠政策?(《增值税法》第二十四条) 280
71. 如何理解与适用育养服务、婚姻介绍服务、殡葬服务的免征增值税?(《增值税法》第二十四条) 284
72. 如何理解与适用学校提供的学历教育服务、学生勤工俭学提供的服务免征增值税?(《增值税法》第二十四条) 289
73. 如何理解与适用文化、宗教活动的门票收入免征增值税?(《增值税法》第二十四条) 293
74. 我国现行支持小微企业发展的增值税优惠政策有哪些?(《增值税法》第二十五条) 298
75. 我国现行扶持重点产业的增值税优惠政策有哪些?(《增值税法》第二十五条) 303

76. 我国现行鼓励创新创业就业的增值税优惠政策有哪些？(《增值税法》第二十五条) 308
77. 我国现行公益事业捐赠的增值税优惠政策有哪些？(《增值税法》第二十五条) 312
78. 什么是增值税纳税义务发生时间？其与计税期间、纳税期限有何区别？(《增值税法》第二十八、三十、三十一条) 316
79. 如何理解增值税纳税义务发生时间的确定规则？(《增值税法》第二十八条) 319
80. 如何适用增值税纳税义务发生时间规则？(《增值税法》第二十八条) 323
81. 如何理解视同应税交易的增值税纳税义务发生时间的确定规则？(《增值税法》第二十八条) 326
82. 应税交易采用分期收款方式的增值税纳税义务发生时间应如何确定？ 330
83. 如何理解增值税纳税地点确定的一般规则？(《增值税法》第二十九条) 333
84. 有固定生产经营场所的纳税人,应该如何确定增值税纳税地点？(《增值税法》第二十九条) 337
85. 无固定生产经营场所的纳税人,应该如何确定增值税纳税地点？(《增值税法》第二十九条) 341
86. 经批准的总分机构应如何汇总计算缴纳增值税？(《增值税法》第二十九条) 345
87. 如何理解增值税的计税期间？计税期间确定的标准是什么？(《增值税法》第三十条) 350

88. 如何理解与适用增值税关于申报纳税期限的规定？（《增值税法》第三十条） 354
89. 如何理解增值税预缴税款的适用情形？（《增值税法》第三十一条） 358
90. 个人携带或者寄递进境物品的增值税应如何申报缴纳？（《增值税法》第三十二条） 362
91. 纳税人进口货物应如何申报缴纳增值税？（《增值税法》第三、十四、三十、三十二条） 367
92. 增值税发票都有哪些类型？（《增值税法》第三十四条） 371
93. 什么是数电发票？数电发票的使用有哪些注意事项？（《增值税法》第三十四条） 375
94. 什么是《商品和服务税收分类编码表》？纳税人开具发票时应如何选择分类编码？编码选择错误应承担何种法律责任？ 379
95. 自然人如何代开发票？可能的法律风险有哪些？ 382
96. 小规模纳税人开具增值税专用发票的注意事项有哪些？ 387
97. 当企业发生销售退回或者开票有误等情况时，已经开具的发票应如何处理？ 391
98. 什么是虚开发票？虚开发票包含哪些具体的行为？ 395
99. 如何认定行为人违反《发票管理办法》，构成虚开发票？虚开发票有哪些典型手段？ 399
100. 虚开发票的行政法责任有哪些？（《增值税法》第三十七条） 402

1. 如何理解《增值税法》的立法目的?

(《增值税法》第一条)

立法目的可以让我们知道这部法律为什么存在,为什么如此设计,而最重要的是,让我们知道遇到事情需要运用法条时,该如何"使用、解释"法条内容。立法目的对于法律工作者和民众都具有重要意义。法律工作者借助立法目的可以解释和使用法律;民众如果面对法律问题却又不了解法律文义,则可以尝试从立法理由中了解法律的作用与效果,有助于进一步解决争议。

一直以来,在我国税法的立法例中,没有形成规定立法目的条款的惯例。本次增值税立法,使《增值税法》成为我国现行税种实体法中继《环境保护税法》《耕地占用税法》《关税法》后第四部引入立法目的条款的法律,同时成为继《关税法》后第二部将保护纳税人权益写入立法目的的法律。

其中,《耕地占用税法》将立法目的规定为:"为了合理利用土地资源,加强土地管理,保护耕地,制定本法。"《环境保护税法》则规定为:"为了保护和改善环境,减少污染物排放,推进生态文明建设,制定本法。"《关税法》更突出了高质量发展下的关税制度,规定:"为了规范关税的征收和缴纳,维护进出口秩序,促进对外贸易,推进高水平对外开放,推动高质量发展,维护国家主权和利益,保护纳税人合法权益,根据宪法,制定本法。"

由此不难看出,在形式上,《增值税法》的立法目的,有助于在现阶段税种法框架简单、授权立法较多的整体背景下,在税收执法、司法中为法律没有明确、直接规定的问题提供符合立法初衷的答案。

"为了健全有利于高质量发展的增值税制度,规范增值税的征收和缴纳,保护纳税人的合法权益”,第一,体现了增值税的功能超越了传统对增值税财政收入功能的定位。与耕地占用税、环境保护税相比,增值税的主要功能为财政收入功能。一般认为增值税作为流转税,对消费课税,对经济活动中的增量征税,因此其基本职能是组织财政收入。高质量发展是全面建设社会主义现代化国家的首要任务,增值税作为我国第一大税种,涉及经济活动的各个方面,在助力高质量发展过程中发挥重要作用。此次立法凸显了增值税对商品生产和流通环节的重要意义,即在宏观调控领域中的作用。立法与改革都难以“毕其功于一役”,这也意味着无论是未来的改革还是授权立法,以及具体规则和制度的完善,都应当服务于高质量发展这一首要任务。

第二,征税权作为国家的重要权力,应当受到约束;将征税行为的约束作为立法目的在很长一段时期内,仅《税收征管法》予以规定,该法第一条明确规定:“为了加强税收征收管理,规范税收征收和缴纳行为,保障国家税收收入,保护纳税人的合法权益,促进经济和社会发展,制定本法。”在 2024 年《关税法》将规范关税的征收和缴纳纳入立法目的后,《增值税法》也采用了相同的表述,代表了依法征税对税收实体法的重要意义。

第三,作为一种间接税,增值税的纳税人往往不是负税人,因此纳税人权利保护的必要性可能就略显得没那么重要。但作为间接税的法律规范——《增值税法》规定了保护纳税人合法权益,从“举轻以明重”的解释规则来看,直接税中保护纳税人的合法权益,既具有法理基础,也符合纳税人信赖保护的要求。

一般来说,立法目的条款的构建受制于诸多内在因素和外在因素,前者包括增值税法律制度的历史沿革,后者主要是税法体系、宪法规定与法治水平,以及国家政策等。此次《增值税法》对于立法目的的规定,结合其具体内容，不仅呈现了国家对增值税功能的重新审视，也反映了国家在立法中对增值税制度实施中的国家权力与纳税人权利的平衡与协调予以了重视。

专业提示

此次增值税立法虽然在税制层面体现了制度平移，但在立法目的条款上体现了较大创新，将有利于高质量发展纳入增值税制度的目标。换言之，增值税法保持增值税税制基本稳定、税负水平总体不变是总结实践经验、体现改革成果、高质量发展的内在要求；而未来在法律适用中遇有规定不明确或制度供给不足时，同样应服务于高质量发展。对于纳税人而言，无论是规范增值税的征收和缴纳，还是保护纳税人的合法权益，这些规定无疑具有更加积极的意义；无论是纳税争议还是司法救济，立法目的条款都能够为法律解释和适用指引方向。

关联规则

1.《税收征管法》第一条

2.《增值税法》第一条

3.《环境保护税法》第一条

4.《耕地占用税法》第一条

5.《关税法》第一条

2. 如何理解《增值税法》的立法原则?

(《增值税法》第二条)

《增值税法》第二条明确了立法原则,即"增值税税收工作应当贯彻落实党和国家路线方针政策、决策部署,为国民经济和社会发展服务"。在立法目的条款之外,《增值税法》又专门规定了立法原则。该条作为目前税收实体法、程序法中唯一规定的立法原则条款,对其可以从以下角度进行理解。

一、增值税立法与党的领导

党的领导是推进全面依法治国、加快建设社会主义法治国家最根本的保证,是中国特色社会主义法治之魂。立法是将党的主张、人民意愿转化为国家意志的重要政治活动,是治国理政的重要形式,是实现党的领导、人民当家作主、依法治国有机统一的重要过程。立法必须坚持党的领导,贯彻党的路线、方针、政策和决策部署。我国的增值税立法也必须坚持党的领导。

从增值税法律制度的建立来看,1992 年 10 月党的十四大正式确立社会主义市场经济体制的改革目标。按照 1993 年 11 月党的十四届三中全会所通过的《中共中央关于建立社会主义市场经济体制若干问题的决定》的部署,自 1994 年起,中国的财税体制改革率先踏上了制度创新之路,现代意义上的增值税制度正式建立。

1999 年党的十五大提出的"依法治国"基本方略被写入宪法,在税收领域就相应表现为"依法治税"与"税收法治"。

2003 年党的十六届三中全会通过《中共中央关于完善社会主义市场经济体制若干问题的决定》,进行新一轮税制改革,在增值税领域以增值税转型试点为代表。

2013 年党的十八届三中全会通过《中共中央关于全面深化改革若干重大问题的决定》，指出“财政是国家治理的基础和重要支柱，科学的财税体制是优化资源配置、维护市场统一、促进社会公平、实现国家长治久安的制度保障”。在这样的背景下，我国顺利推进“营改增”改革。

2015 年党中央审议通过《贯彻落实税收法定原则的实施意见》，全国人大常委会法工委负责人就《实施意见》答问①中明确了“与税制改革相关的税种，将配合税制改革进程，适时将相关税收条例上升为法律，并相应废止有关税收条例。”由此可见税制改革依法前行。《增值税法》可以说是税收法定原则落实进程中的里程碑，使税收收入占比第一的税种自此实现真正的法治。

《增值税法》第二条将党的领导贯彻到增值税法制建设的全过程和各方面是社会主义法治建设的内在要求。

二、增值税法律与党和国家路线方针政策的关系

如前所述，增值税法律制度每个重要的阶段都与党和国家路线方针政策密不可分，可以说党和国家路线方针政策与国家法律具有高度关联性。《增值税法》的相关规定，不仅涉及法律制定与政策的关系，更是对法律在实施中与党和国家路线方针政策的关系的明确。

除了《增值税法》，我国近年来的多部法律也都明确提及对党和国家路线方针政策的贯彻落实。如《关税法》第六条中规定“关税工作……贯彻落实党和国家路线方针政策、决策部署”；《会计法》第二条中规定“会计工作应当贯彻落实党和国家路线方针政策、决策部署”；《反洗钱法》第三条中规定“反洗钱工作应当贯彻落实党和国家路线方

① 全国人大常委会法工委负责人就《贯彻落实税收法定原则的实施意见》答问，载中国政府网，http://www.gov.cn/xinwen/2015-03/25/content_2838356.htm。

针政策、决策部署”。上述法律与《增值税法》的共性在于，相关领域均与市场经济联系紧密。我国现阶段构建高水平社会主义市场经济体制，核心仍是处理好政府和市场关系，而政府和市场关系的基础是法律，政策则是对运行中的法律的调整，尤其在贸易、财税、金融、产业等与国民经济和社会发展密切相关的领域。这也是《增值税法》第二十五条第一款规定的出发点，根据国民经济和社会发展的需要，国务院可以制定增值税专项优惠政策。

三、增值税工作服务于国民经济和社会发展

坚持党对税收工作的领导，从形式上看是贯彻落实党和国家路线方针政策、决策部署；从实质和目标上看是服从、服务于党和国家的工作大局即国民经济和社会发展。无论是《关税法》还是《会计法》，均提及相关工作服务于“国民经济和社会发展”。

会计对于市场经济有重要的作用，会计是国民经济核算的基础，规范会计行为，有利于保证会计信息的真实完整，提高经济效益，维护市场经济秩序。税收则是对企业会计信息基于不同角度的评价，作为财政收入的主要来源，组织财政收入是税收的基本职能。由于增值税的征税范围涵盖了社会经济的生产、流通、分配、消费的各个领域、各个环节，作为其税基的增值额，与社会经济总流量即销售额相关，增值税因此成为我国第一大税种。增值税对国民经济和社会发展的贡献不仅在于税收收入保障方面的主体作用，其对国家宏观经济也具有一定的调控作用。一方面，增值税税收收入总量大，更容易发挥对经济的调控职能，同时税收收入的增减能直观反映宏观经济的发展变化趋势。另一方面，虽然纳税人不是增值税的负税人，但在增值税的运行机制下，所有企业在采购时相当于预先缴纳了税款，因此增值税实现税收中性的制度设计直接影响市场交易和整体经济运行的效率与公平。

专业提示

《增值税法》是纳税人申报、缴纳增值税的基本法律依据。然而法律的制定往往滞后于社会经济的发展，特别是在经济环境快速变化时。这种滞后反映了法律的稳定性和经济的创新性之间的张力。这种张力何以维系并达成动态平衡，则依靠法律与政策的有机衔接。一方面，法律需要保持一定的稳定性，以维护社会秩序；另一方面，它也需要与时俱进，对政策以及政策的背景与适用“内化于心外化于行”，以适应经济发展的需要。

关联规则

1.《增值税法》第二、二十五条

2.《关税法》第六条

3.《会计法》第二条

4.《反洗钱法》第三条

3. 什么是价外税？为什么增值税是价外税？

（《增值税法》第七条）

价内税和价外税一直以来是税收经济学的一组相对的概念，均属于流转税的范畴。其划分标准主要是税与价格的关系，如税金作为价格的组成部分，则称为价内税；如税金作为价格的附加部分，则称为价外税。

价内税的基本逻辑是一定时期创造的国民收入，在分配给劳动者用于消费前，需要进行各项社会的必要扣除，而税收是其中的一项，相应价格由生产成本、平均利润率、税金组成，价内税从而成为价格的有机组成部分。在计划经济下，商品价格由国家确定，于是在商品生产成本一定的情况下，价内税与平均利润存在此消彼长的关系，由此国家可以通过调整价内税税率来调节产品利润，进而调控经济。相应地，税收发挥了参与国民收入分配的作用。我国 1994 年之前实行的产品税以及“营改增”之前的营业税和现行的消费税都是典型的价内税。

价外税的理论建立在流转税税负可以转嫁并最终由购买方承担的基础上。因此在购买商品时，购买方支付的金额包括两个部分：一部分是商品的价款，另一部分是国家税金。中间环节的生产、销售者可通过再生产或销售商品，将税负层层转嫁，直至最终由消费者承担，因此对于生产而言，价外税的税收中性尤为显著。典型的价外税是我国的增值税和一些国家的销售税。

增值税制自 1994 年在我国施行以来，作为价外税，其行政法规上的依据主要是《增值税暂行条例》第六条第一款规定的“销售额为纳税人发生应税销售行为收取的全部价款和价外费用，但是不包括收取的销项税额”。而量度的层面主要体现在《增值税暂行条例实施细则》第十四条对于销售额计算公式的规定，销售额 = 含税销售额 ÷（1 + 税率）。而

《消费税暂行条例》在组成计税价格的计算中，其分母均为（1－税率），如实行从价定率办法计算纳税的组成计税价格计算公式：组成计税价格＝（成本＋利润）÷（1－比例税率）。

前述计算公式的差异直接体现了价内税与价外税的区别，接下来将以例子说明二者的计算以及对企业的影响。

假设购买方支付货款 113 元，适用 13% 的增值税税率。在价外税的情形下，增值税税额为 113÷（1＋13%）×13%＝13 元。换言之，购买方支付的 113 元中，100 元为价格，13 元为增值税税额。如该货物为消费税应税消费品，适用 15% 的消费税税率，那么消费税税额为 100×15%＝15 元。之所以为价内税，是因为 15 元包含在价格之中。换言之，100 元的价格除了包含成本、费用、利润之外，还包含了 15 元的消费税税额。

通过前述比较不难发现，虽然纳税人均为销售方，但是增值税（价外税）是销售方向购买方收取的，而消费税（价内税）则是销售方从收取的商品价格中，再行缴税。而从购买方的角度来看，可以通过抵扣方式将增值税（价外税）向下一环节转嫁，而对于价内税则无法实现转嫁。

由此可见，价内税作为纳税人企业经营收入与成本的重要组成部分，对企业经营行为影响较大；而价外税独立于价格之外，对企业经营行为影响较小。这种区别也直接影响了价内税和价外税在计算企业应纳税所得额时的扣除适用，《企业所得税法实施条例》第三十一条明确规定，允许扣除的税金，是指“企业发生的除企业所得税和允许抵扣的增值税以外的各项税金及其附加”。换言之，增值税因其价外税的特征，可在生产、销售环节被转嫁，因此不得扣除。

我国的主体税种为增值税和企业所得税，在双主体税种结构下，增值税的占比又常年稳居第一，这种税负转嫁机制虽清晰透明，但消费者个人却不甚了解这种虽非自己缴纳却由自己负担的间接税。

《增值税法》第七条首次以法律形式明确了增值税价外税的性质,虽然对于企业财务会计和税务会计的实践操作并没有实质影响,但在优化税制结构的路径选择中,奠定了治理理念转型的基础,即在当前减税降费背景下,直接税难以一蹴而就成为第一大税种,那么明晰间接税特别是增值税制运行中的价格与税款、国家与纳税人,以及生产者、经营者与消费者之间的关系,是"顺应人民公平意识、民主意识和权利意识不断增强的趋势"①,是"保证社会和谐稳定、实现国家长治久安的重要前提"②。

专业提示

增值税作为价外税,对于企业而言,虽然在形式上是由客户或消费者负担的,企业只是代收代付的主体;但企业实际缴纳的增值税是销项税额和进项税额相抵后的差额,这个差额同时构成企业增加值的组成部分,因此从本质上说,增值税与所得税一样源于企业的业务运营和价值创造,属于政府对企业增加值的初次分配。同时,增值税的产生和缴纳行为也是企业的现金流入和流出行为,会对企业的现金流量产生影响。因此企业应重视增值税的分析与管理,尤其是进项税额的管理。

关联规则

1.《增值税法》第七条

---

① 高培勇:《从结构失衡到结构优化——建立现代税收制度的理论分析》,载《中国社会科学》2023 年第 3 期。

② 高培勇:《从结构失衡到结构优化——建立现代税收制度的理论分析》,载《中国社会科学》2023 年第 3 期。

3. 什么是价外税？为什么增值税是价外税？（《增值税法》第七条）

2.《企业所得税法》第八条

3.《企业所得税法实施条例》第三十一条

4.《消费税暂行条例》第七、八、九条

5.《增值税暂行条例》第六条

6.《增值税暂行条例实施细则》第十四条

4. 作为价外税，合同价格的约定是否包含增值税税款？

（《增值税法》第七条）

虽然《增值税法》首次明确增值税为价外税，但增值税制度设计和运行已经体现了其价外税特征，在长期以来的税法实践中，特别是其他税种法中也明晰了此点。如《印花税法》第五条对印花税计税依据的规定，“……（一）应税合同的计税依据，为合同所列的金额，不包括列明的增值税税款；（二）应税产权转移书据的计税依据，为产权转移书据所列的金额，不包括列明的增值税税款……”换言之，由于增值税是价外税，支付的增值税款不构成企业的成本，收取的增值税款也不构成企业的收入、不再课征所得税。那么，确定交易价格时，到底是含增值税价（以下简称含税价）还是不含增值税价（以下简称不含税价），就成了影响交易双方能否顺利成交的重要因素。

合同价款是含税价还是不含税价，对买卖双方意义不同。如果合同价款为不含税价，那么根据税法规定，销售方在收取不含税价款时，还应当向购买方收取以不含税价款为销售额的销项税额；对于购买方而言，其给付义务除不含税价款外，还包括依法支付的税额，而这部分税额对于一般纳税人而言在符合抵扣条件时，可以作为进项税额予以抵扣。

而交易各方对合同交易价款是否含税约定不明确，属于民事交易领域的争议事项。根据《民法典》第五百一十条的规定，将按照合同相关条款或者交易习惯确定，但交易习惯在不同的业务场景下是不同的，因此司法裁判也有所不同。

一、约定不明时，视为含税价

2012 年 8 月 24 日至 2013 年 4 月 25 日，甲公司因经营所需陆续向乙公司购买伺服电机车床系统、伺服驱动、变压器等产品。2013 年 7 月

16日，双方经结算，乙公司尚欠货款194,000元，并在甲公司提供的对账单上签章确认。因此甲公司主张由乙公司支付货款194,000元，并按中国人民银行规定的同期同类贷款利率赔偿利息损失。

双方对该194,000元是否含增值税产生争议。针对甲公司认为不含税的诉求，法院根据合同认为，对账单项下的货款在甲公司无法证明系不含税的情形下依法推定为含税价。因此判令乙公司给付货款194,000元和利息的同时，甲公司应向乙公司开具税率为17%，票面总额为194,000元的增值税发票。①

此外，持该观点的裁判也援引了《发票管理办法》(2010年)中的规定，认为开具和收取发票(包括增值税专用发票)是交易双方的法定权利和义务，也是合同履行的一项附随义务，交易合同中一般不得对此作出排除性或否定性的约定。合同对价款含税与否约定不明确的，该价款应视为含税价。如争议双方都未能提供有效证据予以证明，则在双方约定不明或没有约定的情形下，该价款应视为含税价。②

二、根据交易习惯认为价格不含税

如果交易双方之间的买卖历时较久，次数较多，那么可从相关的交易习惯中推定"价款不含税"，包括从未主张开具发票等。

2015～2017年，丙公司与丁公司签订多个年货/月饼买卖合同，合同所附订货单载明了食品名称、单位、规格、条形码、单价、订货数、金额等内容，并加盖公章、附有法定代表人签名。合同中未约定交易价格含税或不含税，即未约定销售方丁公司应开具增值税发票。

经法院查明，丁公司提供的2016年货物单价表上有丙公司法定代表人的签名，且丙公司提供的对账单、应收账款等单据上列明的货物单

① 参见浙江省玉环县人民法院民事判决书，(2013)台玉商初字第1997号。

② 参见浙江省台州市中级人民法院民事判决书，(2016)浙10民终2008号。

价均不高于丁公司提供的货物非税单价。此外,丙公司提供的 2017 年的送货单上备注为“不含税”。因此,法院认定 2016 年、2017 年双方均是按照非税价格执行的。①

此外,持该观点的裁判也认为,如当事人既无任何证据证明就买卖价款是否含税进行了约定,也无证据证明其曾要求开具相应增值税发票,此时若认定双方之间买卖的价款系含税价显然有违常理,因此可推定价款不含税。②

然而无论民事合同的价格是否含税,《增值税暂行条例》和《增值税法》均明确规定增值税纳税人。在双方未就增值税承担作出明确约定的情况下,增值税的纳税义务应由法定纳税主体履行。即便民事合同约定不含税,也不能因为约定而免除纳税人的纳税义务。

专业提示

增值税作为价外税,特殊的征收机制使增值税的纳税人与负税人不一致,从税务的角度考虑,合同会影响纳税义务人、税种、税率、纳税义务发生时间等,因此尤其应关注涉税事项的约定,防范相应的税务风险,包括交易方承担民事责任、行政责任等风险。

由于司法实践中,合同约定“不含税”条款不能免除纳税人的纳税义务和开具发票的义务,存在被法院认定无效的风险③,也存在偷税的法律风险,因此合同应尽量避免不含税的约定。如果约定不含税,也需要明确相关税款最终承担主体,避免引发争议。

---

① 参见广东省广州市中级人民法院民事判决书,(2019)粤 01 民终 22710 号。

② 参见福建省泉州市中级人民法院民事判决书,(2017)闽 05 民终 6987 号。

③ 参见江苏省镇江市中级人民法院民事判决书,(2020)苏 11 民终 1774 号;湖南省长沙市中级人民法院民事判决书,(2016)湘 01 民终 7322 号。

4. 作为价外税，合同价格的约定是否包含增值税税款？（《增值税法》第七条）

关联规则

1.《增值税法》第七条

2.《印花税法》第五条

3.《民法典》第五百一十条

4.《发票管理办法》（2010 年）第十九、二十条

5. 海南省试点的销售税是什么？与增值税有什么区别？

2020 年 6 月，中共中央、国务院印发《海南自由贸易港建设总体方案》，提出“按照零关税、低税率、简税制、强法治、分阶段的原则，逐步建立与高水平自由贸易港相适应的税收制度”。其中，关于简税制，《海南自由贸易港法》第二十七条第二款明确规定：“全岛封关运作时，将增值税、消费税、车辆购置税、城市维护建设税及教育费附加等税费进行简并，在货物和服务零售环节征收销售税；全岛封关运作后，进一步简化税制。”由此可见，海南自由贸易港简化税制的内容和目标之一，便是以增值税为主的流转税体系向销售税转变。

销售税和增值税均是以消费为税基的间接税。与增值税的多环节课税，即在生产、分销、零售环节按比例对商品和服务增值额课征相比，销售税是单一环节课税，其类型有制造销售税、批发销售税或者零售销售税。

二者相比，增值税一方面征收机制相对复杂，且有赖于抵扣凭证；另一方面，增值税的税收中性主要体现在对生产者和经营者的征税上，而实际承担税负的是最终的消费者。销售税是将征税后移至消费端，一方面，在征管上更为简便，有利于降低经营主体负担，推动营商环境优化；另一方面，销售税的效应将更为直接地作用于消费者，有利于国家消费政策发挥作用。

一、增值税与销售税征税机制的差异

1. 征税环节

由于增值税各个环节均征税，可通过增值税专用发票实现对纳税人税款抵扣的控制。具体而言，增值税体系下，当购买方为增值税一般纳税人并向销售方索取增值税专用发票时，进项税额可以抵扣；若购买方

未取得一般纳税人资格，即作为小规模纳税人或个人，或者虽取得一般纳税人资格但未向销售方索取增值税专用发票时，则对应的增值税额不可抵扣。

销售税的征收机制主要是在生产流通的环节均免税，只在消费环节征税。因此，其征管的核心是销售税免税资格的确认。一般来说，在销售税体系下，若购买方取得销售税免税资格，并在交易中向销售方签发免税证书，则该交易被认定为处于生产流通环节；若购买方未取得销售税免税资格，或者取得销售税免税资格，但在交易中未向销售方签发免税证书，则该交易被认定为处于最终零售环节。

2. 征税机理

增值税专用发票对于纳税人抵扣进项税额具有重要意义，一方面是其具有增值税信息交叉验证的功能，另一方面是所有纳税人实际上在购进货物或服务时已经实际向销售方支付了税款，而此后实现销售收入时申报的销售额和销项税额，只是就增值的部分纳税，因此税收遵从度相对较高。

销售税的征收中，生产流通环节不征税，而零售环节纳税主体数量众多、分布分散。实践中，存在企业购买与个人购买不易区分的情况。除了部分商品如厂房、机器设备的"生产性"特征明显，很多商品需要税务机关对其购买是用于生产投入还是最终消费作出有效区分，以便将生产环节的交易排除在征税范围之外，但存在较大难度，因此利用中间环节免税规避零售环节征税的税收风险较高。

由此可见，增值税与销售税在诸多方面存在差异①（见表 1）。

---

① See Benedict C. Cabaltica et al., *Comparing the Value-Added Tax to the Retail Sales Tax*, The Tax Adviser (Sept. 1, 2008), https://www.thetaxadviser.com/issues/2008/sep/comparingthevalue-addedtaxtotheretailsalestax.html.

表1　增值税与销售税的比较

项目	增值税	销售税
税基	最终消费	最终消费
征收环节	多环节	单一环节
计税依据	每个生产环节增值额的合计	最终消费者支付的总价格
计税方法	销项税额减进项税额	零售环节征税
征税机制	发票抵扣	“免税证明”
企业、消费者身份的核实	无须核实	须核实
征收成本	核查专票的真实性	核查“免税证明”的真实性
退税主体	进项税额大于销项税额	多缴税款
征管主体	中央或地方	地方

二、增值税与销售税政策功能的差异

增值税免税，对于一般纳税人而言，在享受免税优惠的同时丧失了抵扣进项税额的权利。立法通过设置增值税税率引导消费，但由于传导环节的冗长，其实施效果可能不佳。因此，税收优惠更多表现为行业性的优惠，而不是针对特定主体的优惠。这也是为何增值税的功能突出体现在财政收入功能方面。

销售税，无论是优惠税率还是免税，优惠和消费引导的效果可直接体现在消费环节，甚至可以规定专门针对低收入群体或其他困难群体的税收优惠。

三、增值税与销售税的衔接

海南自由贸易港开征销售税，而国内其他地区仍实行增值税，这意味着我国省级行政区仅海南省实行不同于其他行政区的特殊税制。增值税与销售税的衔接，一方面是海南自由贸易港在税制转换过程中，销售税制度与增值税制度在税负上的协调；另一方面是海南自由贸易港实施销售税后，与国内其他地区货物与服务贸易中的税制衔接。

对于后者，《海南自由贸易港法》第二十九条明确规定："货物由海南自由贸易港进入内地，原则上按照进口征税；但是，对鼓励类产业企业生产的不含进口料件或者含进口料件在海南自由贸易港加工增值达到一定比例的货物，免征关税。""货物由内地进入海南自由贸易港，按照国务院有关规定退还已征收的增值税、消费税。"由此可见，基于消费地课税原则，货物从海南进入内地，由内地课税；从内地进入海南，由海南课税，已征收的增值税、消费税退还。那么，针对货物的增值税与消费税，是在流通环节退还，还是可延伸至生产环节，以及退税的资金来源问题，则需要予以进一步的明确和协调。

专业提示

在海南自由贸易港销售税落地之前，对于企业而言，更多的是海关进出口政策如何适用的问题。根据《关于海南自由贸易港自用生产设备"零关税"政策的通知》《关于调整海南自由贸易港自用生产设备"零关税"政策的通知》等的规定，企业自用生产设备、原辅料、运营用交通工具及游艇在海南自由贸易港的进口均可享受优惠政策。需要注意的是，只有全岛封关运作前，在海南自由贸易港注册登记并具有独立法人资格的企业才有资格享受。目前，封关的各项准备已经完成，2025 年年底前实现全岛封关运作。

关联规则

1.《海南自由贸易港法》第二十七、二十九条

2.《海南自由贸易港建设总体方案》

6. 如何理解《增值税法》自 2026 年 1 月 1 日起施行？

（《增值税法》第三十八条）

法的时间效力范围，是指法何时生效、何时终止生效及法律对其颁布实施前的事件和行为是否具有溯及力的问题。《立法法》第六十一条规定，“法律应当明确规定施行日期”，但并没有对公布和施行期间范围予以要求。《增值税法》第三十八条明确规定，“本法自 2026 年 1 月 1 日起施行”，因此，对于过渡期以及过渡期内发生的应税交易的法律适用问题，有必要予以厘清。

一、规定过渡期的意义

此次增值税立法无论是立法价值还是立法技术层面，都实现了重大突破。那么作为一个以“制度平移”为突出特征的立法项目，为何不是通过的次年而是再次一年才生效？

第一，《立法法》第一百零四条规定，法律、行政法规、地方性法规、自治条例和单行条例、规章不溯及既往，但为了更好地保护公民、法人和其他组织的权利和利益而作的特别规定除外。因此，法律的生效时间一般在颁布时间之后，其目的在于限制立法权在时间效力维度的形成自由，以保护公民对现行法律制度的主观信赖。而增值税作为我国第一大税种，关乎社会民生、经济发展，给纳税人针对新法的税务遵从和商业安排的调整等预留充足的时间，以确保其实施的平稳过渡是必要的。

第二，增值税法在制度平移之外，从税制统一、科学的角度作了改革，如将征收率统一为 3% 等，对现行登记制度、发票制度等都将产生一定影响。同时，改革也涉及税务机关征管职权的衔接和进一步细化，须制定更详细的“增值税法实施条例”，以实现法律准确、有效的适用。2025 年 1 月全国税务工作会议召开，明确抓紧出台增值税法实施条例。

二、是否适用《增值税法》的判定标准

1. 一般原则

《最高人民法院关于适用〈中华人民共和国民法典〉时间效力的若干规定》和《最高人民法院关于适用〈中华人民共和国公司法〉时间效力的若干规定》关于如何界定新法的时间效力的问题，均采用的是“施行前（后）的法律事实引起的民事纠纷案件”的表述。

《增值税法》的适用也应体现“法不溯及既往”原则，但增值税语境下并没有法律事实的概念，而只有“应税交易”概念与其匹配。因此，似乎可以将适用《增值税法》的时间效力问题理解为：《增值税法》施行前发生的应税交易适用《增值税暂行条例》的规定，施行后发生的应税交易适用《增值税法》的规定。而以“发生”作为判断法律适用的时间依据，也因为《增值税法》第四条、第八条第一款、第十二条、第十三条、第十五条第一款、第十六条第一款、第十七条、第十九条、第二十三条第一款均提及“发生应税交易”，对“发生应税交易”的解释也可以作为处理法律适用问题的依据。

2. 实践操作

在《关于财政补贴等增值税政策问题即问即答》①中，关于“某新能源汽车企业 2020 年才收到 2019 年销售新能源汽车的中央财政补贴，请问需要缴纳增值税吗？”的问题，国家税务总局的回答是：从 2020 年 1 月 1 日起取得的财政补贴收入，是指纳税人 2020 年 1 月 1 日以后销售货物、劳务、服务、无形资产、不动产，取得的财政补贴。纳税人 2020 年 1 月 1 日后收到 2019 年 12 月 31 日以前销售新能源汽车对应的中央财政补贴收入，属于《国家税务总局关于取消增值税扣税凭证认证确认期限

① 参见《关于财政补贴等增值税政策问题即问即答》，载中国政府网，https://www.gov.cn/fuwu/2020-01/09/content_5467721.htm。

等增值税征管问题的公告》(国家税务总局公告 2019 年第 45 号)第七条规定的“本公告实施前,纳税人取得的中央财政补贴”情形,应继续按照《国家税务总局关于中央财政补贴增值税有关问题的公告》(国家税务总局公告 2013 年第 3 号)的规定执行,无须缴纳增值税。

由此可见,实践中采用的也是“发生应税交易”的标准。

三、应税交易发生在 2026 年 1 月 1 日之前,持续到 2026 年 1 月 1 日以后,能否适用《增值税法》以及如何适用?

《最高人民法院关于适用〈中华人民共和国民法典〉时间效力的若干规定》第一条第三款规定,民法典施行前的法律事实持续至民法典施行后,该法律事实引起的民事纠纷案件,适用民法典的规定,但是法律、司法解释另有规定的除外。

那么,如果应税交易在《增值税法》施行前发生,持续至《增值税法》施行后,如何适用法律?应税交易是由一系列环节组成的,而应税交易的发生则为一个具体的时间点,因此即便应税交易存在一系列环节,也应以发生时点来判断。

四、应税交易发生的判断

由于税法中的“应税交易”不同于民法或公司法对民商事法律事实的一阶评价,而属于对民商事法律事实的二阶评价,而此评价在时间上的税法确定性则是通过规定“纳税义务发生”来实现的,这也是《增值税法》第二十八条规定纳税义务发生时间是基于发生应税交易的基础。因此,纳税义务发生时间是发生应税交易在时间维度的判断标准。

专业提示

一直以来,增值税税制改革在增值税立法的前期扮演了重要角色,无论是增值税转型、“营改增”还是增值税税率的降低,每一次新制度的施行都面临新法如何适用的问题。而以应税交易发生为原则、以纳税义务发生时间为实施标准确定适用新/旧法的时间界限,在实践中较为常见。应注意的是,税法的时间效力规则及其适用并不一定与民商事法律完全吻合,因此需要比较、区分适用。

关联规则

1.《增值税法》第二十八、三十八条

2.《立法法》第六十一、一百零四条

3.《最高人民法院关于适用〈中华人民共和国民法典〉时间效力的若干规定》(法释〔2020〕15 号)

4.《最高人民法院关于适用〈中华人民共和国公司法〉时间效力的若干规定》(法释〔2024〕7 号)

5.《国家税务总局关于取消增值税扣税凭证认证确认期限等增值税征管问题的公告》(国家税务总局公告 2019 年第 45 号)第七条

6.《国家税务总局关于中央财政补贴增值税有关问题的公告》(国家税务总局公告 2013 年第 3 号)

7. 如何理解《增值税法》规定的征税范围?

（《增值税法》第三条）

从征税范围的规定来看,《增值税法》仍然是确认式立法,体现了制度平移,即整体主要是在确认《增值税暂行条例》等现行规定的基础上进行的。

《增值税法》第三条第一款明确规定:"在中华人民共和国境内(以下简称境内)销售货物、服务、无形资产、不动产(以下称应税交易),以及进口货物的单位和个人(包括个体工商户),为增值税的纳税人,应当依照本法规定缴纳增值税。"因此,增值税的征税范围包括了在中国境内发生的应税交易和进口货物两大类型。

一、征税范围的变化:从劳务到服务

与《增值税暂行条例》关于征税范围的规定相比,《增值税法》将境内销售税目分为销售货物、服务、无形资产以及不动产四大类。换言之,不再将加工修理修配劳务与销售货物、服务等并列,而是将之纳入服务的范畴,即在制度平移的基础上,销售服务应当包括提供交通运输服务、邮政服务、基础电信服务、建筑服务、金融服务、现代服务、生活服务和加工修理修配服务。

虽然此处改动对增值税的征收没有实质影响,但一方面明确了纳税人容易混淆的概念——劳务与服务;另一方面,加工修理修配劳务纳入服务折射了"营改增"的程式化。而"营改增"具体制度一直名为"试点"①,也一定程度上反映了增值税内部制度的融合需进一步加强。

---

① 如增值税制度的重要法律依据——《财政部　国家税务总局关于全面推开营业税改征增值税试点的通知》(财税〔2016〕36 号)使用"试点"表述。

此外，其他税种法也有劳务的概念。如《企业所得税法》第六条关于收入总额的表述，将“提供劳务收入”与销售货物收入、转让财产、股息和红利等权益性投资收益、利息收入、租金收入、特许权使用费收入、接受捐赠收入以及其他收入并列表述。换言之，此处的“劳务”与增值税的“劳务”是截然不同的两个概念。虽处于不同税种法，但同一表述在不同语境下的内涵和外延的差异，也容易因此而混淆。

综上所述，本次征税范围虽没有实质性修改，但立法用词更精准。

二、应税交易概念的提出

在应税交易概念之前，早已有“应税”概念。既有“应税所得”出现在所得税中，也有“应税劳务”同时出现在增值税和营业税中，无论是“营改增”之前的增值税的“应税劳务”，还是营业税的“应税劳务”，虽然各自的税种不同，但均表示该劳务为该税种的征税对象。

2016 年“营改增”，一方面在《财政部　国家税务总局关于全面推开营业税改征增值税试点的通知》（财税〔2016〕36 号）中将“销售服务、无形资产或者不动产”称为“应税行为”；另一方面通过修订《增值税暂行条例》将销售货物、劳务、服务、无形资产、不动产统称“应税销售行为”，可以说已实现增值税征税对象中境内销售部分的统一。

然而，何为行为？法律上的“行为”有“法律行为”和“事实行为”。所谓法律行为，根据《民法典》第一百三十三条的规定，民事法律行为是民事主体通过意思表示设立、变更、终止民事法律关系的行为。事实行为则是不以发生法律效力为目的的行为，行为人不具有设立、变更或消灭民事法律关系的意思，但依照法律的规定能引起民事法律后果。

而增值税的征税对象无论是境内销售还是进口，抑或视同，均体现了行为人设立、变更、终止民事法律关系的意思，属于民事法律行为。与行为的内涵和外延相比，《增值税法》提出的“应税交易”比“应税行为”

更能反映征税对象的商业属性，在表述上也较“应税销售行为”更为简洁，无论是对“有偿性”的规定，还是在实践中对不经常发生应税交易的主体的认定，均更加客观和科学。

关于如何认定应税交易，将在本书问题 8 中予以详细阐明。

三、进口货物

进口货物一般在进口环节征收增值税，理论上是对进口环节的增值额征收增值税。除一般意义上的自其他国家或地区进口外，在我国，自 20 世纪 90 年代起，已经发展了包括保税区、保税物流园区、出口加工区、保税港区、跨境工业园、综合保税区等多种海关特殊监管区域，这些区域具有“关外”的属性，其一般特征是货物在海关的监管下，以免征关税与进口环节税的方式进入这些特殊监管区域进行仓储、贸易或生产。

区内原料或产品内销时则视为进口，以《海关综合保税区管理办法》为例，该办法第十六条第一款规定：“综合保税区与中华人民共和国境内的其他地区(以下简称区外)之间进出的货物，区内企业或者区外收发货人应当按照规定向海关办理相关手续。”而征收关税的同时涉及进口环节增值税的征收。例如，《海南自由贸易港法》第二十九条明确规定“货物由海南自由贸易港进入内地，原则上按照进口征税”，但是，对鼓励类产业企业生产的不含进口料件或者含进口料件在海南自由贸易港加工增值达到一定比例的货物，根据《海南自由贸易港建设总体方案》，进入内地时免征进口关税，但仍然照章征收进口增值税和消费税。

由于一般情况下原材料和产品的关税税率不一致，前者通常较低，因此进口税收成本的差异也将直接影响纳税人产业链在区内和区外的布局。

专业提示

对企业而言，增值税立法突出体现为制度平移，因此企业对《增值税法》的遵从成本并没有产生实质性增加。而现有的业务模式，特别是在日常经营管理、合同签订中，需要适应《增值税法》新的概念体系，避免概念使用的错误或歧义。

关联规则

1.《民法典》第一百三十三条

2.《增值税法》第三条

3.《财政部　国家税务总局关于全面推开营业税改征增值税试点的通知》(财税〔2016〕36 号)

4.《营业税改征增值税试点实施办法》第一条

5.《海关综合保税区管理办法》(署令〔2022〕256 号)第十六条

6.《企业所得税法》第六条

7.《增值税暂行条例》第四条

8.《海南自由贸易港法》第二十九条

9.《海南自由贸易港建设总体方案》

8. 如何确定应税交易以及销售的有偿性？

（《增值税法》第三条）

《增值税法》引入了应税交易概念，根据第三条的规定，其外延包括在中华人民共和国境内销售货物、服务、无形资产、不动产。此外，该条第二款对于“销售”作了进一步规定：“销售货物、服务、无形资产、不动产，是指有偿转让货物、不动产的所有权，有偿提供服务，有偿转让无形资产的所有权或者使用权。”

一、如何理解有偿？

“有偿”这个概念在《增值税暂行条例》《营业税暂行条例》中即已规定。何为“有偿”？根据《财政部　国家税务总局关于全面推开营业税改征增值税试点的通知》(财税〔2016〕36号)附件1《营业税改征增值税试点实施办法》第十一条的规定，有偿是指取得货币、货物或者其他经济利益。

而实践中，不仅有以物易物，货物、服务、无形资产、不动产之间均可以进行互换，从而实现互换主体各自的经济利益，对此均应具体考察从而确定其是否属于增值税征税范围。

二、如何理解销售货物？

（一）何为货物？

《民法典》仅规定了物，“物包括不动产和动产”，并未规定何谓货物。《增值税暂行条例实施细则》第二条明确界定了货物，“货物，是指有形动产，包括电力、热力、气体在内”。其中，关于有形动产，一般认为是指那些具备实物形态，能够带来经济利益的可移动资产。

此外，税法上的货物，还具有“有形动产”所无法表达的商业属性，区别于物品。首先，关于何谓物品，根据《海关行政处罚实施条例》第六十四条，物品指个人以运输、携带等方式进出境的行李物品、邮寄进出境的物品,包括货币、金银等。超出自用、合理数量的物品则视为货物。其次,《增值税法》中也有多处规定了"物品",如该法第二十四条规定,无论是自然人销售的自己使用过的物品,还是由残疾人的组织直接进口供残疾人专用的物品,均享受免征增值税的优惠。因此,从海关监管角度看是否属于"自用""合理数量"范畴是区分货物与物品的主要标准。而从增值税征管的角度看,"自用""合理数量"也构成了对是否具有商业贸易本质属性的判断参考。

(二)如何确定销售?

增值税上的销售货物,其目的是客户获得该有形动产的所有权,根据《民法典》第二百零八、二百二十四条的规定,交付产生所有权移转的效力。虽然未交付,但能主导其使用、获得全部经济利益或取得主要风险和报酬,也可认为已交付,这既符合销售货物的实质判断,也符合《民法典》的其他交付形式,如占有改定(《民法典》第二百二十八条)。因此,有形动产所有权发生移转即属于销售,销售的完成可以民事法律为判断基础。

三、如何理解销售服务?

关于《增值税法》将销售加工修理修配劳务并入销售服务中,参见本书问题7,此处不再赘述。

对于销售服务的认定,也涉及互换,如甲公司将商铺租赁给乙餐馆无偿使用,乙餐馆无偿向甲公司员工提供工作餐。该行为不能视为无偿,原因在于如视为无偿又不属于《增值税法》第五条中的视同应税交易,则会造成应纳增值税的流失。因此通过互换行为,甲公司和乙餐馆都销售服务获取了经济利益,属于增值税征税范围。

四、如何理解销售无形资产?

增值税意义上的无形资产,是指不具实物形态,但能带来经济利益的资产,包括专利权、技术、商标权、著作权、自然资源使用权、特许权、商誉、其他权益性无形资产等。其中，技术，包括专利技术和非专利技术。自然资源使用权，包括土地使用权、海域使用权、探矿权、采矿权、取水权和其他自然资源使用权。其他权益性无形资产，包括基础设施资产经营权、公共事业特许权、配额、经营权（包括特许经营权、连锁经营权、其他经营权）、经销权、分销权、代理权、会员权、席位权、网络游戏虚拟道具、域名、名称权、肖像权、冠名权、转会费等。

与销售货物认定在于转移货物的所有权不同，根据《营业税改征增值税试点实施办法》，销售无形资产除了转移无形资产的所有权，还包括转移无形资产的使用权。

五、如何理解销售不动产？

关于销售不动产，现有增值税政策区分了两大类情形：一是纳税人转让自己以直接购买、接受捐赠、接受投资入股、自建以及抵债等各种形式取得的不动产；二是房地产开发企业销售自行开发的房地产项目。分别适用《纳税人转让不动产增值税征收管理暂行办法》和《房地产开发企业销售自行开发的房地产项目增值税征收管理暂行办法》。

六、对外投资的增值税问题

《公司法》第四十八条规定，股东可以用货币出资，也可以用实物、知识产权、土地使用权、股权、债权等可以用货币估价并可以依法转让的非货币财产作价出资。企业以非货币性资产出资，无论是货物、无形资产还是不动产，均属于以非货币性资产换取了其他经济利益——被投资企业的股权，构成了销售。

其中，以知识产权出资，如果属于符合条件的技术转让，则可以享受增值税免税待遇。可以享受增值税免税待遇的技术转让既包括专利技术的转让，也包括非专利技术的转让。

此外，《合伙企业法》第十六条规定，合伙人可以用货币、实物、知识产权、土地使用权或者其他财产权利出资，也可以用劳务出资。那么普通合伙人以劳务出资，能否认为该合伙人提供劳务换取了合伙收益分配权（其他经济利益），应征增值税？须进一步明确，但目前一般并不征收。

专业提示

《增值税法》在应税交易概念之上构建了一套新的概念体系和逻辑体系。既有对现行制度的平移，也有对现行制度的调适。销售是“应税交易”的核心，也是增值税制度的核心，一方面，销售的底层逻辑是民商事法律；另一方面，增值税上的销售外延较民商事法律更丰富，尤其在复杂的商事交易结构中，隐性交易的存在、可量度的经济利益的存在，都可能成为增值税的征税对象，从而增加纳税人经营的成本，必须予以关注。

关联规则

1.《增值税法》第三、五、二十四条

2.《公司法》第四十八条

3.《合伙企业法》第十六条

4.《海关行政处罚实施条例》第六十四条

5.《财政部　国家税务总局关于全面推开营业税改征增值税试点的通知》（财税〔2016〕36 号）

6.《营业税改征增值税试点实施办法》第十、十一条

7.《国家税务总局关于公布〈纳税人转让不动产增值税征收管理暂行办法〉的公告》（国家税务总局公告 2016 年第 14 号）

8.《国家税务总局关于发布〈房地产开发企业销售自行开发的房地产项目增值税征收管理暂行办法〉的公告》（国家税务总局公告 2016 年第 18 号）

9.《民法典》第一百一十五、二百零八、二百二十四条

10.《增值税暂行条例实施细则》第二条

9. 如何理解境内以及应税交易发生在境内？

（《增值税法》第三、四条）

如何确定应税交易发生在境内？与此前《增值税暂行条例》与《增值税暂行条例实施细则》分别规定境内和解释境内的立法例相比，《增值税法》明确了何谓境内，意味着本法不再授权国务院制定基本税收制度。

一、如何理解境内？

虽然《增值税法》明确了应税交易在境内发生，但并没有更明确的地理范围界定。

在《国家税务总局关于出境口岸免税店有关增值税政策问题的通知》（国税函〔2008〕81 号）①中曾明确规定："《中华人民共和国增值税暂行条例实施细则》第七条规定'所销售的货物的起运地或所在地在境内'，'境内'是指中华人民共和国关境以内。"

一方面，保税区、保税物流园区、综合保税区等海关特殊监管区域"一线"不征收进口环节关税、增值税、消费税，从特殊监管区域进入境内区外，在"二线"才征收进口环节流转税，是国际通行惯例，也是我国已有的税制实践。另一方面，从严格意义上讲，无论是自贸区、保税区还是综合保税区都具有"境内关外"的身份，因此结合海关特殊监管区域自身定位和出口退税政策的实施来看，"增值税的境内等于关境"这个范围是符合增值税政策原理和管理实际的。

二、如何理解境内销售货物？

境内销售货物的判断标准为货物的起运地或者所在地在境内，与企

---

① 该文件已于 2011 年依据《国家税务总局关于公布全文失效废止部分条款失效废止的税收规范性文件目录的公告》而废止。

业所得税"销售货物所得,按照交易活动发生地确定"的标准相比,其虽然在表达上呈现属地原则的外观,但是增值税的境内销售并不关注交易活动的实质层面,而是更看重货物存在的地理位置。实践中企业转口贸易涉及是否缴纳增值税的问题,也依据转口贸易行为的货物的地理存在进行判断。

三、如何理解在境内销售服务、无形资产?

对于在境内销售服务、无形资产,除特殊情况外,《增值税法》采用了"在境内消费,或者销售方为境内单位和个人"的判断规则。该规则从属地和属人的角度确定了我国的增值税征税权。相比《财政部 国家税务总局关于全面推开营业税改征增值税试点的通知》(财税〔2016〕36号)附件1《营业税改征增值税试点实施办法》第十二条"服务(租赁不动产除外)或者无形资产(自然资源使用权除外)的销售方或者购买方在境内",其用语更周延、标准更合理。

对于销售方为境内单位和个人的判断应以合同为准,即形式上销售方应为合同当事人。

对于如何理解在境内消费,目前主要在《营业税改征增值税跨境应税行为增值税免税管理办法(试行)》和《跨境应税行为适用增值税零税率和免税政策的规定》中分别予以规定。前者作了列举,以鉴证咨询服务为例,服务的实际接受方为境内单位或者个人,以及对境内的货物或不动产进行的认证服务、鉴证服务和咨询服务,属于境内消费。而后者对不属于在境内消费作了原则规定:(1)服务的实际接受方在境外,且与境内的货物和不动产无关;(2)无形资产完全在境外使用,且与境内的货物和不动产无关。

四、如何理解在境内销售金融商品?

首先,关于金融商品,现有增值税制度仅规定了何谓金融商品转让,即“转让外汇、有价证券、非货物期货和其他金融商品所有权的业务活动。其他金融商品转让包括基金、信托、理财产品等各类资产管理产品和各种金融衍生品的转让”。换言之,可以纳入金融商品转让征税的金融商品包括外汇、有价证券、非货物期货、资管产品和衍生品这五类,其他都不属于增值税中的金融商品。

其次,在境内发行,或者销售方为境内单位和个人,属于在境内销售金融商品。具体而言:

1.关于“在境内发行”,体现了增值税的属地原则,而无论销售方是否为境内单位和个人。相对于买卖上市公司股票属于金融商品转让而言,目前全国中小企业股份转让系统发行的“新三板”挂牌公司股票是否属于在境内发行的金融商品,并没有明确政策规定。但一般认为通过新三板买卖股票(股权)行为不用缴纳增值税。关于“销售方为境内单位和个人”,则体现了属人原则。

2.目前在境内发行的下列金融商品转让享受免税待遇,包括:合格境外投资者委托境内公司在我国从事证券买卖业务;我国香港市场投资者(包括单位和个人)通过沪港通买卖上海证券交易所上市A股;对我国香港市场投资者(包括单位和个人)通过基金互认买卖内地基金份额。前述优惠政策是否继续,需要进一步关注。

专业提示

增值税的应税交易发生在境内,在不同的税目下,境内的判断标准不一,同时存在与其他税种法律规定不一致的情况。因此首先,纳税人需把握现有政策,分析哪些是《增值税法》尚未细化的领域,特别是金融商品转让中,对于境内单位和个人转让在境外如我国香港特别行政区或美国纳斯达克发行的股票的增值税政策与适用方法,应予以特别关注。其次,纳税人也要做好合同管理,通过合同确定民事权利、义务的同时,也相应地承担增值税上的义务。

关联规则

1.《增值税法》第三、四条

2.《财政部　国家税务总局关于全面推开营业税改征增值税试点的通知》(财税〔2016〕36 号)

3.《营业税改征增值税试点实施办法》第一、十二条

4.《跨境应税行为适用增值税零税率和免税政策的规定》第七条

5.《财政部　税务总局　证监会关于交易型开放式基金纳入内地与香港股票市场交易互联互通机制后适用税收政策问题的公告》(财政部　税务总局　证监会公告 2022 年第 24 号)

6.《国家税务总局关于发布〈营业税改征增值税跨境应税行为增值税免税管理办法(试行)〉的公告》(国家税务总局公告 2016 年第 29 号)第二条

7.《企业所得税法实施条例》第七条

10. 如何理解销售服务与无形资产境内标准的属人原则，如何判断销售方为境内单位或个人？

（《增值税法》第四条）

作为对消费的课税，增值税一直都秉承属地征收的原则，而如何判定应税交易发生在境内，不同类型的应税交易由于其交易性质、复杂程度以及属地关联性要素的差异，有不同的判断标准。

对于一些特殊的应税交易，由于境内消费认定上的复杂性，如"金融商品在境内发行""服务、无形资产在境内消费"，对于此二类情形，《增值税法》补充了"销售方为境内单位和个人"这一形式标准来认定境内，体现了属人原则。

一、境内判断标准的立法沿革

对于服务、无形资产，最初的境内判断标准来自营业税法律制度规定，《营业税暂行条例实施细则》（财法字〔1993〕40 号，已失效）第七条以属地为原则，包括"（一）所提供的劳务发生在境内；（二）在境内载运旅客或货物出境；（三）在境内组织旅客出境旅游；（四）所转让的无形资产在境内使用……"同时该细则规定了特定情形下属人原则的适用，主要在保险劳务领域，"境内保险机构提供的保险劳务，但境内保险机构为出口货物提供保险除外"，即营业税法律制度对境内的认定是属地原则优先。

之后，《营业税暂行条例实施细则》（中华人民共和国财政部　国家税务总局令第 52 号，已失效）对境内劳务营业税征税规则进行了重大修改，明确了属人原则优先。该细则第四条规定了劳务的属人原则，即在中华人民共和国境内提供劳务是指提供或者接受劳务的单位或者个人在境内；以及无形资产（不含土地使用权）的属地原则，即接受单位或者个人在境内。

“营改增”后，延续了服务销售的属人原则优先，同时纳入了无形资产的销售。《财政部　国家税务总局关于全面推开营业税改征增值税试点的通知》（财税〔2016〕36 号）附件 1《营业税改征增值税试点实施办法》第十二条第一项规定“服务（租赁不动产除外）或者无形资产（自然资源使用权除外）的销售方或者购买方在境内”。根据该规定，境内的单位或者个人销售服务（租赁不动产除外）、无形资产（自然资源使用权除外），或者购买方为境内单位或者个人，那么无论服务发生在境内还是境外，都属于在境内销售服务。

此后，《国家税务总局关于营改增试点若干征管问题的公告》（国家税务总局公告 2016 年第 53 号）针对境外单位或者个人销售服务或者无形资产，但购买方在境内的情形，规定了属人原则的例外，主要包括：“（一）为出境的函件、包裹在境外提供的邮政服务、收派服务；（二）向境内单位或者个人提供的工程施工地点在境外的建筑服务、工程监理服务；（三）向境内单位或者个人提供的工程、矿产资源在境外的工程勘察勘探服务；（四）向境内单位或者个人提供的会议展览地点在境外的会议展览服务。”

由此可见，属人原则的标准包括销售方和购买方，但购买方存在例外情形，而这些例外的规定，不能回应全部的特殊情形。

二、“购买方”在境内规则的执行困境

“营改增”后，境内认定购买方的标准，存在适用的复杂性。

以服务为例，境内购买方在接受服务后，并不一定全部是自己使用，可能会将部分服务给第三方使用。例如，跨国公司的中国总部和境外某咨询公司签订了服务协议，但部分服务是其在中国境外的其他子公司使用的。因此，中国总部同其他子公司签订集团服务分摊协议，将部分费用分摊给该服务的实际使用方。

也存在服务的提供方虽然是和购买方直接签订的合同,却是直接向合同以外的第三方提供服务的情形。例如,中国公司在新加坡有一家子公司,中国母公司直接和新加坡四大会计师事务所签订内部审计服务协议,让相关事务所对子公司进行内部审计。

也存在合同虽然是由服务的提供方和接受方直接签订的,但最终的付款却是由合同以外的第三方支付的情形。如跨国集团部门企业之间的交易,通过第三方结算公司进行支付。通常第三方结算公司是指承担跨国企业集团内部成员单位资金集中运营管理职能的资金结算公司,包括财务公司、资金池、资金结算中心等。①

前述几种情形均会导致购买方在境内这一认定在实际执行中存在偏差。

三、《增值税法》关于境内的立法选择

《增值税法》保留销售方在境内,删去购买方在境内的规定,即境内的单位或者个人销售的服务(租赁不动产除外)、无形资产(转让自然资源使用权除外),无论服务购买方为境内单位或者个人还是境外单位或者个人,无论服务发生在境内还是境外,都属于在境内销售服务、无形资产。此外,销售金融商品境内的认定,在属地原则之外,也采属人原则,即金融商品的销售方为境内单位和个人。

其中境内单位,既包括法人,也包括非法人组织;除居民企业外,非居民企业在华机构场所也应当认定为境内单位。

---

① 虽然在《营业税改征增值税跨境应税行为增值税免税管理办法(试行)》中明确了"纳税人与境外关联单位发生跨境应税行为,从境内第三方结算公司取得的收入",视同从境外取得收入。可以推出从境内第三方结算公司取得的收入在特定情况下不影响境内外的判定,但对于从境外第三方取得的收入能否反向认定却缺乏依据。

1. 以商业协议认定销售方

税法中商业协议的形式不限于合同，只要该类协议可以识别服务或无形资产的销售方身份，以及与服务、无形资产销售相关的权利和义务的要素，即可构成商业协议。

从市场交易的明确性和安全性角度出发，无论是否涉及跨境，涉及金额较大或事项复杂的交易，一般交易双方均会签订正式的合同。但并非只有此类正式合同才构成商业协议，实践中商业协议也会有其他更多样化的表现形式，如商业信函、订单、发票、支付证明或收条。

此外，商业协议可以采用书面形式、口头形式或者其他形式。书面形式是指合同书、信件、电报、电传、传真等可以有形地表现所载内容的形式。此外书面形式还包括以电子数据交换、电子邮件等方式能够有形地表现所载内容，并可以随时调取查用的数据电文。换言之，下载 App 购买增值服务，同样构成有效的商业协议。

2. 以无形资产所有权人认定销售方

无形资产所有权人，在一般意义上即法律所有权人，是指通过合法登记注册、合同约定等确定的无形资产所有者。

然而，实践中可能存在经济所有权人，即对无形资产价值做出实质贡献的经济活动参与者——在无形资产的开发、价值提升、维护、保护、应用和推广等活动中，实际履行功能、投入资源、承担风险的组织或者个人。在销售无形资产中，无形资产经济所有权人可能是以收款方身份出现的。

3. 以收款方认定销售方

商业协议中也可能出现合同的当事人并非实际的收款方的情形，如澳大利亚公司在中国香港特别行政区有一家子公司，母公司直接和澳大利亚某事务所签订设计服务协议，由该事务所在中国的办事处向位于中国香港特别行政区的子公司提供设计服务,而中国办事处为收款方。对于该服务的销售,从协议本身来看无法认定销售方为境内单位,但无论是服务的实际提供方还是收款方,都是境内单位,因此收款方也可以成为认定销售方为境内单位的判断依据之一。

专业提示

《增值税法》对于销售服务、无形资产的境内判断标准,明确了属人原则与属地原则相结合。相对于属地原则的实质标准,属人原则在形式外观上的判断更具有直接性和可操作性。因此,无论是对于税务机关还是纳税人而言,相关交易的合同管理以及支付管理,都将成为其判断是否构成境内的重要标准。

关联规则

1.《增值税法》第四条

2.《民法典》第四百六十九条

3.《营业税暂行条例实施细则》(财政部　国家税务总局令第 52 号)第四条

4.《财政部　国家税务总局关于全面推开营业税改征增值税试点的通知》(财税〔2016〕36 号)附件 1《营业税改征增值税试点实施办法》

5.《国家税务总局关于营改增试点若干征管问题的公告》(国家税务总局公告 2016 年第 53 号,部分失效)

6.《营业税改征增值税跨境应税行为增值税免税管理办法(试行)》(国家税务总局公告 2016 年第 29 号)

11. 如何判断境外销售服务或者无形资产？

（《增值税法》第四条）

《增值税法》第三条明确规定了境内应税交易，同时第四条明确了何谓“境内”。从理论上讲，当法律法规已经直接明确境内时，似乎无须再对不属于境内的情形进行规定，特别是当交易涉及不动产租赁服务和自然资源使用权转让时，只需要根据标的物在境内还是境外来判断是否属于境内销售，因此境外的判断较简单。而除这两种类型外的其他境内销售服务、无形资产的判断标准，由“营改增”相关规定以销售方和购买方同时作为判断标准，调整为仅以购买方作为判断标准后，似乎也没有必要专门规定不属于境内销售的类型了。那么实践中对于境外销售服务或无形资产的情形有哪些？应如何判断呢？

一、“营改增”境外销售服务或无形资产的判断规则

2013年“营改增”试点，《财政部　国家税务总局关于将铁路运输和邮政业纳入营业税改征增值税试点的通知》（财税〔2013〕106号）附件1《营业税改征增值税试点实施办法》在规定“应税服务提供方或者接受方在境内”作为境内判断标准时，对于满足前述标准但不满足增值税的消费地征税原则的服务作了特别规定，即明确规定了境内的例外，包括：“（一）境外单位或者个人向境内单位或者个人提供完全在境外消费的应税服务。（二）境外单位或者个人向境内单位或者个人出租完全在境外使用的有形动产。（三）财政部和国家税务总局规定的其他情形。”

2016年全面“营改增”，《财政部　国家税务总局关于全面推开营业税改征增值税试点的通知》（财税〔2016〕36号）附件1《营业税改征增值税试点实施办法》沿用了境内的标准，因此仍有必要明确境内的例外，第十三条对服务和无形资产的境外作了明确规定，包括：“（一）境外单位或者个人向境内单位或者个人销售完全在境外发生的服务。(二)境外单位或者个人向境内单位或者个人销售完全在境外使用的无形资产。(三)境外单位或者个人向境内单位或者个人出租完全在境外使用的有形动产。(四)财政部和国家税务总局规定的其他情形。”主要的变化是境外的标准由“消费”的服务修改为“发生”的服务。而实践中仍然存在对于如何认定“完全”的争议。

现行关于销售服务和无形资产的境内外判断标准可见表2。因此,判断结果为境外的情形可总结为以下两点:

第一,不动产、自然资源在境外,无须考虑销售方和购买方,不动产租赁和自然资源使用权转让均属于境外销售情形。

第二,销售方为境外,购买方为境内,如服务完全在境外发生,或者无形资产、租赁的有形动产完全在境外使用,属于境外销售情形。

表2 销售服务与无形资产的境内外判断标准

<table>
<tr><th>销售方</th><th>购买方</th><th>特殊情形</th><th>境内外的判断</th></tr>
<tr><td>境外</td><td>境外</td><td>不动产、自然资源在境内</td><td>除特殊情形为境内外,均为境外</td></tr>
<tr><td rowspan="4">境外</td><td rowspan="4">境内</td><td>销售完全在境外发生的服务</td><td rowspan="3">境外</td></tr>
<tr><td>销售完全在境外使用的无形资产</td></tr>
<tr><td>出租完全在境外使用的有形动产</td></tr>
<tr><td>不属于前述情形或另有规定</td><td>境内</td></tr>
<tr><td>境内</td><td>境内</td><td rowspan="2">不动产、自然资源不在境内</td><td>除特殊情形为境外外,均为境内</td></tr>
<tr><td>境内</td><td>境外</td><td>境内,符合条件适用零税率的,应办理退免税</td></tr>
</table>

二、《增值税法》下的境外认定规则

《增值税法》与前述“营改增”文件中的认定规则不同，即“消费”标准不再被用来直接判定境外，而是直接判定境内。由于《增值税法》并未列出境外规则，因此根据现行规则总结出其境内外判断标准，见表3。

表3 《增值税法》销售服务与无形资产的境内外判断标准

<table>
<tr><th>销售方</th><th>购买方</th><th>特殊情形</th><th>境内外的判断</th></tr>
<tr><td>境外</td><td>境外</td><td rowspan="2">不动产、自然资源在境内，金融商品在境内发行，其他服务无形资产在境内消费</td><td rowspan="2">除特殊情形为境内之外，均为境外</td></tr>
<tr><td>境外</td><td>境内</td></tr>
<tr><td>境内</td><td>境内</td><td rowspan="2">不动产、自然资源在境外</td><td>除特殊情形为境外外，均为境内</td></tr>
<tr><td>境内</td><td>境外</td><td>除特殊情形为境外外，均为境内；属于境内交易的，符合条件适用零税率的，应办理退免税</td></tr>
</table>

而对于境内向境外销售服务、无形资产的，因消费地在境外，理论上对其征税不符合对消费课税的属地原则，看似采取了属人原则，实则通过零税率或者出口退（免）税的适用还原了增值税的消费地征收的本质特征、税制在实施层面具有合理性。

三、实例分析

境外单位或者个人向境外单位或者个人销售服务（不包括不动产租赁、金融商品销售，本问下同），不属于在境内销售服务，不缴纳增值税。如美国咨询公司为德国公司提供咨询服务。

境外单位或者个人向境外单位或者个人销售服务，如果该服务发生在境内，则属于应税交易。如美国咨询公司与德国公司签订咨询合同，为德国公司的中国子公司提供咨询服务。

境外单位或者个人向境内单位或者个人销售服务，判断标准同上。如果个人出境旅游时在境外接受餐饮、住宿服务，那么属于服务发生在境外，不属于在境内销售服务，不缴纳增值税。但如果境内公司接受（购买）境外公司在境内的认证服务，那么属于境内交易，应缴纳增值税。

境内单位或者个人无论向境内还是境外销售服务，均为境内交易，如该服务发生在境外，则纳税人根据《增值税法》第三十三条适用零税率的，可办理退（免）税。

由此可见，《增值税法》的境内规则一方面类型化更为清晰，另一方面判断的规则在适用上更符合逻辑，同时零税率的设计也实际考虑了境内销售和境外服务的交易实质，保护了纳税人的权利。

专业提示

相对于此前的法律文件而言，《增值税法》对于境内的规定较为全面，和"营改增"规定的"完全发生"在境外认定的争议相比，其明确了只要是境内消费或者销售方在境内就属于征税范围。对于销售方在境外和在境外消费则不在征税范围内，终结了"完全在境外发生"的争议。

因此对于企业而言，如果购买境外服务，那么需评估该交易是否属于境内消费；如果向境外销售服务，那么需评估是否适用零税率。

关联规则

1.《增值税法》第四、三十三条

2.《财政部　国家税务总局关于将铁路运输和邮政业纳入营业税改征增值税试点的通知》（财税〔2013〕106 号）附件 1《营业税改征增值税试点实施办法》第十条

3.《财政部　国家税务总局关于全面推开营业税改征增值税试点的通知》（财税〔2016〕36 号）附件 1《营业税改征增值税试点实施办法》第十三条

12. 什么是视同应税交易？如何理解《增值税法》视同应税交易的类型？

（《增值税法》第五条）

如前所述，应税交易的核心是销售，是否发生销售往往通过当事人之间是否签订合同进行判断。销售的核心是有偿，即存在经济利益的流入，即便以非货币形式，也可以认定为有偿。同时，销售的法律后果因税目不同而存在差异，就货物与不动产而言，主要体现为所有权移转；就无形资产而言，主要体现为所有权或使用权转移；就服务而言，服务的消费存在判断上的复杂性。

实践中大量发生虽然不是"销售"但存在经济利益的交换，属于增值税征税范围涉及的领域，如若不对其征增值税，会带来税负的不公和国家税款的流失，因此自增值税制度确立以来，即规定了"视同销售"制度，"营改增"后纳入"视同销售服务、无形资产或者不动产"。

《增值税法》第五条明确规定"视同应税交易"，相比于现有"视同销售"，范围做了大量调整。

一、销售货物税目中的视同应税交易

根据《增值税法》第五条的规定，"单位和个体工商户将自产或者委托加工的货物用于集体福利或者个人消费""单位和个体工商户无偿转让货物"视同应税交易。其保留了"视同销售货物"的八类情形中的部分，同时作了较大限缩。

首先，将主体限定在单位和个体工商户，意味着自然人的上述行为无须缴纳增值税。

其次，跨县（市）移送货物不再"视同销售"，意味着同一法人公司不同总分机构间、分支机构间进行的跨县（市）移送货物，无须缴纳增值税。

再次，将货物交由他人代销和销售代销货物，也不再“视同销售”。从委托人角度来看，代理的后果归于被代理人，因此应当认定被代理人销售货物。如代销是有偿的，那么应当认定被代理人销售服务。所以无须认定“视同应税交易”。

最后，从民法角度看，将货物用于投资、分配本与销售具有相同商业性质，所以无须认定“视同应税交易”。

二、销售无形资产、不动产税目中的视同应税交易

根据《增值税法》第五条的规定，“单位和个人无偿转让无形资产、不动产”视同应税交易。相比之前“单位或者个人无偿转让无形资产或者不动产，但用于公益事业或者以社会公众为对象的除外”的规定，主体均包括自然人，差别主要体现在除外情形规定的有无。

一方面，实践中“用于公益事业或者以社会公众为对象”的范围很难界定清晰，可能引发争议。另一方面，公益捐赠一般为间接捐赠，并非直接以社会公众为对象。同时根据《增值税法》第二十五条的规定，根据国民经济和社会发展的需要，国务院对公益事业捐赠可以制定增值税专项优惠政策。因此删去除外情形更为合理，且对公益事业发展具有积极意义。

三、无偿转让金融商品视同应税交易

金融服务范围包括贷款服务、直接收费金融服务、保险服务和金融商品转让。《增值税法》第五条规定，单位和个人无偿转让金融商品视同应税交易，取消了此前“单位或者个体工商户向其他单位或者个人无偿提供服务，但用于公益事业或者以社会公众为对象的除外”的规定。这意味着在服务这一税目中的视同应税交易，仅涉及“金融商品转让”这一子类。

首先，对主体范围不再加以限定，即自然人无偿转让金融商品应视同应税交易，征收增值税。根据《财政部　国家税务总局关于全面推开营业税改征增值税试点的通知》（财税〔2016〕36号）的附件3《营业税改征增值税试点过渡政策的规定》，个人从事金融商品转让业务免征增值税。免征的前提为应征，因此无论在逻辑上还是体系上，《增值税法》的规定都更加科学。

其次，取消无偿提供服务视同销售服务。一方面，服务具有无形性，相对于货物、无形资产和不动产更具有隐蔽性，难以判断。另一方面，购进服务可抵扣进项税。因此立法在简化税收征管的同时，避免了不合理地加重纳税人负担。

专业提示

视同应税交易是增值税征税对象的重要形式之一。货物、无形资产和不动产领域没有出现重大的改革，但无偿提供服务不视同应税交易，在减轻纳税人负担的同时，可能也提升了税法遵从的成本。以关联企业之间的无偿资金拆借为例，根据《增值税法》第五条的规定，此种情形不属于视同应税交易，对其是否应征增值税，则需根据是否具有有偿性进行把握。此外无偿提供服务还面临被认为是“销售额明显偏低且无正当理由”的问题。因此企业更加需要把握增值税征税范围的整体，合理评估企业商事交易的风险和税收成本。

关联规则

1.《增值税法》第五、二十、二十五条

2.《财政部　国家税务总局关于全面推开营业税改征增值税试点的通知》（财税〔2016〕36号）附件3《营业税改征增值税试点过渡政策的规定》

13. 如何理解增值税的“视同应税交易”，其与其他税种的“视同销售”有何异同？

（《增值税法》第五条）

一、增值税法关于货物视同应税交易的法理判断

如前所述，《增值税法》规定的关于货物的“视同应税交易”较之《增值税暂行条例实施细则》规定的视同销售货物限缩了范围，主要集中在两类情形，其差别主要是货物的来源差异和用途差异。

货物来源差异，即自产或者委托加工同外购的区别，二者最重要的区别在于自产或者委托加工存在增值。

用途差异，即对内转让还是对外转让的区别。用于集体福利或者个人消费，前者仍然体现内部属性，而后者难以界定。向外部转让，无论是将货物用于偿债、捐赠、利润分配，还是用于其他非货币性资产交换，这些货物都已经到达纳税人的外部，体现了销售的最终目标是所有权的移转。因此，将该笔交易作为增值税法中的视同应税交易，既尊重了交易的实质，也有利于税务方面的管理。

由此可以得出结论：

1. 只要存在增值，无论其用途为何，对内还是对外，即便是用于集体福利、个人消费等非生产性用途，由于不会在下一个环节产生增值税销项税额，均可视同应税交易，从而确保抵扣链条的完整性。

2. 只要属于对外转让，符合销售的本质，无论是否存在增值，均可以视同应税交易。

因此对于不存在增值，且为内部转让的情形，即外购的货物用于集体福利或者个人消费，由于未产生任何增值，不属于视同应税交易，而是进项税额不得抵扣的行为，需要将进项税额转出。

二、增值税法视同应税交易与其他税种法“视同销售”的区别

1. 与消费税“应税消费品”的区别

在货物与劳务税领域,消费税法律制度中也有类似“视同销售”的规定。《消费税暂行条例》第四条第一款规定了应税消费品,《消费税暂行条例实施细则》第六条第二款对应税消费品的具体情形予以明确,即“纳税人将自产自用应税消费品用于生产非应税消费品、在建工程、管理部门、非生产机构、提供劳务、馈赠、赞助、集资、广告、样品、职工福利、奖励等方面”。

之所以消费税的应税消费品不限制在对外,内部移送也会被认定为应税消费品,原因在于应税消费品与其他货物存在区别,不应因内部交易使消费税税额流失。

2. 与所得税“视同销售”的区别

我国所得税领域中的视同销售主要规定在《企业所得税法实施条例》中,该条例第二十五条规定了视同销售货物、转让财产或者提供劳务,主要针对“企业发生非货币性资产交换,以及将货物、财产、劳务用于捐赠、偿债、赞助、集资、广告、样品、职工福利或者利润分配等用途的”情形。

由于我国企业所得税法对纳税人实质采用法人标准,内部移送并不构成视同销售,所以不存在对内、对外的区分。此外,所得税不存在增值税进项税额抵扣的机制,只要货物的权属发生转移均可确认销售。

此外,《增值税法》取消了无偿提供服务视同销售的规定,仅无偿转让金融商品视同应税交易;而企业所得税的视同销售对象包括货物、财产、劳务,涵盖了增值税的货物、服务、无形资产和不动产。

3. 其他税种的“视同销售”

根据国家税务总局印发的《土地增值税清算管理规程》(国税发

〔2009〕91 号）第十九条的规定，房地产开发企业将开发产品用于职工福利、奖励、对外投资、分配给股东或投资人、抵偿债务、换取其他单位和个人的非货币性资产等，发生所有权转移时应视同销售房地产。因此在确认纳税人无偿转让不动产，构成增值税上的视同应税交易时，还涉及土地增值税的视同销售。

《资源税法》第五条规定，纳税人开采或者生产应税产品自用的，应当依照本法规定缴纳资源税；但是，自用于连续生产应税产品的，不缴纳资源税。由此可见，除自用于连续生产应税产品外，资源税法将自用纳入“视同销售”中，与消费税相似。

三、举例说明

甲公司生产的 U 盘，市场价格为每个 50 元，作为年会纪念品共发放 1000 个。企业无偿转让货物的行为，属于《增值税法》中的视同应税交易，按市场价格确定销售额。该行为也属于企业所得税上的视同销售货物。

乙公司从超市购买了 100 盒饼干，发给职工，饼干的售价为每盒 100 元。企业将外购的货物作为非货币性福利提供给职工的行为，不属于《增值税法》中的视同应税交易，但属于企业所得税上的视同销售货物，应按公允价值 10,000 元确认视同销售货物的收入。

丙公司从事非学科类教育培训，每节课程收取 500 元。为了达到促销目的，丙公司给 10 位潜在客户提供一节免费试听课。该行为不属于《增值税法》中的视同应税交易，但属于企业所得税上的视同提供劳务，应按公允价格 5000 元确认视同提供劳务的收入。

专业提示

增值税的视同应税交易意味着虽然纳税人没有在会计上作销售处理，但从增值税的角度来说，仍应当确认发生了应税交易，从而确认销售额，计算销项税额，否则可能带来税收违法的法律责任。

此外，在我国的复合税制下，货物、不动产、无形资产或劳务的流转，会影响诸多税种的计算。如企业所得税的收入确认、应税消费品的消费税销售额确定、土地增值税的销售收入确定等。因此纳税人要区分增值税的视同应税交易与其他税种的“视同销售”，做好不同的税务处理工作，实现税务合规。

关联规则

1.《增值税法》第五条

2.《消费税暂行条例》第四条

3.《消费税暂行条例实施细则》第四、六条

4.《企业所得税法实施条例》第二十五条

5.《资源税法》第五条

6.《土地增值税清算管理规程》（国税发〔2009〕91 号）第十九条

14. 对外捐赠货物在增值税上应当如何处理？具有公益性捐赠性质的实物捐赠是否应当征收增值税？

(《增值税法》第五条)

对外捐赠货物，无论该货物是自产、委托加工还是外购，均属于《增值税法》第五条第三项所规定的视同应税交易。此外，货物的捐赠如涉及公益性捐赠应当如何处理，在实务中也较为重要。

一、对外捐赠货物的会计处理

1. 一般规则

虽然纳税人对外捐赠可以提高企业声誉，带来间接经济利益，但从会计准则和会计制度的角度来看，核算的均是直接经济利益，因此对用于捐赠的货物、财产都不作为收入处理，而是以成本价和相关税费作为“营业外支出”科目核算。

就增值税而言，无论从销售行为的实质，还是从增值税税额抵扣机制的运行来说，都应视同应税交易，需要计缴增值税。

2. 案例 1

甲公司将自产的一批货物用于对外捐赠，该批货物的成本为 80 万元，不含税销售价格为 100 万元(公允价格)，对应进项税额为 7 万元。甲公司该笔捐赠应如何进行税务处理？(该货物适用 13% 的增值税税率)

从增值税的角度看，因产品用于捐赠之后不再在市场上进行销售，抵扣进项并产生销项的链条终止，甲公司作为增值税的最终承担者，其对外捐赠的行为在增值税上需要视同应税交易交税。其中，增值税销项税额按照商品公允价格 100 万元 × 13% 进行计算，计入捐赠支出的成本。

捐赠支出会计处理：

借：营业外支出 93 万元

贷：库存商品 80 万元

应交税费—应交增值税(销项税额)13 万元

需要指出的是，虽然账面上的捐赠支出(营业外支出)为 93 万元，但企业在确认税法上的捐赠支出时，应按公允价格确认，即 113 万元。

3. 案例 2

乙公司购进一批货物用于对外捐赠，取得增值税专用发票，注明金额 100 万元，税额 13 万元。乙公司该笔捐赠支出如何进行税务处理？(该货物适用 13% 的增值税税率)

借：库存商品 100 万元

应交税费—应交增值税(进项税额)13 万元

贷：银行存款 113 万元

借：营业外支出 113 万元

贷：库存商品 100 万元

贷：应交税费—应交增值税(销项税额)13 万元

二、具有公益性的实物捐赠问题

一般来说，即使纳税人的对外捐赠具有公益性捐赠的性质，也属于增值税的视同应税交易，应当计算缴纳增值税。

在突发事件等特殊情况下，国家会出台附期限或附条件的增值税减免政策。现行有效的主要是扶贫货物捐赠免征增值税政策。

根据《关于扶贫货物捐赠免征增值税政策的公告》(财政部　税务总局　国务院扶贫办公告 2019 年第 55 号)和《关于延长部分扶贫税收优惠政策执行期限的公告》(财政部　税务总局　人力资源社会保

障部　国家乡村振兴局公告2021年第18号）的规定，自2019年1月1日至2025年12月31日，对单位或者个体工商户将自产、委托加工或购买的货物通过公益性社会组织、县级及以上人民政府及其组成部门和直属机构，或直接无偿捐赠给目标脱贫地区的单位和个人，免征增值税。在政策执行期限内，目标脱贫地区实现脱贫的，可继续适用上述政策。

结合前述甲、乙公司的案例，如其符合扶贫货物捐赠免征增值税条件，那么将作如下处理：

1. 自产、委托加工的货物的公益性捐赠：甲公司。

借：营业外支出　93万元

　　贷：库存商品　80万元

　　　　应交税费—应交增值税（销项税额）　13万元

借：应交税费—应交增值税（减免税款）　13万元

　　贷：营业外收入　13万元

借：营业外支出　7万元

　　贷：应交税费—应交增值税（进项税额转出）　7万元

2. 外购货物的公益性捐赠：乙公司。

借：库存商品　100万元

　　应交税费—应交增值税（进项税额）　13万元

　　贷：银行存款　113万元

借：营业外支出　113万元

　　贷：库存商品　100万元

　　贷：应交税费—应交增值税（销项税额）　13万元

借：应交税费—应交增值税（减免税款）　13万元

　　贷：营业外收入　13万元

借:营业外支出　13 万元

　贷:应交税费—应交增值税(进项税额转出)　13 万元

专业提示

视同应税交易是增值税征税对象的重要形式之一,捐赠货物尤其常见。一方面,实践中无论是消费税还是企业所得税制度中均有“视同销售”,因此在税务处理中需明确三者的区别。本书由于篇幅所限,无法对其他税种法的“视同销售”特别是企业所得税的“视同销售”一一解释。另一方面,特殊的公益性捐赠免征政策的存在,也需要纳税人合理评估能否适用以及适用的效果。

关联规则

1.《增值税法》第五、二十二条

2.《关于扶贫货物捐赠免征增值税政策的公告》(财政部　税务总局　国务院扶贫办公告 2019 年第 55 号)

3.《关于延长部分扶贫税收优惠政策执行期限的公告》(财政部　税务总局　人力资源社会保障部　国家乡村振兴局公告 2021 年第 18 号)

4.《企业会计准则第 14 号——收入》

15. 如何理解视同应税交易中的“无偿”？无偿提供服务应该如何认定？

（《增值税法》第五条）

在视同应税交易中，涉及的货物、无形资产、不动产和金融商品，均以“无偿”为判断标准之一。无偿转让货物、无形资产或者不动产，一般情况下视同应税交易计征增值税。如果上述行为是有偿的，则一般界定其为销售行为，不属于视同应税交易的范畴。关于有偿与无偿的概念，一直以来没有明确清晰的政策进行界定，因此是否没有资金流入流出就属于无偿，在认定上难免存在困难。

一、关于是否属于无偿的案例与争议

例1　甲企业进行促销活动，顾客关注企业微信公众号，即可免费获得试用小样一份。

例2　甲企业销售货物100件，销售额为10万元，同时赠送10件同类型货物。

例3　甲公司向乙公司提供不动产租赁服务，不收取任何费用，乙公司则向甲公司免费提供货物一批。

例4　甲酒店为住店的旅客提供免费的早餐。

例5　甲企业向乙公司免费提供商标使用权，权利许可期间，甲企业从乙公司购买商品可以享受20%的折扣。

例6　甲企业向公益机构赠送学习桌椅一批。

上述案例中，哪些是有偿，哪些是无偿，哪些属于视同应税交易？

在例1中，企业赠送的产品，取得的经济利益是将来用户可能购买企业的产品，而是否购买、何时购买、购买多少，均是不确定的，即赠送样品是否可以取得以及取得多少经济利益是不确定的。因此，此类赠送货

物行为属于增值税中无偿的范围，应做视同应税交易处理。

在例2中，甲企业的优惠相当于“买十赠一”，赠送的货物包括在统一的销售额中，与销售的主商品一起取得了10万元经济利益。关于买赠行为，一方面，买赠行为相当于一种促销手段；另一方面，赠送的10件商品的价值或者说经济利益是确定的。因此，赠送货物取得确定价值的经济利益，应属于增值税中有偿的范围。有偿销售行为，已经计征了增值税，无须再视同应税交易。

在例3中，甲公司提供免费服务，乙公司提供免费货物，对于双方来说都不属于无偿，经济利益虽不是货币形式，但仍然可以确定。因此其销售额为非货币形式，不属于无偿。

在例4中，甲酒店向客人赠送早餐等属于住宿服务必不可少的组成部分，不是在住宿服务之外向客人另行提供或赠送其他服务的销售行为。同时，这些用品的耗费不仅是酒店住宿服务成本的重要组成部分，也早已在客人支付的房费中一并收回，因此早餐不是甲酒店无偿提供或赠送给客人的。

在例5中，甲企业免费提供无形资产，但获得了采购折扣，虽然经济利益的多少在提供无形资产的时候不确定，但可以准确计量，不属于视同应税交易，而属于有偿销售，可按照确定的经济利益计征增值税。

在例6中，甲企业向公益组织赠送自产产品，可以提升企业公信度和获得公众好感，扩大知名度或者市场份额，但这些经济利益是不确定的，应属于无偿的范围，按照视同应税交易处理。

二、无偿提供服务的案例与分析

例7　甲公司向乙公司提供借款服务，不收取任何费用，甲乙公司为关联企业。

例8　甲公司向乙公司提供不动产租赁服务，不收取任何费用，甲乙公司为关联企业。

在例7中，甲公司向乙公司提供免费的借款服务，甲乙公司为关联企业。对于此类服务，根据《财政部　税务总局关于延续实施医疗服务免征增值税等政策的公告》（财政部　税务总局公告2023年第68号），对企业集团内单位（含企业集团）之间的资金无偿借贷行为，免征增值税。因此该行为在《财政部　国家税务总局关于全面推开营业税改征增值税试点的通知》（财税〔2016〕36号）附件1《营业税改征增值税试点实施办法》下毫无疑问属于应税行为，但究竟是属于“有偿+应税行为”，还是“无偿+视同应税销售服务”？考虑到《增值税法》将无偿提供服务剔除出“应税交易”范畴，并于2026年1月1日起施行，同时前述免税政策延续至2027年12月31日，因此所谓“无偿借贷行为”并非实质意义上的无偿，仍应属于有偿。

在例8中，甲公司向乙公司提供免费的不动产租赁服务，甲乙公司为关联企业。对于该服务，如果认定为无偿，根据《增值税法》第五条则不能认定其为应税交易。这种无偿服务，虽然可以认为有利于企业集团的整体经济利益，但无法准确计量。该问题在企业所得税层面可以通过特别纳税调整予以解决，《企业所得税法》第四十一条第一款规定：“企业与其关联方之间的业务往来，不符合独立交易原则而减少企业或者其关联方应纳税收入或者所得额的，税务机关有权按照合理方法调整。”换言之，该种行为在不同税种之间不应有性质认定上的实质差异。故在增值税层面，也应当认定为有偿。《增值税法》第二十条规定的核定销售额的适用范围较《企业所得税法》第四十一条更广，并不限于关联企业之间。

例7和例8从不同角度诠释了无偿服务实为有偿，也可以解释为何《增值税法》将无偿提供服务从应税交易中排除。

三、无偿的识别要素

货物、无形资产、不动产一般被认为是有市场价格可以比照的，这相对于《税收征管法》的核定方法，对税务机关而言更简单易行。然而现代经济交易主体多元化、交易形式多样化，新业态、新的商业模式不断涌现，获取经济利益的方式也令人眼花缭乱，从前述案例中，不难看出很多表象上的“无偿服务”实质上是有偿服务。《增值税法》并未界定有偿，而根据《营业税改征增值税试点实施办法》第十一条的规定，有偿，是指取得货币、货物或者其他经济利益。因此对一笔交易的认定，应从利益相关者的交易结构的视角去思考，从企业实际价值创造的方式去分析，对纳税属性进行识别与分析，确认表象上的无偿服务是否实质上取得了经济利益，才能厘清无偿提供服务视同有偿服务征税的边界。具体而言，判断无偿须满足以下条件：

1. 销售方没有因该笔销售获得来自对方的货币、货物或者其他经济利益。

2. 销售方没有因该笔销售获得来自第三方的货币、货物或者其他经济利益。

3. 其他经济利益包括但不限于固定资产（不含货物）、生物资产（不含货物）、无形资产（包括特许权）、股权投资、存货、不准备持有至到期的债券投资、服务、债权豁免以及有关权益等。

专业提示

法律意义上的无偿服务是指出于感情等作出的无私慷慨行为，而不是基于追求利润的动机。市场经济中多数行为是基于追求利润，只有那些与生产经营活动没有直接关系的行为才属于无偿行为。

对于企业而言，虽然无偿服务不属于《增值税法》的视同应税交易，但并不代表形式上无偿提供的服务不具有有偿的属性，因此应避免因不申报增值税产生相应的法律责任。

关联规则

1.《增值税法》第五条、第二十条

2.《企业所得税法》第四十一条

3.《财政部　国家税务总局关于全面推开营业税改征增值税试点的通知》(财税〔2016〕36 号)附件 1《营业税改征增值税试点实施办法》

4.《关于明确养老机构免征增值税等政策的通知》(财税〔2019〕20 号)

5.《财政部　税务总局关于延续实施医疗服务免征增值税等政策的公告》(财政部　税务总局公告 2023 年第 68 号)

16. 如何理解不征收增值税？在增值税上应如何进行税务处理？

（《增值税法》第六条）

一、不征增值税项目的法律表达

不征收增值税，从理论上看属于课税除外，即将某些行为或事实排除在课税要件之外。增值税的课税除外，最初并不是规定在《增值税暂行条例》中。《增值税暂行条例实施细则》在列举价外费用的除外项目时，虽然涉及政府性基金等不征增值税项目，但并非基于课税除外的考虑予以规定。

课税除外在"营改增"之前主要通过各种单行文件予以规定，如《国家税务总局关于纳税人资产重组有关增值税问题的公告》（国家税务总局公告2011年第13号）规定，纳税人在资产重组过程中，通过合并、分立、出售、置换等方式，将全部或者部分实物资产以及与其相关联的债权、负债和劳动力一并转让给其他单位和个人，不属于增值税的征税范围，其中涉及的货物转让，不征收增值税。此外，还有一些不征增值税项目属于营业税征税范围，如财政部、国家税务总局发布的《关于软件产品增值税政策的通知》规定，纳税人受托开发软件产品，著作权属于受托方的征收增值税，著作权属于委托方或属于双方共同拥有的不征收增值税；对经过国家版权局注册登记，纳税人在销售时一并转让著作权、所有权的，不征收增值税。

2016年全面"营改增"后，不征增值税项目得到了统一和明确。

二、《增值税法》中"不属于应税交易"的立法逻辑

基于税收法定原则的要求，税法仅须规定应当纳税的情形，而不征税情形无须特别作出规定。从税收法定的角度出发，"法无明文规定不征

税”,未列入征税范围(征税对象)的即属于不征税项目,不属于应税交易。

《增值税法》将一些形式上符合应税交易而实质上不具有增值税可税性的项目规定在第六条。其中:

第一项为员工为受雇单位或者雇主提供取得工资、薪金的服务。这属于典型的内部交易,与《财政部　国家税务总局关于全面推开营业税改征增值税试点的通知》(财税〔2016〕36 号)的附件 1《营业税改征增值税试点实施办法》中关于单位与员工间相互提供服务的规定相比,此次立法删去了“单位或者个体工商户为聘用的员工提供服务”,仅保留了员工为雇主提供的服务,避免了实务中适用该条款产生的争议,无论该服务是有偿还是无偿,适用均无法取得统一标准。

第二项为收取行政事业性收费、政府性基金。行政事业性收费和政府性基金因其财政性质,无论在增值税还是企业所得税领域都属于不征税项目。

第三项为依照法律规定被征收、征用而取得补偿。该项为此次立法新增项目,根据《宪法》的规定,无论是国家对土地的征收、征用还是对公民私有财产的征收、征用,均是为了公共利益的需要,因此取得补偿不属于商业交换,并非增值税的“有偿”,不应征收增值税。

第四项为取得存款利息收入。该条延续了《财政部　国家税务总局关于全面推开营业税改征增值税试点的通知》(财税〔2016〕36 号)附件 2《营业税改征增值税试点有关事项的规定》中的规定,存款利息虽然从性质上看也源于资金的占用,但从实质层面看,存款利息属于资金存放在银行而滋生的财富。虽然存款人与银行之间是债权债务关系,但其与权益性投资的红利所得十分相似,并不涉及商品或服务的直接交易,也不构成增值环节,因此不符合增值税的征税条件。

此外,不能认为不属于前述四项类型的,即应当征税。是否属于应税交易，应当依据法律的明确规定。

三、不征税项目的增值税税务处理

1. 不征税项目对应的进项抵扣

对于不征税项目对应的进项，因交易不是应税交易，从理论上看，可以认为从源头就失去了抵扣的资格。2008 年《增值税暂行条例》（现已修改）第十条规定用于非增值税应税项目的进项税额不得从销项税额中抵扣，正是基于前述原因。“营改增”后，不存在非增值税应税项目，因此 2017 年条例修订时，该表述已然删除。换言之，从“税收法定”和“法无禁止即可为”原则出发，凡是税法没有规定的禁止事项，纳税人均可以享有。《增值税法》保留了简易计税、免税的进项不予抵扣，不涉及不征税项目的抵扣问题，因此应当认为其允许抵扣。

2. 增值税发票开具

目前，根据《商品和服务税收分类编码》，“未发生销售行为的不征税项目”目前下设 16 项：601“预付卡销售和充值”、602“销售自行开发的房地产项目预收款”、603“已申报缴纳营业税未开票补开票”、604“代收印花税”、605“代收车船使用税”、606“融资性售后回租承租方出售资产”、607“资产重组涉及的不动产”、608“资产重组涉及的土地使用权”、609“代理进口免税货物货款”、610“有奖发票奖金支付”、611“不征税自来水”、612“建筑服务预收款”、613“代收民航发展基金”、614“拍卖行受托拍卖文物艺术品代收货款”、615“与销售行为不挂钩的财政补贴收入”、616“资产重组涉及的货物”。

纳税人发生不征税行为，应使用“未发生销售行为的不征税项目”编码，发票税率栏应填写“不征税”，不得开具增值税专用发票。

3. 纳税申报

不征税收入是否需要纳税申报？《增值税纳税申报比对管理操作规

程(试行)》关于比对规则设置,明确销项比对内容为“当期开具发票(不包含不征税发票)的金额,税额合计数应小于或者等于当期申报的销售额,税额合计数”,已经将不征税的销售额排除在外。因此不征增值税收入,可不办理增值税纳税申报。

专业提示

《增值税法》列举了四类不属于应税交易的项目,同时没有规定兜底条款。因此对于特定交易是否应当征收增值税的问题,即便不属于《增值税法》第六条规定的四类情形,也不意味着应当征收增值税,而应该依据征税范围条款予以判断。从税务处理来看,虽然不征税和免征在收入面均体现为计数为零,但在是否申报、能否抵扣上则有较大的差异。因此纳税人在实务中,应注意二者的区分。

关联规则

1.《宪法》第十、十三条

2.《增值税法》第六、二十二条

3.《增值税暂行条例》第十条

4.《增值税暂行条例实施细则》第十二条

5.《国家税务总局关于纳税人资产重组有关增值税问题的公告》(国家税务总局公告 2011 年第 13 号)

6.《关于软件产品增值税政策的通知》(财税〔2011〕100 号)

7.《国家税务总局关于印发〈增值税纳税申报比对管理操作规程(试行)〉的通知》(税总发〔2017〕124 号)

8.《财政部　国家税务总局关于全面推开营业税改征增值税试点的通知》(财税〔2016〕36 号)附件 1《营业税改征增值税试点实施办法》、附件 2《营业税改征增值税试点有关事项的规定》

17. 结构性存款利息,是否应该征收增值税?

(《增值税法》第六条)

《增值税法》第六条第四项规定,取得的存款利息收入,不属于应税交易,不征收增值税。实践中,结构性存款的存在以及各地税务局执法口径的不一,均引发了对结构性存款利息征与不征增值税的争议。

一、为什么存款利息不征收增值税?

存款,从民事法律关系角度看,是借款人(银行)和贷款方(存款人)之间构成资金占有和利用的法律关系,借款人承担保障贷款方本金和固定收益的义务,贷款方基于借款人对资金的占用获取利息。

从商业的角度看,存款确实属于存款人的一种投资形式,作为一种债权投资,有别于权益性投资。然而,其与一般投资的最大区别在于,早期的一般性存款具有更强的社会性基础,或者说服务于社会主义建设事业,而目前存款作为一种投资则更多体现为低风险匹配低收益。

二、什么是结构性存款?

何谓存款,根据中国人民银行印发的《存款统计分类及编码标准(试行)》(银发〔2010〕240 号)的规定,存款是指机构或个人在保留资金或货币所有权的条件下,以不可流通的存单或类似凭证为依据,确保名义本金不变并暂时让渡或接受资金使用权所形成的债权或债务。该标准中存款的产品类别中,除普通存款外,还包括定活两便存款、通知存款、协议存款、协定存款、保证金存款、应解汇款及临时存款、结构性存款、信用卡存款、财政性存款、第三方存管存款、准备金存款、存放、特种存款、其他存款等十五类。

根据上述试行标准,结构性存款指的是“金融机构吸收的嵌入金融衍生工具的存款,通过与利率、汇率、指数等的波动挂钩或与某实体的信用情况挂钩，使存款人在承担一定风险的基础上获得更高收益的业务产品”。之后的《中国银保监会办公厅关于进一步规范商业银行结构性存款业务的通知》也采用类似定义。

因此结构性存款与普通存款的区别仅在于嵌入金融衍生工具。从法律关系角度看，购买结构性存款的投资人就是存款人，即购买结构性存款的投资人和商业银行之间构成存款法律关系。

虽然《中国银保监会办公厅关于进一步规范商业银行结构性存款业务的通知》（银保监办发〔2019〕204 号）明确商业银行销售结构性存款，应当参照《商业银行理财业务监督管理办法》第三章第二节和附件的相关规定执行，充分揭示风险，实施专区销售和录音录像，不得对投资者进行误导销售，但这并不意味着结构性存款是一种理财产品，而只是单纯地在销售方法上进行借鉴。

由此可见，一方面，将结构性存款纳入央行存款范围中；另一方面，按照《中国银保监会办公厅关于进一步规范商业银行结构性存款业务的通知》第四条“商业银行应当将结构性存款纳入表内核算，按照存款管理，纳入存款准备金和存款保险保费的缴纳范围，相关资产应当按照国务院银行业监督管理机构的相关规定计提资本和拨备”的规定管理结构性存款。因此，无论是形式层面还是实质层面，结构性存款属于存款，它属于商业银行的表内负债。

三、结构性存款利息是否属于不征收增值税项目？

利息，作为一种占用、拆借资金的收入，并非仅限于存款利息。根据《销售服务、无形资产、不动产注释》的规定，各种占用、拆借资金取得的收入，包括金融商品持有期间（含到期）利息（保本收益、报酬、资金占用费、补偿金等）收入、信用卡透支利息收入、买入返售金融商品利息收入、融资融券收取的利息收入，以及融资性售后回租、押汇、罚息、票据贴现、转贷等业务取得的利息及利息性质的收入，按照贷款服务缴纳增值税。其中，保本收益、报酬、资金占用费、补偿金，是指合同中明确承诺到期本金可全部收回的投资收益。

因此，目前部分地方的税务局以是否约定保本收益区分是否应缴纳增值税。如结构性存款在合同中约定保本，则取得结构性存款持有收益应按“贷款服务”缴纳增值税；而在合同中约定非保本的，则属于金融商品，其取得的持有收益不需要缴纳增值税。

四、基于目前规定的思考

如前所述，利息征增值税，适用贷款服务税目；而存款利息，作为课税除外，排除在增值税征税范围之外。二者不是征免的关系，而是征与不征的关系。结合立法目的，很难得出所有的存款利息都具有普通存款的社会性价值的结论，其更多作为一种投资形式，无论回报高还是低。客户通过将资金投入结构性存款，可以在获得本金保障的同时，有机会通过嵌套的衍生品交易获取更高额收益。对其收益适用存款利息不征增值税，情理上难以理解。

然而在税收法定原则下，征税范围与不征税范围属于税种范畴，是《立法法》第十一条规定的必须制定法律的事项，而文义解释并不能得出此处的存款利息是狭义的存款的结论，那么对于保本收益的结构性存款利息可以依据《销售服务、无形资产、不动产注释》认定为贷款服务。但非保本收益的结构性存款利息应认定其不属于应税交易。

专业提示

关于结构性存款利息是否应该缴纳增值税一直存在较大争议，不仅税企之间存在争议，不同地区的税务机关也持不同观点。无论主张应税与否，均有其各自的理由和依据。对存款人而言，一方面，需要关注销售协议书、风险揭示书、认购委托书中的产品概述、双方权利义务条款以及其他相关说明,特别是关于是否保本收益的规定;另一方面,对于税法不明确事项可以申请事先裁定。

关联规则

1.《增值税法》第六条

2.《存款统计分类及编码标准(试行)》(银发〔2010〕240 号)

3.《中国银保监会办公厅关于进一步规范商业银行结构性存款业务的通知》(银保监办发〔2019〕204 号)

4.《销售服务、无形资产、不动产注释》

5.《立法法》第十一条

18. 如何理解员工为受雇单位或者雇主提供取得工资、薪金的服务?

(《增值税法》第六条)

《增值税法》第六条第一项明确规定员工为受雇单位或者雇主提供取得工资、薪金的服务,不属于应税交易,不征收增值税。

一、员工为受雇单位或者雇主提供取得工资、薪金的服务不征税的立法沿革

员工为受雇单位或者雇主提供取得工资、薪金的服务,在"营改增"之前,主要分散规定在增值税和营业税制度中。

《增值税暂行条例实施细则》明确规定,单位或者个体工商户聘用的员工为本单位或者雇主提供加工、修理修配劳务,不包括在内。《营业税暂行条例实施细则》也规定单位或者个体工商户聘用的员工为本单位或者雇主提供条例规定的劳务,不包括在内。由此可见,无论是基于内部交易还是基于不具有有偿性,这类劳务在增值税还是营业税中均不具有可税性。

"营改增"试点后,根据《财政部 国家税务总局关于在全国开展交通运输业和部分现代服务业营业税改征增值税试点税收政策的通知》(财税〔2013〕37号)附件1《交通运输业和部分现代服务业营业税改征增值税试点实施办法》第九条的规定,提供应税服务,是指有偿提供应税服务,但不包括非营业活动中提供的应税服务。"单位或者个体工商户聘用的员工为本单位或者雇主提供应税服务",属于非营业活动。

全面"营改增"后,《财政部 国家税务总局关于全面推开营业税改征增值税试点的通知》(财税〔2016〕36号)附件1《营业税改征增值税试点实施办法》延续了此前的规定,同时进一步细化服务的性质,即"单位或者个体工商户聘用的员工为本单位或者雇主提供取得工资的服务”属于非经营活动。

《增值税法》第六条则明确规定为“员工为受雇单位或者雇主提供取得工资、薪金的服务”,表达上更简练。

二、如何认定相关服务属于取得工资、薪金的服务

员工为受雇单位或者雇主提供的服务需要从以下两个方面来理解:

第一,只有员工为受雇单位或者雇主提供取得工资的服务才属于非经营活动,不缴纳增值税,非受雇单位员工为受雇单位或者雇主提供的服务,属于增值税应税行为。

第二,员工提供的服务应限定为职务性服务,即取得工资、薪金范围内的服务。例如,员工将自己的房屋出租给受雇单位使用收取房租、员工利用自己的交通工具为受雇单位运输货物收取运费、员工将自有资金贷给受雇单位使用收取利息等不属于不征增值税范围。因此,员工向受雇单位或雇主提供与工作(职务)无关的服务,不属于不征增值税范围。如符合《增值税法》规定的征税范围,仍应缴纳增值税。

另外,关于受雇的判断。虽然《国家税务总局关于离退休人员再任职界定问题的批复》(国税函〔2006〕526 号)界定了再任职,但是《国家税务总局关于个人所得税有关问题的公告》(国家税务总局公告 2011 年第 27 号)排除了单位是否为离退休人员缴纳社会保险费作为离退休人员再任职的界定条件,由此可见实践当中的受雇判断标准较为模糊。在现行税收政策的执行中,劳动合同也并非判断个人与企业是否存在劳动关系的必要条件。

三、员工提供前述服务的税收问题

员工为受雇单位提供前述服务不属于增值税应税交易,不缴增值税。但员工从受雇单位取得的报酬属于工资薪金所得,受雇单位应自制工资单发放并按照“工资薪金所得”代扣代缴个人所得税。

四、员工与受雇单位、雇主的其他交易

员工向受雇单位或雇主销售货物、无形资产、不动产应不属于《增值税法》第六条规定的情形，当按照规定征免增值税。

在资源综合利用领域，根据财政部、国家税务总局发布的《关于完善资源综合利用增值税政策的公告》第二条的规定，除纳税人聘用的员工为本单位或者雇主提供的再生资源回收不征收增值税外，纳税人发生的再生资源回收并销售的业务，均应按照规定征免增值税。

五、非员工提供服务的税收问题

个人为其他单位或个体工商户提供服务，由于不存在雇用与被雇用关系，该服务是个人独立从事各种技艺、提供各项劳务取得的报酬，性质为劳务报酬所得。由于现行个人所得税制采用“综合所得 + 汇算清缴”模式，工资薪金所得和劳务报酬所得都属于综合所得的组成部分，所以对个人所得税汇算清缴的结果影响有限。

那么个人提供取得劳务报酬的服务，是否应缴纳增值税？无论是《增值税暂行条例》还是《增值税法》，个人只要从事了增值税的应税服务，即产生纳税义务。因此，若个人未根据税法规定完成增值税纳税义务，就会存在补税并且加收滞纳金和罚款的风险。因为自然人提供劳务本身属于增值税应税行为，所以单位应该取得增值税发票作为税前扣除凭证。支付劳务报酬的单位如果未取得自然人代开的劳务费发票，只是将劳务报酬发放表和转款凭据作为记账凭据，就会存在企业所得税税前不能扣除，从而需要做纳税调增的风险。

专业提示

个人为其他单位或个体工商户提供服务，从税收法定的形式外观上看，属于增值税应税交易，应当缴纳增值税。对于员工为受雇单位或者雇主提供取得工资、薪金的服务，虽然个人获得了工资薪金，看似有偿，但该行为属于内部交易，不具有经营活动性质，不能认定属于应税交易。

在实践中，雇主往往更需要注意对非雇员的劳务支付，不仅需要预扣预缴个人所得税，还需要获得增值税发票。

关联规则

1.《增值税法》第六条

2.《增值税暂行条例实施细则》第三条

3.《财政部　国家税务总局关于全面推开营业税改征增值税试点的通知》(财税〔2016〕36 号)附件 1《营业税改征增值税试点实施办法》

4.《国家税务总局关于离退休人员再任职界定问题的批复》(国税函〔2006〕526 号)

5.《国家税务总局关于个人所得税有关问题的公告》(国家税务总局公告 2011 年第 27 号)

6.《关于完善资源综合利用增值税政策的公告》(财政部　税务总局公告 2021 年第 40 号)

19. 雇主为聘用的员工提供服务是否应当缴纳增值税，以及如何缴纳增值税？

根据《财政部　国家税务总局关于全面推开营业税改征增值税试点的通知》（财税〔2016〕36号）附件1《营业税改征增值税试点实施办法》第十条的规定，“单位或者个体工商户为聘用的员工提供服务”属于非经营活动。

《增值税法》第六条对非应税交易的列举删去了该项，那么雇主为其聘用的员工提供服务，究竟是否应当缴纳增值税？

一、如何认定雇主为聘用的员工提供服务的性质？

由于《增值税法》尚未实施，根据《营业税改征增值税试点实施办法》，单位或者个体工商户向其他单位或者个人无偿提供服务，属于视同销售服务，征收增值税。如提供有偿服务，则属于销售服务，征收增值税。如接受有偿服务的主体为聘用的员工，则属于非经营活动，不征收增值税。

但雇主为员工提供的服务可能涉及多方面，如提供工作餐能否认为销售餐饮服务，如提供通勤班车能否认为销售交通运输服务。前述服务，本质上都是将市场购买服务转化为内部提供服务。从雇主的目的来看，其并没有以营利为目的。即便公司本身从事酒店业务，具有提供餐饮服务的资质，或者从事交通运输服务等相关经营活动，其为员工提供工作餐或者通勤班车也不具有经营性质。

公司如果并不从事相关经营活动，但按市场价给员工提供了有偿服务，公司既不以该项服务为主业，也不是为了从该项服务中获取盈利，而是出于方便员工、节约时间，从而使员工更好地为企业服务的目的，那么其是否属于经营行为？

例如,甲公司是生产制造企业,主业为产品制造与销售。为了规范经营,甲公司一方面将员工的餐饮住宿等补贴以现金支付方式付给员工,据实反映员工的薪资福利,并如实扣缴员工的个人所得税;另一方面向员工提供餐饮住宿服务,均按市场价向员工收费。公司收费的目的,主要是便于管理,同时让员工在公司吃住,减少通勤成本、方便工作。对于甲公司的行为,虽然其按市场价收费,但并非基于营利考虑,因此可以依据《营业税改征增值税试点实施办法》认定为非经营活动。

二、雇主为聘用的员工提供服务对应的进项能否抵扣?

雇主向员工提供需征增值税的经营服务,其采购的物资用于应税项目,相关进项税额均可抵扣。雇主免费向员工提供的服务,可以视为集体福利或个人消费。根据《营业税改征增值税试点实施办法》,该行为属于视同销售服务,因此进项税额也可以抵扣。

但是如果雇主为员工提供不属于经营活动的服务,不征增值税,那么进项税额能否抵扣?现有规定中并没有明确规定不征税项目对应的进项税额不得抵扣,《增值税暂行条例》非增值税应税项目不得抵扣的规定也随着"营改增"完成后在2017年修订中被删除,因此不能认为不得抵扣。

三、雇主为聘用的员工提供服务的法律风险

该规定是《营业税改征增值税试点实施办法》在《增值税暂行条例实施细则》和《营业税暂行条例实施细则》(已失效)对雇员为雇主提供服务不征收增值税外的新增条款,在实践中存在一定的争议。

以武税二稽罚〔2024〕122号涉税案例为例,国家税务总局武汉市税务局第二稽查局认定北京市某某(武汉)律师事务所:(1)向部分流动律师收取的工位费(卡座)实为办公场所租赁费,2020年至2022年共计收取律师工位费(卡座)1,167,241.34元,应补缴增值税96,377.73元

(1,167,241.34 ÷ 1.09 × 0.09)。(2)2020 年至 2022 年共计收取律师打印费 245,263.10 元，应补缴增值税 13,882.82 元(245,263.10 ÷ 1.06 × 0.06)。上述两项收入共计应补缴增值税及附加税费 123,386.79 元。

税务机关认为，涉案律所存在收取部分流动律师上述费用未入账的行为，根据《增值税暂行条例》第一条和《税收征管法》第六十三条的规定，对北京市某某(武汉)律师事务所应补缴的增值税及城市维护建设税处以 50% 的罚款。

四、《增值税法》视角下的雇主为聘用的员工提供服务

鉴于雇主为聘用的员工提供服务在理论和实践上的争议，以及可能存在的税务风险，《增值税法》第六条删除了该项规定。那么对于雇主为聘用的员工提供服务，在增值税上应该如何处理？

首先，该服务如为无偿提供，则不属于《增值税法》的视同应税交易。

其次，如该服务属于《增值税法》规定的征税服务，则其无偿提供服务的行为，可根据《增值税法》第二十条的规定核定销售额。

最后，该行为对应的进项税额若取得符合要求的凭证则准予抵扣。

专业提示

所谓内部交易包括双向，既有员工为雇主提供服务，也有雇主为员工提供服务。现行增值税制度对于二者不加区分，一律视为非经营活动，不征收增值税；《增值税法》则只保留了前者为不征税项目。因此对于企业而言，应以法律规定的征税范围和征税对象为标准，合理评估其为雇员提供的服务，符合应税交易的服务应当做好增值税的纳税申报与缴纳工作。

关联规则

1.《增值税法》第六、二十条

2.《财政部　国家税务总局关于全面推开营业税改征增值税试点的通知》(财税〔2016〕36 号)附件 1《营业税改征增值税试点实施办法》第十、十四条

3.《增值税暂行条例实施细则》第三条

4.《增值税暂行条例》第一条

5.《税收征管法》第六十三条

20. 如何理解行政事业性收费、政府性基金不征收增值税?

(《增值税法》第六条)

一、增值税政策中行政事业性收费和政府性基金的征免规定

行政事业性收费是指国家机关、事业单位、代行政府职能的社会团体及其他组织根据法律法规等有关规定,依照国务院规定程序批准,在实施社会公共管理,以及在向公民、法人提供特定公共服务过程中,向特定对象收取的费用。政府性基金是指各级人民政府及其所属部门根据法律、行政法规和中共中央、国务院文件规定,为支持特定公共基础设施建设和公共事业发展,向公民、法人和其他组织无偿征收的具有专项用途的财政资金。

根据《财政部 国家税务总局关于全面推开营业税改征增值税试点的通知》(财税〔2016〕36号)附件1《营业税改征增值税试点实施办法》的规定,行政单位收取的同时满足以下条件的政府性基金或者行政事业性收费不属于增值税征税范围:(1)国务院或者财政部批准设立的政府性基金,由国务院或者省级人民政府及其财政、价格主管部门批准设立的行政事业性收费;(2)收取时开具省级以上(含省级)财政部门监(印)制的财政票据;(3)所收款项全额上缴财政。

根据《财政部 国家税务总局关于全面推开营业税改征增值税试点的通知》(财税〔2016〕36号)附件3《营业税改征增值税试点过渡政策的规定》,行政单位之外的其他单位收取的符合附件1《营业税改征增值税试点实施办法》规定条件的政府性基金和行政事业性收费免征增值税。

《增值税法》删去了征求意见稿中的"行政单位收缴的",不再区分行政事业性收费和政府性基金的收取主体,统一规定不征增值税。

二、其他财政性资金的增值税征免规定

1. 党群组织会费不征增值税

根据《财政部　国家税务总局关于进一步明确全面推开营改增试点有关再保险、不动产租赁和非学历教育等政策的通知》(财税〔2016〕68号)的规定,各党派、共青团、工会、妇联、中科协、青联、台联、侨联收取党费、团费、会费,以及政府间国际组织收取会费,属于非经营活动,不征收增值税。

2. 社会团体会费免征增值税

根据《财政部　税务总局关于租入固定资产进项税额抵扣等增值税政策的通知》(财税〔2017〕90号)规定,自2016年5月1日起,社会团体收取的会费,由原来的"不征收增值税"(属于营业税征税范围、不属于增值税征收范围)修改为"免征增值税"。

3. 政府补助的增值税问题

政府补助的形式主要有财政拨款、财政贴息、税收返还和无偿划拨非货币性资产等。关于财政补贴的增值税问题,在"营改增"之前,增值税征税与否的核心在于其是否属于价外费用。国家税务总局大多针对特定的补贴事项出台专门的文件,如《国家税务总局关于燃油电厂取得发电补贴有关增值税政策的通知》(国税函〔2006〕1235号)中明确规定"各燃油电厂从政府财政专户取得的发电补贴不属于规定的价外费用,不计入应税销售额,不征收增值税"。

《国家税务总局关于中央财政补贴增值税有关问题的公告》(国家税务总局公告2013年第3号,已失效)规定,纳税人取得的中央财政补贴,不属于增值税应税收入,不征收增值税。

2020年,《国家税务总局关于取消增值税扣税凭证认证确认期限等增值税征管问题的公告》(国家税务总局公告2019年第45号,已失效)

发布，规定纳税人2020年1月1日以后取得的财政补贴收入，与其销售货物、劳务、服务、无形资产、不动产的收入或者数量直接挂钩的，应按规定计算缴纳增值税。纳税人取得的其他情形的财政补贴收入，不属于增值税应税收入，不征收增值税。

如何理解与"与其销售货物、劳务、服务、无形资产、不动产的收入或者数量直接挂钩"，以某案例具体说明：

为鼓励航空公司在本地区开辟航线，某市政府与航空公司商定，如果航空公司在2024年度从事该航线经营业务的年销售额达到1000万元则不予补贴，如果年销售额未达到1000万元，则按实际年销售额与1000万元的差额给予航空公司航线补贴。如果航空公司取得该航线补贴，是否需要缴纳增值税？

本案例中，航空公司取得补贴的计算方法虽与其销售收入有关，但实质上是市政府为弥补航空公司运营成本给予的补贴，且不影响航空公司向旅客提供航空运输服务的价格（机票款）和数量（旅客人数），故不属于"与其销售货物、劳务、服务、无形资产、不动产的收入或者数量直接挂钩"的补贴，无须缴纳增值税。

专业提示

行政事业性收费和政府性基金无论在企业所得税还是增值税领域，都属于不征税项目。然而不同税种的税务处理有一定差异：增值税中不征税收入对应的进项不存在不予抵扣的规定。企业所得税中不征税收入用于支出所形成的费用，不得在计算应纳税所得额时扣除；用于支出所形成的资产，其计算的折旧、摊销不得在计算应纳税所得额时扣除。

同时在实务中，纳税人应处理好财政补贴的增值税纳税申报，区分不同情形的财政补贴。

关联规则

1.《增值税法》第六条

2.《财政部　国家税务总局关于全面推开营业税改征增值税试点的通知》(财税〔2016〕36号)附件1《营业税改征增值税试点实施办法》

3.《财政部　国家税务总局关于全面推开营业税改征增值税试点的通知》(财税〔2016〕36号)附件3《营业税改征增值税试点过渡政策的规定》

4.《国家税务总局关于取消增值税扣税凭证认证确认期限等增值税征管问题的公告》(国家税务总局公告2019年第45号)

5.《财政部　税务总局关于租入固定资产进项税额抵扣等增值税政策的通知》(财税〔2017〕90号)

6.《财政部　国家税务总局关于进一步明确全面推开营改增试点有关再保险　不动产租赁和非学历教育等政策的通知》(财税〔2016〕68号)

7.《国家税务总局关于燃油电厂取得发电补贴有关增值税政策的通知》(国税函〔2006〕1235号)

8.《企业会计准则第16号——政府补助》(财会〔2017〕15号)

21. 对征收、征用补偿不征收增值税，应如何适用？

(《增值税法》第六条)

一、征收、征用补偿的法律依据

《宪法》第十条第三款规定："国家为了公共利益的需要，可以依照法律规定对土地实行征收或者征用并给予补偿。"第十三条第三款规定："国家为了公共利益的需要，可以依照法律规定对公民的私有财产实行征收或者征用并给予补偿。"目前我国主要的征收、征用集中在土地、房屋领域。

根据《国有土地上房屋征收与补偿条例》的规定，为了保障国家安全、促进国民经济和社会发展等公共利益的需要，国家依法征收房屋，并对被征收单位和个人按照规定予以补偿。补偿包括：(1)被征收房屋价值的补偿；(2)因征收房屋造成的搬迁、临时安置的补偿；(3)因征收房屋造成的停产停业损失的补偿。被征收人可以选择货币补偿，也可以选择房屋产权调换。对被征收房屋价值的补偿，不得低于房屋征收决定公告之日被征收房屋类似房地产的市场价格。

二、征收、征用补偿的增值税政策沿革

从形式上看，征收、征用让渡了土地使用权或其他财产的所有权，符合销售无形资产、货物或不动产租赁服务的外观。以征收土地拆迁补偿款为例，因征收土地给予房屋拆迁补偿的目的主要是收回土地使用权，被征收单位收取的各类拆迁补偿(房屋补偿、奖励、补助、青苗补偿等)都属于销售土地使用权而收取的各项费用。

"营改增"前，基于城市规划、公共利益等的需要，政府按规定发布征收决定，对征收土地给予的房屋拆迁补偿，不征收营业税。主要法律依据为《国家税务总局关于单位和个人土地被国家征用取得土地及地上附着物补偿费有关营业税问题的批复》(国税函〔2007〕969 号),该批复中明确规定,“对国家因公共利益或城市规划需要而收回单位和个人所拥有的土地使用权,并按照《中华人民共和国土地管理法》规定标准支付给单位和个人的土地及地上附着物(包括不动产)的补偿费,不征收营业税”。

“营改增”后,虽然从形式上看,各类拆迁补偿属于价外费用,并入销售额一并征收增值税,但无论是基于制度延续的需要,还是公共利益的考虑,该补偿可以享受增值税免税优惠,开具增值税普通发票。具体依据为:

财政部、国家税务总局发布的《关于明确无偿转让股票等增值税政策的公告》(财政部　税务总局公告 2020 年第 40 号)中规定:“土地所有者依法征收土地,并向土地使用者支付土地及其相关有形动产、不动产补偿费的行为,属于《营业税改征增值税试点过渡政策的规定》(财税〔2016〕36 号印发)第一条第(三十七)项规定的土地使用者将土地使用权归还给土地所有者的情形。”根据上述《营业税改征增值税试点过渡政策的规定》“第一条第(三十七)项”的规定,土地所有者出让土地使用权和土地使用者将土地使用权归还给土地所有者,免征增值税。

由此可见,现行规范对因土地使用权被收回取得的补偿明确规定免征增值税,但对其他财产的征收、征用并没有明确增值税的征免。此外,从增值税制的设计来看,免征增值税,意味着对应的进项税额不能抵扣。

因此,增值税立法:第一,确定此类行为不征收增值税。一方面,衔接了营业税的不征税规定;另一方面,区分了不征税与免税在增值税法上的不同地位。第二,没有明确限定为土地使用权收回,拓宽了政策制定的空间。

三、相关政策执行口径

1. 补偿标准和限额

土地和房屋执行不同的补偿标准。以土地为例,根据《土地管理法》第四十八条的规定,土地征收补偿需要考虑被征收土地原用途、资源条件、产值、区位、供求关系、人口和经济社会发展水平等因素综合确定,不同用途土地的收益差别很大,因此,土地征收补偿应当区分被征收土地的原用途进行补偿。此外,具体执行标准主要由地方制定,因各地发展水平不一,也难以制定统一的标准。

实践中,可能存在超限额的补偿,这就涉及限额内的补偿和超限额的补偿能否适用同一政策的问题。

2. 目前税务机关的执行口径

对于属于政府补偿的:(1)不超出国家补偿限额的不征收增值税(土地所有者依法征收土地,并向土地使用者支付土地及其相关有形动产、不动产补偿费的行为,属于土地使用者将土地使用权归还给土地所有者的情形);(2)超出国家补偿限额的按销售不动产征收增值税。①

对于不属于政府补偿的:(1)建筑物补偿按照销售不动产缴纳增值税;(2)生产机器补偿按照销售货物缴纳增值税;(3)人工补偿、停产停业补偿、青苗补偿不属于增值税征收范围。对于上述各类补偿款的具体款项,应在拆迁协议中予以明确,且被拆迁单位在财务处理上应分别核算。

---

① 参见国家税务总局山西省税务局的官方答复,载国家税务总局山西省税务局官网2019年10月29日,http://shanxi. chinatax. gov. cn/hdjl/detail/sx-11400-519-40479。

专业提示

因公共利益或城市规划，财产被征收、征用而获得相关补偿，对于资产所有权人或使用权人而言，取得具有交易性质的补偿，与销售没有本质区别。现行制度仅规定收回土地使用权的补偿免征增值税，与房屋、设备、专利技术相联系的补偿没有文件规定免税。建议纳税人关注《增值税法》该条款的解释和执行口径。

关联规则

1.《增值税法》第六条

2.《宪法》第十二、十三条

3.《土地管理法》第四十八条

4.《国有土地上房屋征收与补偿条例》(中华人民共和国国务院令第590号)第一、二、十七、十九、二十一条

5.《财政部　国家税务总局关于全面推开营业税改征增值税试点的通知》(财税〔2016〕36号)附件3《营业税改征增值税试点过渡政策的规定》

6.《国家税务总局关于单位和个人土地被国家征用取得土地及地上附着物补偿费有关营业税问题的批复》(国税函〔2007〕969号)

7.《关于明确无偿转让股票等增值税政策的公告》(财政部　税务总局公告2020年第40号)

22. 如何理解《增值税法》中的交易凭证？“增值税税额，应当按照国务院的规定在交易凭证上单独列明”应如何操作？

（《增值税法》第七条）

《增值税法》第七条明确规定：增值税为价外税，应税交易的销售额不包括增值税税额。作为一种价外税，增值税独立于价格，即购买方向销售方支付的款项是由两部分构成的：一部分为不含增值税税额的价格，另一部分为增值税税额。在较长的一段历史时期内，一方面，消费者主动索取发票的意识不强；另一方面，销售者主动开具发票的意识也不强，因此即便增值税普通发票上价税分列，但因为发票的普及性不高，所以纳税人对于自身负担的增值税税额并不了解，对国家的增值税制关注度不高。

出于塑造纳税人意识，以及更为清晰、合理地确定交易双方权利义务的目的，《增值税法》第七条不仅对价外税作了规定，还明确了“增值税税额，应当按照国务院的规定在交易凭证上单独列明”。

一、什么是交易凭证？

交易凭证在增值税法中主要基于应税交易概念，广义上，无论是销售货物、服务、无形资产还是不动产，只要属于应税交易的对象，能够对交易有证明作用的凭证，即为交易凭证。

从交易的过程来看，交易凭证需要证明交易双方合意的存在，以及交易的履行。具体理解如下：

第一，关于双方合意的存在，合同是最为常见的凭证。此外，《最高人民法院关于审理买卖合同纠纷案件适用法律问题的解释》第一条明确规定：“当事人之间没有书面合同，一方以送货单、收货单、结算单、发票等主张存在买卖合同关系的，人民法院应当结合当事人之间的交易方式、交易习惯以及其他相关证据，对买卖合同是否成立作出认定。对账确认函、债权确认书等函件、凭证没有记载债权人名称，买卖合同当事人一方以此证明存在买卖合同关系的，人民法院应予支持，但有相反证据足以推翻的除外。”

第二，关于交易双方是否履行合同义务，《最高人民法院关于审理买卖合同纠纷案件适用法律问题的解释》也对如何证明已履行交付标的物义务、付款义务进行了规定，并对于增值税专用发票、税款抵扣资料、普通发票等的证明力予以明确。第五条明确规定：“出卖人仅以增值税专用发票及税款抵扣资料证明其已履行交付标的物义务，买受人不认可的，出卖人应当提供其他证据证明交付标的物的事实。合同约定或者当事人之间习惯以普通发票作为付款凭证，买受人以普通发票证明已经履行付款义务的，人民法院应予支持，但有相反证据足以推翻的除外。”

由此可见，在民商事交易领域、合同是最主要的交易凭证。包括发票在内的其他凭证需要满足一定条件，法院才可以认定合同关系成立或合同义务的履行。

二、如何理解《增值税法》中的交易凭证？

要理解《增值税法》中的交易凭证，关键在于理解规定相应条款的目的。《增值税法》的立法目的是有利于高质量发展、规范税收征纳、保护纳税人合法权益，对于交易凭证的规定，也应当基于对立法目的的考虑。因此从税收征纳的角度看，《增值税法》中的交易凭证主要是指增值税应税交易中的收/付款凭证。

前述列举的凭证中，除发票由法定机关监制以外，其他凭证，如送货单、收货单、结算单、对账确认函、债权确认书等均属于自制凭证，是否采用、采用何种形式、记载哪些内容，属于平等民（商）事主体之间意思自治的范畴。

此外，《增值税法》中仅有两处“凭证”，一为交易凭证，二为扣税凭证。从立法周延性看，交易凭证包含扣税凭证，但交易凭证不等于扣税凭证。因此交易凭证需列明税额，但对购买方而言并不意味着据此凭证必然得到抵扣。

三、交易凭证如何“单独列明”增值税税额？

由于发票作为法定凭证，从形式上看，其已经满足了单独列明增值税额的要求，因此核心问题在于自制凭证是否需要以及如何“单独列明”增值税税额。

交易凭证，属于民（商）法自治领域的内容，原则上不应受国家权力过度的干预与限制。首先，当交易双方均为经营者时，无论基于发票管理的规定，还是基于企业自身经营抵扣或税前扣除的需要，一般均需要开具发票，此时发票即交易凭证，因此对于双方均为经营者的交易，基于交易便捷的考虑则无须要求单独列明税额。

其次，消费合同中的自制凭证应为例外。此时交易主体之间的地位并不完全平等；同时，在增值税层面上，一方为增值税的纳税人，另一方为增值税税负的最终承担者。由于消费者对于发票需求不大，同时在消费纠纷中在发票之外尚有其他凭证如消费小票可以证明消费合同的存在，因此经营者的自制凭证也应当满足单独列明增值税税额的要求。

消费小票列明增值税税额的情形在我国早已出现，不过主要是商家的自发行为。虽然增值税法律制度对于购物小票是否要标明税率和税额没有强制要求，但一些超市和商店为了自己财务结算方便采取了在购物小票上标注增值税的方法，同时可以让消费者更方便地了解到每一笔消费的缴税情况。

这种做法有利于重塑国家、纳税人和最终消费者之间的关系。从形式上看，能够让消费者清楚地知道其消费中有多少用于支付税款；从实质上看，增强了公民在消费决策中的知情权和参与度，有利于增大税务系统的透明度，从而实现有利于高质量发展的增值税制度。

专业提示

《增值税法》中的交易凭证，目前尚未得到清晰界定，一般认为仅包括以发票为代表的法定凭证。但我国增值税发票种类较多，主要包括：增值税专用发票、增值税普通发票、增值税电子普通发票、机动车销售统一发票、二手车销售统一发票等。此外，还包括通用机打发票、通用定额发票等，以及特定行业专用发票，如出租车专用发票，而这些发票目前在版式上尚不能单独列明税额（包括 2024 年 11 月 1 日起推行的火车票电子发票）。这些发票或是计算抵扣，或是不能抵扣，如出租车专用发票（卷票）。

鉴于《增值税法》将于 2026 年实施，一方面，立法需要对交易凭证予以明确和规范，另一方面，对于目前形式上无法达到单独列明税额的发票是否要进行样式的统一规范和调整，也应予以明确。

关联规则

1.《增值税法》第七、十六条

2.《最高人民法院关于审理买卖合同纠纷案件适用法律问题的解释》（法释〔2020〕17 号）第一、五条

23. 如何理解作为增值税纳税人的单位和个人？

(《增值税法》第三条)

《立法法》第十一条明确规定“税种的设立、税率的确定和税收征收管理等税收基本制度”只能制定法律。虽然并没有明确纳税人，但纳税人和征税对象(征税范围)作为税种的核心制度，必须由法律规定。关于增值税纳税人的规定，《增值税法》第三条将征税对象作为纳税人的定语予以一并规定，也是我国税收立法的惯例，而概念界定的最后将纳税人具体为单位和个人(包括个体工商户)。

一、什么是单位？

关于单位，《增值税暂行条例实施细则》第九条明确规定：“单位，是指企业、行政单位、事业单位、军事单位、社会团体及其他单位。”这种立法例自1993年以来得到普遍适用，《消费税暂行条例实施细则》以及已经失效的《营业税暂行条例实施细则》《资源税暂行条例实施细则》《契税暂行条例细则》等均采用了这种“列举+兜底”的方式。而《土地增值税暂行条例实施细则》列举的单位在概念表达上虽不完全一致，但基本吻合。

除此之外，《城镇土地使用税暂行条例》和已经失效的《车辆购置税暂行条例》《耕地占用税暂行条例》因其存在税制内外有别的历史时期，对单位的外延采用了另一种表达，“单位，包括国有企业、集体企业、私营企业、股份制企业、外商投资企业、外国企业以及其他企业和事业单位、社会团体、国家机关、军队以及其他单位”。此外，《国家税务总局关于印发〈车船税宣传提纲〉的通知》(已失效)也以该种表述明确了车船税纳税人中单位的概念外延。

通过这些列举我们可以看到，增值税的纳税人不限于企业，不限于以营利为目的的主体，也不限于法人资格。即无论是否具备法人资格，都可以成为增值税纳税人中的“单位”。

而税法“单位”的概念与国民经济核算体系的“单位”有着很强的相似性。在《中国国民经济核算体系（2016）》中，单位包括“机构单位”和“产业活动单位”，其中，“机构单位指能够以自己的名义拥有资产和承担负债，能够独立地从事经济活动并与其他主体进行交易的经济主体。”“产业活动单位指在一个地点从事一种或主要从事一种类型的生产活动，并具有收入和支出会计核算资料的生产单位。”二者的区别在于：机构单位独立拥有货物和资产、从事经济活动，并能以自己的名义承担法律责任、编制包括资产负债表在内的在经济和法律上有意义的完整的会计报表。而产业活动单位是为生产核算设立的、能从事相对独立的生产活动、有相对固定的生产场所，并能够独立提供收入和支出会计核算资料的单位。

增值税作为一个贯穿流通领域、与国民经济运行息息相关的税种，其核心概念来自国民经济核算体系。即便在《民法典》中，“单位”也不是单一的概念，脱离不了机构单位和产业活动单位的外延。因而无论是否列举或者列举是否穷尽，增值税纳税人中的单位均覆盖了《民法典》中的法人和非法人组织。

二、如何理解个人？

个人并不是《民法典》上的民事主体概念，根据《民法典》，民事主体包括自然人、法人和非法人组织。《民法典》第一编第二章专章规定自然人，而个体工商户和农村承包经营户则是从自然人中衍生出来的，又称“商自然人”（商个人），是自然人的特殊状态。因此，个体工商户是以自然人身份依法开展经营活动的市场主体形式，其本质是自然人而不是企业组织（单位）。

税法以民商事交易为征税对象，而增值税对销售征税，征税对象多是商事交易。在这一语境下，自然人概念的民事属性则让位于个体工商户的商事属性，成为所谓的“其他个人”。而《国家税务总局关于增值税一般纳税人登记管理若干事项的公告》明确了“其他个人”是指自然人。换言之，个人包含了自然人和个体工商户，又以个体工商户为主体。

类似的概念选用也体现在《个人所得税法实施条例》第六条中，在关于经营所得的解释中，以个人的概念涵盖自然人和个体工商户，如“合伙企业的个人合伙人”（《合伙企业法》采用自然人概念），又如“个人对企业、事业单位承包经营、承租经营以及转包、转租取得的所得”主要涉及承包承租经营者，而“个人从事其他生产、经营活动取得的所得”的“个人”则主要是指自然人。

专业提示

增值税的纳税人，涵盖了所有的民事主体，体现了增值税是一种流通领域的税收，或者说是一种对物税的特点，即只要发生了增值税的应税交易，无论什么类型的民事主体均可以成为纳税人。

《增值税法》规定的纳税人为单位和个人，而实际为三类：单位、个体工商户、自然人。虽然同为纳税人，由于经营属性的差异，具体制度中，三类纳税主体并不适用同样的规则。如在视同应税交易中，对于将自产或者委托加工的货物用于集体福利或者个人消费以及单位和个体工商户无偿转让货物两类情形，仅适用于单位和个体工商户，而不适用于自然人。因此，纳税人需关注不同的应税交易在适用主体上的差异。

关联规则

1.《立法法》第十一条

2.《增值税法》第三、五条

3.《增值税暂行条例实施细则》第九条

4.《个人所得税法实施条例》第六条

5.《国家税务总局关于增值税一般纳税人登记管理若干事项的公告》(国家税务总局公告 2018 年第 6 号)

6.《关于实施新国民经济核算体系方案的通知》(国发〔1992〕48 号)

7.《消费税暂行条例实施细则》第二条

8.《土地增值税暂行条例实施细则》第六条

9.《城镇土地使用税暂行条例》第二条

24. 纳税人确定的特殊情形？

(《增值税法》第三条)

《增值税法》第三条主要规定了纳税人的一般情形，但现行其他税法中对于纳税人的特殊情形作了特别规定。

一、承包、承租与挂靠经营的纳税人确定

《营业税暂行条例实施细则》(已失效)第十一条规定了承包、承租、挂靠方式经营下的纳税人确定规则，即"承包人以发包人、出租人、被挂靠人(以下统称发包人)名义对外经营并由发包人承担相关法律责任的，以发包人为纳税人；否则以承包人为纳税人"。"营改增"后，《财政部 国家税务总局关于全面推开营业税改征增值税试点的通知》(财税〔2016〕36号)附件1《营业税改征增值税试点实施办法》第二条沿用了前述规定。

虽然《增值税暂行条例》《增值税法》均未专门就承包、承租、挂靠的纳税人进行规定，但此类经营也较为常见，因此原有规则很可能继续适用。

1. 承包、承租与挂靠经营的概念

根据《交通运输业和部分现代服务业营业税改征增值税试点实施办法解读》①，承包经营企业，是指发包方在不改变企业所有权的前提下，将企业发包给经营者承包，经营者以企业名义从事经营活动，并按合同分享经营成果的经营形式。承租经营企业是在所有权不变的前提下，出租方将企业租赁给承租方经营，承租方向出租方交付租金并对企业实行

① 《交通运输业和部分现代服务业营业税改征增值税试点实施办法解读》，载国家税务总局上海市税务局网2011年12月19日，https://shanghai.chinatax.gov.cn/xwdt/ztzl/zcgll/zzskw/nszn/201112/t388791.html。

自主经营,在租赁关系终止时,返还所租财产。通常情况下以承租方名义对外经营并承担法律责任。挂靠经营,是指企业、合伙组织、个体户或者自然人与另外的一个经营主体达成依附协议,然后依附的企业、个体户或者自然人将其经营的财产纳入被依附的经营主体名下,并对外以该经营主体的名义进行独立核算的经营活动。通常,只要以被挂靠人的名义对外经营,经营收入归被挂靠人所有并由被挂靠人承担法律责任,就符合承包经营的规定,否则是承租经营。

2. 承包、承租、挂靠经营方式下的纳税人的界定

单位以承包、承租、挂靠方式经营的,以发包人为纳税人必须同时满足以下两个条件:(1)以发包人名义对外经营;(2)由发包人承担相关法律责任。如果不同时满足上述两个条件,以承包人为纳税人。

3. 建筑行业承包的特殊处理

《国家税务总局关于进一步明确营改增有关征管问题的公告》(部分失效)(国家税务总局公告2017年第11号)明确了建筑企业签订建筑合同后,以内部授权或者三方协议等方式,授权其集团内其他单位提供建筑服务的,在业务流、资金流、发票流"三流"不完全一致的情况下,如何计算缴纳增值税并开具发票。具体规定如下:

建筑企业与发包方签订建筑合同后,以内部授权或者三方协议等方式,授权集团内其他纳税人(以下简称第三方)为发包方提供建筑服务,并由第三方直接与发包方结算工程款的,由第三方缴纳增值税并向发包方开具增值税发票,与发包方签订建筑合同的建筑企业不缴纳增值税。发包方可凭实际提供建筑服务的纳税人开具的增值税专用发票抵扣进项税额。

实践中,建筑集团公司与发包方签订建筑合同,可以内部授权或者三方协议等方式,授权子公司实际为发包方提供建筑服务并结算工程

款。此时子公司可以作为增值税纳税人。

二、资管产品运营过程中的纳税人确定

《财政部　国家税务总局关于明确金融 房地产开发 教育辅助服务等增值税政策的通知》第四条明确规定，“资管产品运营过程中发生的增值税应税行为，以资管产品管理人为增值税纳税人”。

两部门对于该文件部分条款的政策进行了解读：

第一，明确了资管产品。资管产品是资产管理产品的简称，常见的包括基金公司发行的基金产品、信托公司的信托计划、银行提供的投资理财产品等。

第二，明确了资管产品管理人的类型。各类资管产品中，受投资人委托管理资管产品的基金公司、信托公司、银行等就是资管产品的管理人。

第三，明确了资管产品管理人的应税行为。资管产品管理人在以自己名义运营资管产品资产的过程中，可能发生多种增值税应税行为。例如，因管理资管产品而固定收取的管理费（服务费），应按照“直接收费金融服务”缴纳增值税；运用资管产品资产发放贷款取得利息收入，应按照“贷款服务”缴纳增值税；运用资管产品资产进行投资等，则应根据取得收益的性质，判断其是否发生增值税应税行为，并应按现行规定缴纳增值税。

之后，《财政部　税务总局关于资管产品增值税有关问题的通知》进一步明确了资管产品和资管产品管理人。资管产品，包括银行理财产品、资金信托（包括集合资金信托、单一资金信托）、财产权信托、公开募集证券投资基金、特定客户资产管理计划、集合资产管理计划、定向资产管理计划、私募投资基金、债权投资计划、股权投资计划、股债结合型投资计划、资产支持计划、组合类保险资产管理产品、养老保障管理产品。

资管产品管理人,包括银行、信托公司、公募基金管理公司及其子公司、证券公司及其子公司、期货公司及其子公司、私募基金管理人、保险资产管理公司、专业保险资产管理机构、养老保险公司。同时明确了资管产品运营过程中的增值税应税行为暂适用简易计税方法,但产品运营以外的其他增值税应税行为,仍按照现行规定缴纳增值税。

专业提示

由于《增值税法》对于纳税人的规定重点在于应税交易,并没有将现有的特别规定全部纳入,企业发生承包、承租或挂靠经营应特别关注其是否构成增值税纳税人,以免发生不申报等违法行为。此外,如合作企业有承包、承租或挂靠经营存在,也应避免取得的发票被认定为虚开。

关联规则

1.《增值税法》第三条

2.《财政部　国家税务总局关于全面推开营业税改征增值税试点的通知》(财税〔2016〕36 号)附件 1《营业税改征增值税试点实施办法》

3.《财政部　国家税务总局关于明确金融 房地产开发 教育辅助服务等增值税政策的通知》(财税〔2016〕140 号)

4.《财政部　税务总局关于资管产品增值税有关问题的通知》(财税〔2017〕56 号)

25. 如何理解《增值税法》扣缴义务人的适用情形？

（《增值税法》第十五条）

一、什么是扣缴义务和扣缴义务人？

扣缴义务人制度是国家基于源泉控制、降低征管成本的考虑而设的一种制度。从理论上看，扣缴义务人既非纯粹意义上的纳税人，也非实际负担税款的负税人，仅因为其与纳税人发生了某种经济联系，法律便赋予其代扣代缴、代收代缴的义务。这种义务基于法律规定而产生，不同于委托代征。

《税收征管法》第四条规定："法律、行政法规规定负有代扣代缴、代收代缴税款义务的单位和个人为扣缴义务人。"同时，第三十条规定："扣缴义务人依照法律、行政法规的规定履行代扣、代收税款的义务。对法律、行政法规没有规定负有代扣、代收税款义务的单位和个人，税务机关不得要求其履行代扣、代收税款义务。"

《个人所得税法》及其实施条例、《企业所得税法》及其实施条例、《增值税暂行条例》、《消费税暂行条例》以及已失效的《营业税暂行条例》等都规定了特定情形下负有代扣代缴、代收代缴税款义务的主体，如该主体有不履行法定扣缴义务的情形，则税务机关可根据《税收征管法》第六十九条的规定对其处以罚款。

二、关于增值税扣缴义务人规定的立法沿革

不同税种法领域都有扣缴义务人的规定，关于代扣代缴义务基本规定为支付人或购买方承担。与个人所得税领域存在普遍扣缴义务的情况不同，在主要以经营者为纳税人的税种中，如增值税、企业所得税，往往无法适用属人原则，只能适用属地原则，即销售方或者所得人为境外单位（或个人）。如《企业所得税法》第三十七条规定对非居民企业取得

特定所得实行源泉扣缴,以支付人为扣缴义务人。此外,第三十八条规定在特定情形下税务机关可以指定支付人为扣缴义务人。

从历史的角度审视增值税、营业税、“营改增”关于扣缴义务人的相关制度,基本保持了一致性。

《营业税暂行条例》(已失效)第十一条规定:“中华人民共和国境外的单位或者个人在境内提供应税劳务、转让无形资产或者销售不动产,在境内未设有经营机构的,以其境内代理人为扣缴义务人;在境内没有代理人的,以受让方或者购买方为扣缴义务人。”同时授权国务院财政、税务主管部门可规定其他扣缴义务人。

《增值税暂行条例》第十八条规定:“中华人民共和国境外的单位或者个人在境内销售劳务,在境内未设有经营机构的,以其境内代理人为扣缴义务人;在境内没有代理人的,以购买方为扣缴义务人。”

由此,我们不难发现,在很长一段时间,在增值税领域确定扣缴义务人都是先境内代理人、再购买方代扣代缴。而企业所得税领域则明确支付人为扣缴义务人,被指定代扣代缴的也是支付人。这种差异会带来一个现实问题,即当纳税人在境内有代理人,但企业所得税与增值税的扣缴义务人不同时,如合同约定由支付人负担税费,那么代理人应当如何操作,这会存在税法遵从成本和相关税务风险。

而《财政部　国家税务总局关于全面推开营业税改征增值税试点的通知》(财税〔2016〕36号)附件1《营业税改征增值税试点实施办法》第六条规定:“中华人民共和国境外(以下称境外)单位或者个人在境内发生应税行为,在境内未设有经营机构的,以购买方为增值税扣缴义务人。财政部和国家税务总局另有规定的除外。”取消了代理人扣缴增值税的规定。

《增值税法》基本沿袭了以上文件的措辞,但无论在立法技术还是立法价值上都有了进步与升华。

三、《增值税法》扣缴义务人的适用情形

《增值税法》第十五条明确规定，境外单位和个人在境内发生应税交易，以购买方为扣缴义务人；按照国务院的规定委托境内代理人申报缴纳税款的除外。

第一，销售方为境外单位和个人。

第二，该交易符合境内应税交易的界定，考虑到销售方为境外主体，一般可能包括以下情形：不动产、自然资源在境内；金融商品在境内发行；其他服务、无形资产在境内消费。

第三，如境外单位或个人在中国境内发生增值税应税行为并设有经营机构的，应自行申报缴纳增值税。以非居民承包工程作业为例，根据《非居民承包工程作业和提供劳务税收管理暂行办法》，非居民进行营业税或增值税纳税申报，应当如实填写报送纳税申报表，并附送相关资料。而《企业所得税法》也采用了类似表述，并不影响境内机构场所申报缴纳的企业所得税。因此，如果境外单位和个人通过境内经营机构进行应税交易，应当主动申报。而对于购买方而言，则无须判断境外单位或个人在境内是否有经营机构或代理人，权利义务更加明晰，也更便于操作。

第四，目前以购买方为扣缴义务人的制度下，如果购买方是境外主体，或者购买方是大量的境内个人，那么期待购买方履行扣缴义务的合理性较低，税务机关征管难度将增加。因此规定了除外情形，“按照国务院的规定委托境内代理人申报缴纳税款的除外”，此项规定可以理解为针对上述由购买方扣缴税款存在难度，因此特别规定由境内代理人申报缴纳，或者境外纳税人根据国务院相关规定委托代理人申报缴纳。

专业提示

境内购买方根据《增值税法》与境外单位和个人发生增值税应税交易,在无国务院特别规定的情形下,是唯一的扣缴义务人。以销售服务为例,在接受服务时,应当向对方明确自己的税款扣缴义务。同时在合同履行过程中,特别是付款时,应当及时向税务机关报告、履行扣缴义务,否则将承担相应的法律责任。

关联规则

1.《增值税法》第十五条

2.《税收征管法》第四、三十、六十九条

3.《企业所得税法》第三十七、三十八、四十三、五十四条

4.《增值税暂行条例》第十八条

5.《财政部　国家税务总局关于全面推开营业税改征增值税试点的通知》(财税〔2016〕36 号)附件 1《营业税改征增值税试点实施办法》第六条

6.《非居民承包工程作业和提供劳务税收管理暂行办法》(2009 年 1 月 20 日国家税务总局令第 19 号)第二十条

7.《国家税务总局关于发布〈委托代征管理办法〉的公告》(国家税务总局公告 2013 年第 24 号)

8.《个人所得税法》第九条

9.《企业所得税法实施条例》第一百零六条

10.《消费税暂行条例》第四、十二条

26. 境外单位和个人在境内发生应税交易，购买方如何履行扣缴义务？

（《增值税法》第十五条）

在现行增值税法律中，境外单位或者个人在境内发生应税行为，在境内未设有经营机构的，以购买方为增值税扣缴义务人。增值税立法修改相关表述，明确规定以购买方为扣缴义务人，即购买方不需要去判断境外单位或个人在境内是否有经营机构，权利义务更明晰，也更便于操作。

一、企业所得税扣缴义务的履行

境外单位和个人在境内发生应税交易，结合《增值税法》应税交易的概念，如境外单位销售位于境内的不动产、转让位于境内的自然资源的使用权，此外提供服务也较为常见。而每一笔增值税纳税义务必然伴随所得税的纳税义务，《企业所得税法》则专章规定了源泉扣缴。

对于何时履行扣缴义务，《企业所得税法》第三十七条明确规定税款由扣缴义务人在每次支付或者到期应支付时，从支付或者到期应支付的款项中扣缴。第四十条则明确扣缴义务人每次代扣的税款，应当自代扣之日起七日内缴入国库，并向所在地的税务机关报送扣缴企业所得税报告表。

对于扣缴义务人如何认定，《企业所得税法实施条例》第一百零四条明确规定，支付人是指依照有关法律规定或者合同约定对非居民企业直接负有支付相关款项义务的单位或者个人。

《非居民企业所得税源泉扣缴管理暂行办法》对所得税源泉扣缴的规则予以细化：(1)关于如何加强税源管理，该办法第四条规定，扣缴义务人与非居民企业首次签订与本办法第三条规定的所得有关的业务合同或协议的，扣缴义务人应当自合同签订之日起三十日内，向其主管税务机关申报办理扣缴税款登记。(2)对于非居民企业拒绝代扣税款的，该办法第十四条规定，扣缴义务人应当暂停支付相当于非居民企业应纳税款的款项，并在一日之内向其主管税务机关报告，并报送书面情况说明。(3)关于追缴，该办法第十七条规定，申报纳税所在地主管税务机关可以从其他支付人应付的款项中，追缴该非居民企业的应纳税款和滞纳金。

二、增值税扣缴义务的履行

1. 规则分析

如前所述，《增值税法》明确规定购买方为扣缴义务人。而如何确定购买方，购买方和《企业所得税法》中的支付人是否可以理解为同一主体，如果购买方不是支付人，那么应由谁履行扣缴义务？是实践中需要进一步判断的问题。

关于何时履行扣缴义务，《增值税法》第二十八条规定，增值税扣缴义务发生时间为纳税人增值税纳税义务发生的当日。第三十条规定，扣缴义务人解缴税款的计税期间分别为十日、十五日、一个月或者一个季度，具体计税期间由主管税务机关根据纳税人应纳税额的大小分别核定。不经常发生应税交易的纳税人，可以按次纳税。扣缴义务人申报纳税期限根据计税期间确定，纳税人以一个月或者一个季度为一个计税期间的，纳税期限为期满之日起十五日内；以十日或者十五日为一个计税期间的，纳税期限为次月一日起十五日内。以上规定不同于企业所得税每次支付或者到期应支付。而实践中，如果境外单位和个人没有通过境内代理人或扣缴义务人进行相关登记或申报，且主管税务机关确定境外单位和个人的计税期间存在操作上的困难，那么《增值税法》也规定了扣缴义务人可以按次扣缴，但按次扣缴的期限有待进一步明确。

关于税源管理、税款追缴问题，目前增值税法律制度并没有明确规定。能否直接适用企业所得税相关法律制度，有待进一步明确。

此外，在企业所得税法中扣缴义务适用于非居民企业情形，而根据《企业所得税法》的规定，居民企业除了注册地位于中国的企业外，还包括非境内注册居民企业，因此非境内注册居民企业应履行申报义务，无须代扣代缴。但增值税法律制度中的境内外仅是形式标准。换言之，非境内注册居民企业在增值税上仍属于境外单位。

2. 代扣代缴的增值税款的进项抵扣

代扣代缴增值税，属于境外单位和个人提供应税服务从境内取得应税销售额而进行的代扣代缴增值税，其原理是纳税人向境外单位或个人购买服务、无形资产、不动产等。《财政部　国家税务总局关于全面推开营业税改征增值税试点的通知》（财税〔2016〕36号）附件1《营业税改征增值税试点实施办法》第二十五条规定，从境外单位或者个人购进服务、无形资产或者不动产，自税务机关或者扣缴义务人取得的解缴税款的完税凭证上注明的增值税额，其进项税额允许从销项税额中抵扣。

例　甲公司为增值税一般纳税人，2024年6月从境外单位或个人购入应税税务咨询服务，扣缴义务人取得解缴税款的完税凭证上注明的增值税额为6万元，价款金额100万元。该纳税人凭完税凭证抵扣进项税额的，应当具备书面合同、付款证明和境外单位的对账单或者发票。资料不全的，其进项税额不得从销项税额中抵扣。

三、购买方扣缴义务的例外

“按照国务院的规定委托境内代理人申报缴纳税款”的例外选项，与现行增值税政策基本一致，给予了纳税人更多的便利。对于购买方如何判断销售方是否已经委托境内代理人申报缴纳税款以及自身是否有扣缴义务，可能会在后续出台的实施条例中进行明确。

专业提示

境内购买方与境外单位和个人发生应税交易时，因为商业地位的差异，扣缴税款时可能会存在诸多非常规情形，如对方要求将款项以人民币支付给境内关联方，并认为未来对外付汇时才代扣代缴；又如，对方表示有代理人，要求代理人代为缴纳，不要支付人代扣代缴。因此，境内购买方为防范法律风险，特别是当非自身原因导致无法扣缴时，应当做好相关登记和报告工作。

关联规则

1.《增值税法》第十五、二十八、三十条

2.《企业所得税法》第三十七、四十条

3.《企业所得税法实施条例》第一百零四条

4.《财政部　国家税务总局关于全面推开营业税改征增值税试点的通知》(财税〔2016〕36 号)附件 1《营业税改征增值税试点实施办法》第二十五条

5.《非居民企业所得税源泉扣缴管理暂行办法》(国税发〔2009〕3 号)第四、十四、十七条

27. 跨境应税交易是否约定购买方承担全部税款，对扣缴义务有何影响?

(《增值税法》第十五条)

以购买方为扣缴义务人这一制度设计的经济逻辑在于，在应税交易中，产生了双向的经济利益流动，而从购买方流出的经济利益往往是货币形式的价款，按照增值税的逻辑，支付的价款是由不含税价格和增值税税额构成的。当销售方为境内单位时，收取货款的同时收取的增值税税额，应当作销项税额予以申报；但当销售方为境外单位时，难以对其以境内单位的税务合规标准进行要求，因此规定购买方将这部分增值税税额直接扣缴，也称为源泉扣缴。

《增值税法》第十五条规定，扣缴义务人依照本法规定代扣代缴税款的，按照销售额乘以税率计算应扣缴税额。但如果双方对税额的承担作了不同于法律规定的约定，那么购买方应当如何履行扣缴义务？

一、合同未约定由购买方负担税款的处理

非居民企业与境内公司签订特许权使用费合同，合同约定各项税款由销售方即非居民企业承担，合同价款 100 万元，如何计算扣缴企业所得税、增值税及附加税费？（假设适用的增值税税率为 6%，附加税费共计 10%，企业所得税预提税率为 10%。）

增值税为价外税，计算扣缴非居民企业所得税的计税所依据的含税所得额应为不含增值税的收入额。

扣缴增值税 = 100 万元 ÷ (1 + 6%) × 6% ≈ 94.34 万元 × 6% ≈ 5.66 万元

扣缴企业所得税 = 94.34 万元 × 10% ≈ 9.43 万元

扣缴附加税费 = 5.66 万元 × 10% ≈ 0.57 万元

实际应支付给非居民企业的税后价款 = 100 万元 - 5.66 万元 - 9.43 万元 - 0.57 万元 = 84.34 万元。

因此,境内公司应代扣代缴增值税 5.66 万元、附加税费 0.57 万元、企业所得税 9.43 万元。

二、合同约定由购买方负担全部税款

非居民企业与境内公司签订特许权使用费合同,合同约定各项税款应由购买方即境内公司承担,合同价款 84.34 万元,如何计算扣缴企业所得税、增值税及附加税费?(假设适用的增值税税率为 6%,附加税费共计 10%,企业所得税预提税率为 10%。)

由于增值税为价外税,因此,需要将不含税所得额换算为含税所得额,需注意的是,此处不含税指不含增值税。

公式:含税所得额 = 不含税所得额/(1 - 所得税税率 - 增值税税率 × 10%)

含税所得额 = 84.34 万元 ÷ (1 - 10% - 6% × 10%) ≈ 94.34 万元

扣缴企业所得税 = 94.34 万元 × 10% ≈ 9.43 万元

扣缴增值税 = 94.34 万元 × 6% ≈ 5.66 万元

扣缴附加税费 = 5.66 万元 × 10% ≈ 0.57 万元

当然,此情形也可通过换算含增值税销售额的方式进行计算,只不过公式将更复杂,步骤也更烦琐,不如此种方式便捷。采用换算含增值税销售额的方式,得出结果为 100 万元(94.34 万元 + 5.66 万元 = 100 万元)。对于境内公司而言,虽然合同价款为 84.34 万元,但其实际支出了 100 万元,负担了境外公司在境内的税款,其中增值税部分 5.66 万元可以作为进项税额予以抵扣,其他 10 万元则为营业外支出。

对于为境外公司负担的企业所得税与附加税费能否税前扣除的问题,原则上境内购买方属于与企业生产经营无关的支出,不得在所得税前扣除。

三、合同约定由购买方负担企业所得税之外的税款

非居民企业与境内公司签订特许权使用费合同,合同约定所得税由非居民企业承担,其他各项税款由购买方境内公司承担,合同价款 100 万元,如何计算扣缴企业所得税、增值税及附加税费?(假设适用的增值税税率为 6%,附加税费共计 10%,企业所得税预提税率为 10%。)

对于非居民企业纳税人,100 万元不含增值税和附加税费,含所得税,增值税属于价外税,但附加税费为价内税的,应换算为含附加税费的金额,计算扣缴增值税和企业所得税。因此此种情况下税款应按照如下公式计算。

公式:含税所得额 = 不含附加税所得额/(1 - 增值税税率 ×10%)

含税所得 = 100 万元 ÷ (1 - 6% ×10%) ≈100.60 万元

扣缴增值税 = 100.60 万元 ×6% ≈6.04 万元

扣缴附加税费 = 6.04 万元 ×10% ≈0.60 万元

扣缴企业所得税 = 100.60 万元 ×10% = 10.06 万元

当然,此情形也可通过换算含增值税销售额的方式进行计算,得出结果为 106.64 万元(100.60 万元 + 6.04 万元 = 106.64 万元)。对于境内公司而言,虽然合同价款为 100 万元,但其实际支出了 106.64 万元,其中增值税部分 6.04 万元可以作为进项税额予以抵扣,其他附加税费即 0.60 万元为营业外支出。

四、合同约定由购买方负担企业所得税税款

非居民企业与境内公司签订特许权使用费合同,合同约定所得税由境内公司承担,其他税费由非居民企业承担,合同价款 100 万元。如何计算扣缴企业所得税、增值税及附加税费?(假设适用的增值税税率为 6%,附加税费共计 10%,企业所得税预提税率为 10%。)

对于非居民企业纳税人，100 万元不含所得税，含增值税和附加税费。

含增值税销售额 = 100 万元 + 含增值税销售额 ÷ (1 + 6%) × 10% = 110.42 万元

不含税所得额 = 110.42 万元 ÷ (1 + 6%) ≈ 104.17 万元

扣缴增值税 = 104.17 万元 × 6% ≈ 6.25 万元

扣缴附加税费 = 6.25 万元 × 10% ≈ 0.63 万元

扣缴企业所得税 = 104.17 万元 × 10% ≈ 10.42 万元

对于境内公司而言，虽然合同价款为 100 万元，但其实际支出了 104.17 万元。境外公司则实际取得 93.12 万元(110.42 万元 - 6.25 万元 - 0.63 万元 - 10.42 万元 = 93.12 万元)。

专业提示

从法律上的归属来看，境外单位为纳税人、境内购买方为扣缴义务人。从经济上的归属来看，这笔税额的实际承担人为境内购买方。但实践中，由于双方商业地位不同，当销售方居于强势地位时，可能会在合同中约定由境内购买方承担销售方应缴纳的增值税税额，那么这种约定下，购买方应当充分对实际负担的税款，包括能否抵扣、能否税前扣除等问题，进行风险研判。

关联规则

《增值税法》第七、十五条

28. 跨境电子商务零售进口交易中的进口环节增值税应如何征收？

(《增值税法》第三十二条)

一、跨境电子商务零售进口的法律适用

《电子商务法》第二十六条规定,“电子商务经营者从事跨境电子商务,应当遵守进出口监督管理的法律、行政法规和国家有关规定”。换言之,从基础法律关系和监管的角度来看,跨境电商零售进口属于跨境电子商务的类型之一,其性质属于进口,而非境外单位和个人在境内发生应税交易。根据《增值税法》第三条的规定,进口货物的单位和个人(包括个体工商户),为增值税的纳税人。因此,跨境电子商务零售进口不适用以购买方为扣缴义务人的增值税征收规定。

进口环节增值税的征收管理,根据《关税法》第七十条、《增值税法》第三十二条的规定,适用关税征收管理的规定。而《关税法》关于关税纳税人的规定虽表述与《增值税法》不同,“进口货物的收货人……是关税的纳税人”,但均指向购买方(进口人)。此外,《关税法》第三条第二款特别明确了跨境电商零售进口中其他主体的关税扣缴义务人身份,即“从事跨境电子商务零售进口的电子商务平台经营者、物流企业和报关企业……是关税的扣缴义务人”。而进口环节增值税适用关税征管规定,前述主体也是进口环节增值税的扣缴义务人。

二、跨境电子商务零售进口增值税的立法沿革

2016 年,我国开始跨境电商零售进口税收政策的改革,《财政部 海关总署　国家税务总局关于跨境电子商务零售进口税收政策的通知》(财关税〔2016〕18 号)规定,跨境电子商务零售进口商品按照货物征收关税和进口环节增值税、消费税,购买跨境电子商务零售进口商品的个

人作为纳税义务人，实际交易价格（包括货物零售价格、运费和保险费）作为完税价格，电子商务企业、电子商务交易平台企业或物流企业可作为代收代缴义务人。不属于跨境电子商务零售进口的个人物品以及无法提供交易、支付、物流等电子信息的跨境电子商务零售进口商品，则不适用以上规定。对于纳税人的确认，该通知要求跨境电子商务零售进口商品购买人（订购人）的身份信息应进行认证；未进行认证的，购买人（订购人）身份信息应与付款人一致。

2018 年，《财政部　海关总署　税务总局关于完善跨境电子商务零售进口税收政策的通知》（财关税〔2018〕49 号）将单次交易限值从人民币 2000 元提高至 5000 元，年度交易限值从人民币 20,000 元提高至 26,000 元。同时，完税价格超过 5000 元单次交易限值但低于 26,000 元年度交易限值，且订单下仅一件商品时，可以自跨境电商零售渠道进口，按照货物税率全额征收关税和进口环节增值税、消费税，交易额计入年度交易总额，但年度交易总额超过年度交易限值的，应按一般贸易管理。

2020 年 1 月，商务部、发展改革委、财政部、海关总署、税务总局、市场监管总局等六部门联合印发《关于扩大跨境电商零售进口试点的通知》，进一步扩大跨境电商零售进口试点范围。

2024 年通过的《关税法》沿用了此前跨境电商零售进口的纳税人与扣缴义务人的规定。

三、跨境电子商务零售进口增值税的征收与管理

1. 主体界定

“跨境电子商务企业”是指自境外向境内消费者销售跨境电子商务零售进口商品的境外注册企业（不包括在海关特殊监管区域或保税物流中心内注册的企业），或者境内向境外消费者销售跨境电子商务零售出口商品的企业，为商品的货权所有人。

"跨境电子商务企业境内代理人"是指开展跨境电子商务零售进口业务的境外注册企业所委托的境内代理企业,由其在海关办理注册登记,承担如实申报责任,依法接受相关部门监管,并承担民事责任。

"跨境电子商务平台企业"是指在境内办理工商登记,为交易双方(消费者和跨境电子商务企业)提供网页空间、虚拟经营场所、交易规则、信息发布等服务,设立供交易双方独立开展交易活动的信息网络系统的经营者。

"物流企业"是指在境内办理工商登记,接受跨境电子商务平台企业、跨境电子商务企业或其代理人委托,为其提供跨境电子商务零售进出口物流服务的企业。

"消费者(订购人)"是指跨境电子商务零售进口商品的境内购买人。

"报关企业",根据《中华人民共和国海关对报关单位注册登记管理规定》(已失效),是指经海关准予注册登记,接受进出口货物收发货人的委托,以进出口货物收发货人名义或者以自己的名义,向海关办理代理报关业务,从事报关服务的境内企业法人。

2. 登记管理与税款征收

跨境电子商务平台企业、物流企业、支付企业等参与跨境电子商务零售进口业务的企业,应当依据海关报关单位注册登记管理相关规定,向所在地海关办理注册登记;境外跨境电子商务企业应委托境内代理人向该代理人所在地海关办理注册登记。

个人消费者是进口货物的纳税义务人,实务中,税款一般由电子商务平台或电子商务企业(卖家)代收代缴,境内消费者支付的款项中包含了进口环节的税收,对于限值以内的货物,关税为零,主要征收的是进口环节增值税、消费税。境外商家则不适用我国境内税法的相关规定。

3. 退货与退税

在跨境电子商务零售进口模式下，跨境电子商务企业境内代理人或其委托的报关企业可向海关申请开展退货业务。在申报清单放行之日起三十日内申请退货，并且在申报清单放行之日起四十五日内将退货商品运抵原海关监管作业场所、原海关特殊监管区域或保税物流中心（B型）的，相应税款不予征收，并调整消费者个人年度交易累计金额。

专业提示

跨境电商零售进口不属于境外单位和个人在境内发生应税交易，因此消费者作为购买方不是扣缴义务人，而是纳税人。

而境内的电子商务平台经营者、物流企业和报关企业作为扣缴义务人，应履行相关义务。特别是电子商务平台经营者，应按照相关法律规定，向税务部门提供平台内经营者身份信息和与纳税相关的信息。《互联网平台企业涉税信息报送规定（征求意见稿）》也重申了互联网平台企业按照规定为平台内的经营者办理扣缴申报。

关联规则

1.《增值税法》第三、三十二条

2.《关税法》第三、二十二、七十条

3.《电子商务法》第二十条

4.《财政部　海关总署　国家税务总局关于跨境电子商务零售进口税收政策的通知》（财关税〔2016〕18 号）第一、二、五条

5.《财政部　海关总署　税务总局关于完善跨境电子商务零售进口税收政策的通知》（财关税〔2018〕49 号）第一、二条

6.《中华人民共和国海关对报关单位注册登记管理规定》（中华人民共和国海关总署令第 127 号）

7.《海关总署关于跨境电子商务零售进出口商品有关监管事宜的公告》(海关总署公告2018年第194号)

8.《海关总署关于跨境电子商务零售进口商品退货有关监管事宜的公告》(中华人民共和国海关总署公告2020年第45号)

9.《商务部　发展改革委　财政部　海关总署　税务总局　市场监管总局关于扩大跨境电商零售进口试点的通知》(商财发〔2020〕15号)

10.《互联网平台企业涉税信息报送规定(征求意见稿)》

29. 如何理解一般计税方法的适用?

(《增值税法》第八条)

《增值税法》取消了一般纳税人的概念,但仍然区分一般计税方法和简易计税方法。这两者的区别也成为我国目前增值税制度下,无论是区分纳税人管理还是征管重点的标准。

一、什么是一般计税方法?

增值税一般计税方法的核心即税额抵扣,通过销项税额抵扣进项税额计算应纳税额,因此增值税应纳税额 = 当期销项税额 - 当期进项税额。其中,销项税额,是指纳税人发生应税交易,按照销售额乘以法定税率计算的增值税税额;进项税额,是指纳税人购进货物、服务、无形资产、不动产支付或者负担的增值税税额。

从世界各国增值税制度的实践来看,大多数国家采用的是税额抵扣型增值税,该种类型还可以分为两个子类:

一是发票抵扣型增值税。该方法源于欧洲,体现了国际贸易中的目的地原则,对消费税基课税,且其销项税是基于不含税税基计算而来。发票抵扣在运用时,纳税人通过计算应税销售产生的销项税与进口、国内采购支付的进项税二者之间的差额,来衡量每一纳税期间的净纳税义务。由此可见,从销项税的角度来看,这种方法针对交易课税,并将申报的销售额和市场交易价格联系了起来。但不可否认的是,这种方法对于某些行业和交易来说可能并不顺利,如二手货物的采购与销售;因此对于一些特殊的情形,此种方法可能需要有替代方案。此外,从进项税的角度来看,及时退还纳税人在经营性投入中支付的进项税,可以避免增值税形成经营成本,从而将增值税从应税商品以及服务的含税价格中排除。

二是不以发票为基础的税额抵扣型增值税。其代表为日本,但目前日本已经对其消费税作了较大改动,其证明进项税额抵扣的文件越来越接近于其他国家和地区采用的发票型增值税所需要的证明文件。

在税额抵扣型增值税之外,还有税基相减型增值税。该类型是以应税销售总额减去从其他企业适格采购的总额的差额为税基,再乘以税率,如芬兰。

二、一般计税方法的适用

1. 适用主体

与《增值税暂行条例》的规定不同,《增值税法》对于一般计税方法的规定并未限定主体。由于《增值税法》取消了一般纳税人的规定,因而在原则上纳税人应当适用一般计税方法。

2. 适用情形

《增值税法》对一般计税方法规定“本法另有规定的除外”,即对于纳税人按照一般计税方法计算缴纳增值税也允许存在例外情形,而这种除外情形限定于“本法”。

情形一为小规模纳税人,小规模纳税人可以适用简易计税方法,简易计税方法既是一般计税方法的除外情形,也是小规模纳税人可以选择的一种权利。

情形二为“中外合作开采海洋石油、天然气增值税的计税方法”,按照国务院的有关规定执行。此处并非将该类型的计税方法重新授权国务院制定,而是延续了此前的授权,尊重制度的历史和现状。

三、如何理解现行增值税制度中一般纳税人可选择简易计税的规定

现行规定中,增值税一般纳税人“可选择简易计税”的规定粗略统计大约共有40余项,征收率有5%、3%,还有按照3%征收率减按2%征收。从《增值税法》规定征收率为3%的角度看,上述制度在征收率方面

应该予以统一。对于是否保留上述关于一般纳税人选择简易计税的制度,如满足《增值税法》第二十五条“根据国民经济和社会发展的需要,国务院对支持小微企业发展、扶持重点产业、鼓励创新创业就业、公益事业捐赠等情形可以制定增值税专项优惠政策”的规定,则该制度有继续适用的法理空间。

专业提示

一般计税方法作为《增值税法》规定的计算增值税应纳税额的原则方法,目前一般纳税人采简易计税或差额计税的规则,都属于例外规定。虽然从纳税人税负一致的制度平移的基本出发点来说,现有的规则原则上应当继续沿用,但对于在一些项目上采用简易计税、差额计税的一般纳税人而言,其也应当合理评估相关交易如不再适用简易计税而可能带来的影响。

关联规则

1.《增值税法》第八、十六、二十五条

2.《全国人民代表大会常务委员会关于外商投资企业和外国企业适用增值税、消费税、营业税等税收暂行条例的决定》(中华人民共和国主席令第18号)第一条

3.《国务院关于外商投资企业和外国企业适用增值税、消费税、营业税等税收暂行条例有关问题的通知》(国发〔1994〕10号)第三条

4.《国家税务总局关于中外合作开采石油资源缴纳增值税有关问题的通知》(国税发〔1994〕114号)第一、二、三条

30. 如何理解简易计税方法的适用？

（《增值税法》第八条）

《增值税法》第八条第二款规定了简易计税方法："小规模纳税人可以按照销售额和征收率计算应纳税额的简易计税方法，计算缴纳增值税。"

一、什么是简易计税方法？

无论是增值税制度的实践，还是《增值税法》的规定，简易计税方法的具体操作相比一般计税方法的发票型税额抵扣法更为简单，只需要把握销售额。因此在没有优惠政策的条件下，征收率是统一确定的。

简易计税方法在《增值税法》下特别适用于小规模纳税人，之所以如此规定主要基于以下两点考虑。

1. 税收效率和征管简便的需要

从税法规范类型的角度来说，税法规范包括财政目的规范、社会目的规范和简化的规范。其中，简化的规范主要是基于税收效率的考虑，一方面是为了让征管变得更便利，特别是纳税便利；另一方面也是为了使税法的适用变得更容易。简化规范的目的并非财政收入的提高，而是避免税法过于复杂化，导致税法实施的成本与收益不匹配。因此简化的规范如税收核定的规定、设置账簿的要求等，可以使税法的实施更易理解、更加透明化，节省了税收征管中的人力、物力成本。

对小规模纳税人适用简易计税方法，既是为了提升税收效率，也是便利小规模纳税人、减轻税法遵从成本的内在需要。然而对不同纳税人采用类型化的处理方式，可能产生经济上的不平等。因此简化的规范在实现征管效率的同时，应避免这种不平等超过比例原则的限度。

2. 税收公平的考虑

现行增值税制度规定的征收率平移自《增值税暂行条例》,在增值税与营业税分立的年代,从事销售货物的纳税人与从事销售服务的纳税人并不存在本质上的差异。因此对于销售额不高的纳税人而言,如果仅仅因为从事销售货物,就与从事销售服务的纳税人在税负和在征管的复杂程度上都存在较大的不同,那么对于从事销售货物的纳税人来说是不公平的。

二、简易计税方法是否是一种税收优惠?

对于会计核算不规范、进项不足等有特殊原因的企业而言,简易计税适用的税率较低,确实可以有一定的"节税"功能。但简易计税是否就意味着税收优惠呢?答案不是绝对的。在某些特定的情况下,一般计税可能比简易计税更加节税。

从理论角度看:

简易计税的应纳税额 = 销售额 × 3%

一般计税的应纳税额 = 销售额 × 13% - 进项税额

比较两者孰高孰低,关键在于确定销售额与进项税额的关系。当销售额大于10倍的进项税额时,适用简易计税方法的应纳税额小于一般计税方法下的应纳税额。结合小规模纳税人的标准,对于小规模纳税人而言,如果其当年可以抵扣的进项税额在50万元以上,不考虑针对小规模纳税人的其他优惠政策,很难说简易计税是一种税收优惠。

从实践中看,对于有大额固定资产、在建工程购入的企业,特别是对于服务类的中小型企业,房产、重要仪器的价值非常高,企业通常都有巨额的进项税额。这种类型的企业如果采取简易计税方法,反而无法抵扣进项税额;而采取一般计税方法,抵扣进项税额,对企业而言更有优势。

例如,甲公司为适用一般计税的纳税人,主要从事手机的批发及零售业务。当月销项税额 1560 元，进项税额 2380 元，另将公司名下空余房屋出租，收到含税租金 10,500 元。

上述业务均采用一般计税方法，那么甲公司应确认房屋出租销项税额 = 10,500 ÷ (1 + 9%) × 9% = 866.97 元。因此甲公司的正常业务和出租房屋应缴纳增值税 = 1560 − 2380 + 866.97 = 46.97 元。

按照目前规定一般纳税人出租其 2016 年 4 月 30 日前取得的不动产，可以选择适用简易计税方法，按照 5% 的征收率计算应纳税额的规定，同样的经济活动，因出租自有房屋这一特殊业务，如果采用简易计税方法，应缴纳增值税 500 元，由于 1560 − 2380 = −820 元，因此留抵税额为 820 元。(即便适用 3% 的征收率，简易计税方法下仍然比一般计税方法税负更重。)

因此，不能认为简易计税方法是一种税收优惠，其只是一种在征管上更简便的特殊方法。

专业提示

简易计税方法目前不仅适用于小规模纳税人，也适用于一般纳税人发生特定经营的情形。虽然《增值税法》目前规定简易计税方法仅适用于小规模纳税人，但仍不排除施行后通过其他方式明确现行规定继续适用。因此对于在一些项目上采用简易计税、差额计税方法的一般纳税人而言，也应当合理评估相关交易如不再适用简易计税方法可能带来的影响。

关联规则

1.《增值税法》第八、二十五条

2.《财政部　国家税务总局关于全面推开营业税改征增值税试点的通知》(财税〔2016〕36 号)

31. 增值税纳税人适用一般计税方法的例外情形有哪些?

(《增值税法》第八条)

《增值税法》第八条“另有规定的除外”,主要就是指本条第二、三款,即小规模纳税人和中外合作开采海洋石油、天然气增值税的计税。

然而实践中,无论是原增值税应税项目,还是基于“营改增”不加重纳税人税负的考虑,均有大量的关于一般纳税人适用简易计税的政策。结合《增值税法》第二十五条制定增值税专项优惠政策的规定,虽然简易计税并不是一种税收优惠,但简易的计税方法在纳税人纳税遵从便利和税务机关的征管效率方面确实节约了成本。

一、增值税纳税人适用简易计税方法的注意要点

1. 一般纳税人选择适用简易计税方法计税的,一经选择,三十六个月内不得变更(依据增值税计税原理结合进项抵扣的相关文件规定,可按项目选择计税方法的房地产、建筑等项目,计税方法一经选择,不得中途变更)。

2. 一般纳税人既有简易计税项目又有一般计税项目的,应分别核算,且简易计税项目对应的进项税额不得抵扣。

3. 一般纳税人符合增值税简易计税政策相关规定条件的,均为“可选择”简易计税。只有“建筑工程总承包单位为房屋建筑的地基与基础、主体结构提供工程服务,建设单位自行采购全部或部分钢材、混凝土、砌体材料、预制构件的”,明确规定必须适用简易计税方法计税。

二、增值税纳税人适用简易计税方法的具体情形

1. 适用5%征收率的情形

目前主要集中在:销售、出租2016年4月30日前取得的不动产;房地产开发企业出租、销售自行开发的房地产老项目;2016 年 4 月 30 日前签订的不动产融资租赁合同;以 2016 年 4 月 30 日前取得的不动产提供的融资租赁服务;转让 2016 年 4 月 30 日前取得的土地使用权;提供劳务派遣服务、安全保护服务(含提供武装守护押运服务);收取试点前开工的一级公路、二级公路、桥、闸通行费;提供人力资源外包服务;等等。

需注意的是《增值税法》明确规定简易计税方法 3% 的征收率。根据《立法法》,税率属于只能由法律规定的事项,因此可以认为 5% 征收率已经退出历史舞台。

2. 其他情形

其他情形主要有以下几类:

第一类,特殊货物的销售,如建筑原材料等:销售自产的建筑用和生产建筑材料所用的砂、土、石料;销售自产的以自己采掘的砂、土、石料或其他矿物连续生产的砖、瓦、石灰(不含黏土实心砖、瓦);销售自产的商品混凝土(仅限于以水泥为原料生产的水泥混凝土)。

第二类,国家鼓励的产业或行业,如经认定的动漫企业为开发动漫产品提供的服务,以及在境内转让动漫版权。又如医药制造行业的生物制品销售,包括生产销售和批发、零售抗癌药品;销售自产的用微生物、微生物代谢产物、动物毒素、人或动物的血液或组织制成的生物制品;单采血浆站销售非临床用人体血液;药品经营企业销售生物制品;兽用药品经营企业销售兽用生物制品。

第三类,具有公共性的服务,如公共交通运输服务,包括轮客渡、公交客运、地铁、城市轻轨、出租车、长途客运、班车;电影放映服务、仓储服务、装卸搬运服务、收派服务和文化体育服务(含纳税人在游览场所经营索道、摆渡车、电瓶车、游船等取得的收入)。

还包括支持三农的贷款服务,如中国农业发展银行总行及其各分支机构提供涉农贷款取得的利息收入;农村信用社、村镇银行、农村资金互助社、由银行业机构全资发起设立的贷款公司、法人机构在县(县级市、区、旗)及县以下地区的农村合作银行和农村商业银行提供金融服务收入;对中国农业银行纳入“三农金融事业部”改革试点的各省、自治区、直辖市、计划单列市分行下辖的县域支行和新疆生产建设兵团分行下辖的县域支行(也称县事业部),提供农户贷款、农村企业和农村各类组织贷款取得的利息收入。

此外,还包括水、电这类特殊货物的销售,如销售自产的县级及县级以下小型水力发电单位生产的电力;光伏发电项目发电户销售电力产品;销售自产的自来水。

第四类,基于“营改增”政策衔接的考虑,包括以纳入“营改增”试点之日前取得的有形动产为标的物提供的经营租赁服务;纳入“营改增”试点之日前签订的尚未执行完毕的有形动产租赁合同;公路经营企业收取试点前开工的高速公路的车辆通行费;以清包工方式提供、为甲供工程提供、为建筑工程老项目提供的建筑服务。

第五类,对非企业性单位的特殊适用,如非企业性单位中的一般纳税人提供的研发和技术服务、信息技术服务、鉴证咨询服务,以及销售技术、著作权等无形资产;非企业性单位中的一般纳税人提供技术转让、技术开发和与之相关的技术咨询、技术服务。

专业提示

通过对上述部分简易计税的适用情形的类型化表述不难看出,无论是具有公共性还是属于国家鼓励的产业和行业,继续保留简易计税方法也符合《增值税法》第二十五条的立法目的。但属于过渡时期的基于税负衔接考虑的政策是否会继续保留,则存在一定的不确定性。

31. 增值税纳税人适用一般计税方法的例外情形有哪些？（《增值税法》第八条）

关联规则

1.《增值税法》第八、十一、二十五条

2.《立法法》第十一条

3.《财政部　国家税务总局关于全面推开营业税改征增值税试点的通知》（财税〔2016〕36 号）附件 2《营业税改征增值税试点有关事项的规定》

4.《财政部　国家税务总局关于部分货物适用增值税低税率和简易办法征收增值税政策的通知》（财税〔2009〕9 号）

5.《财政部　国家税务总局关于简并增值税征收率政策的通知》（财税〔2014〕57 号）

6.《财政部　国家税务总局关于明确金融 房地产开发 教育辅助服务等增值税政策的通知》（财税〔2016〕140 号）

7.《财政部　税务总局关于建筑服务等营改增试点政策的通知》（财税〔2017〕58 号）

32. 如何认定增值税小规模纳税人?

(《增值税法》第九条)

《增值税法》第九条是关于小规模纳税人的规定。如前所述,《增值税法》并没有一般纳税人的概念,溯至《增值税暂行条例》及其实施细则,均没有一般纳税人的定义。《增值税暂行条例》中甚至没有一般纳税人的表述,只是提到“小规模纳税人以外的纳税人”;而《增值税暂行条例实施细则》中为了表述方便,将“小规模纳税人以外的纳税人”简称“一般纳税人”。

一、小规模纳税人的销售额标准

《营业税改征增值税试点实施办法》第三条,纳税人分为一般纳税人和小规模纳税人。应税行为的年应征增值税销售额(以下简称应税销售额)超过财政部和国家税务总局规定标准的纳税人为一般纳税人,未超过规定标准的纳税人为小规模纳税人。《营业税改征增值税试点有关事项的规定》确定年应税销售额标准为500万元(含本数),但主要针对销售服务、无形资产或者不动产等应税行为。

《增值税法》第九条第一款规定的小规模纳税人标准,与现行制度保持一致,即“年应征增值税销售额未超过五百万元”。

首先,根据《增值税暂行条例实施细则》的规定,小规模纳税人的销售额不包括其应纳税额,这也与《增值税法》对销售额的规定一致。

其次,由于增值税并非按年征收,关于如何理解年或者期间,需要根据《增值税一般纳税人登记管理办法》的规定,确定为连续不超过12个月或四个季度的经营期。

再次,关于哪些销售额应当被计算在内,根据《增值税一般纳税人登记管理办法》的规定,包括纳税申报销售额、稽查查补销售额、纳税评估调整销售额。稽查查补销售额和纳税评估调整销售额计入查补税款申报当月的销售额,不计入税款所属期销售额。此外,由于偶然发生的不动产转让,可能超出500万元的标准,因此纳税人偶然发生的销售无形资产、转让不动产的销售额,不计入应税行为年应税销售额。

最后,适用差额征收的纳税人,年应税销售额是按照未扣除之前的销售额计算。根据《增值税一般纳税人登记管理办法》,销售服务、无形资产或者不动产有扣除项目的纳税人,年应税销售额按未扣除之前的销售额计算。例如,甲公司为小规模纳税人,从事劳务派遣,按季度申报选择差额纳税,不考虑其他情况。甲公司2023年第一季度至2023年第四季度收到用工方支付的劳务派遣费用共计630万元,其中需要代发劳务派遣工资400万元,支付“五险一金”125万元,共计525万元。该纳税人2023年第一季度至2023年第四季度应纳增值税销售额为100万元[(630-525)/(1+5%)],但是未扣除之前的销售额为600万元[630/(1+5%)],超过500万元的标准,应当向主管税务机关办理登记。

需要注意的是,适用增值税差额征税政策的小规模纳税人,根据《国家税务总局关于增值税小规模纳税人减免增值税等政策有关征管事项的公告》,以差额后的销售额确定是否可以享受月销售额未超过10万元的免征增值税政策。

二、小规模纳税人销售额标准的调整

《增值税法》第九条第三款规定,根据国民经济和社会发展的需要,国务院可以对小规模纳税人的标准作出调整,报全国人民代表大会常务委员会备案。从小规模纳税人标准的立法沿革来看,其也经历了较大的调整。

在增值税与营业税并立的年代,《增值税暂行条例实施细则》第二十八条第一款规定:“条例第十一条所称小规模纳税人的标准为:(一)从事货物生产或者提供应税劳务的纳税人，以及以从事货物生产或者提供应税劳务为主，并兼营货物批发或者零售的纳税人，年应征增值税销售额（以下简称应税销售额）在50万元以下（含本数，下同）的；（二）除本条第一款第（一）项规定以外的纳税人，年应税销售额在80万元以下的。”

全面“营改增”后，所有的流转税业务统一为增值税应税行为，“营改增”业务为500万元，传统增值税业务的一般纳税人年销售额标准为50万元和80万元。2018年财政部、税务总局发布的《关于统一增值税小规模纳税人标准的通知》正式将小规模纳税人标准统一为年应征增值税销售额500万元及以下。

由此可见，小规模纳税人的标准与经济社会发展呈正相关，因而存在动态调整的可能性和必要性。该标准与纳税人权利密切相关，《增值税法》将调整的权力授予国务院，报全国人民代表大会常务委员会备案。备案审查制度是保障宪法法律实施、维护国家法治统一的重要制度。党的二十大报告明确提出“完善和加强备案审查制度”，《增值税法》对于小规模纳税人标准的调整与备案规定体现了法律灵活性与稳定性的统一。

三、小规模纳税人适用一般计税方法的条件

《增值税法》第九条第二款规定，小规模纳税人会计核算健全，能够提供准确税务资料的，可以向主管税务机关办理登记，按照本法规定的一般计税方法计算缴纳增值税。正如前问30所分析的，在特定情况下，一般计税方法的税负较之简易计税方法可能更轻，因此符合条件的小规模纳税人有权利选择税负更轻的计税方法。此处“可以”应当认为是纳税人的一种选择权。

所谓会计核算健全，是指能够按照国家统一的会计制度规定设置账簿，根据合法、有效凭证进行核算。“会计核算健全”是区分一般纳税人和小规模纳税人“年应税销售额”标准之外的另一标准。由于《增值税法》未明确一般纳税人概念,此处可以向主管税务机关办理登记,是否能理解为是《增值税一般纳税人登记管理办法》中的“一般纳税人登记”,尚需要予以明确。

专业提示

小规模纳税人的判断标准有两个:一为销售额标准。实践中应对销售额的计算范围予以准确把握,除销售额不含税外,具体的销售额是否应计算在内以及如何计算,直接关系企业应纳增值税税额的计算。二为会计核算健全标准。符合标准二的,即使销售额未超过 500 万元,也可以办理登记,适用一般计税方法计算缴纳增值税。

关联规则

1.《增值税法》第九条

2.《增值税暂行条例》第十三条

3.《增值税暂行条例实施细则》第十一、二十八、三十条

4.《财政部　国家税务总局关于全面推开营业税改征增值税试点的通知》(财税〔2016〕36 号)附件 1《营业税改征增值税试点实施办法》

5.《财政部　国家税务总局关于全面推开营业税改征增值税试点的通知》(财税〔2016〕36 号)附件 2《营业税改征增值税试点有关事项的规定》

6.《增值税一般纳税人登记管理办法》(中华人民共和国国家税务总局令第 43 号)第二条

7.《国家税务总局关于增值税小规模纳税人减免增值税等政策有关征管事项的公告》(国家税务总局公告 2023 年第 1 号)

8.《关于统一增值税小规模纳税人标准的通知》(财税〔2018〕33 号)

33. 增值税的税率有哪几档？分别适用于哪些类型的应税交易？如何理解多档税率？

(《增值税法》第十条)

一、多档税率的法理基础

从征管便利和抵扣链条简便的角度来看，增值税设置单一比例税率更能提升征管效率。而增值税多重税率的设置主要是基于与财政收入无关的目的，一般认为，设置高税率是为了抑制特定商品的消费，或试图使税收更具有累进性。我国采用一般商品和服务适用较高税率、特殊商品和服务适用较低税率的立法模式，税率共四档：13%、9%、6%和零税率。多档税率是实现税收优惠的重要手段，在增值税的税收优惠中，即征即退的优惠对增值税运行链条几乎没有影响，只会影响企业的利润，属于比较成功的调控手段。除此之外，像免税、低税率、允许选择简易征收等优惠措施实质上是依靠设置差异税率实现的。

我国设置差别税率主要基于以下因素：

(1)出于照顾民生等原因，为一些生活必需品设置低税率或免税，如农产品、自来水、居民供热等；

(2)根据不同行业获取进项税的能力分别设置不同的税率。如货物购销，能取得较充足的外购进项税，所以适用较高的13%税率；而餐饮业的成本中占比较高的是人力，不能抵扣进项税，获取进项税的能力较差，为了平衡税负，所以将餐饮业的税率设置为6%。而广义的销售服务，具有与餐饮业相同的情况，因此，也适用6%的税率。此外，6%的税率也是为了平衡“营改增”后纳税人的税负、不加重纳税人税负。

二、多档税率的具体设置

1. 一般规定

13%的税率适用于大多数销售货物、加工修理修配服务以及有形动产租赁服务和进口货物的情形，但也有一些例外。

9%的税率适用于销售交通运输、邮政、基础电信、建筑、不动产租赁服务（不包括个人出租住房），销售不动产，转让土地使用权，以及销售或进口一些特定货物的情形。特定货物如：农产品、食用植物油、食用盐；自来水、暖气、冷气、热水、煤气、石油液化气、天然气、二甲醚、沼气、居民用煤炭制品；图书、报纸、杂志、音像制品、电子出版物；饲料、化肥、农药、农机、农膜。此外，根据相关政策，水路运输的程租、期租业务，航空运输的湿租业务等属于交通运输服务，也属于此税率范畴。

6%的税率适用于销售增值电信服务、金融服务、现代服务（租赁服务除外）、生活服务、无形资产（不含土地使用权）。因此，仓储服务、会议展览服务、安全保护服务等也适用此税率。

零税率适用于纳税人出口货物（国务院另有规定的除外），以及境内单位和个人跨境销售国务院规定范围内的服务、无形资产。

2. 特殊规定

由于增值税对生产、批发、零售的全流通领域征税，因此在不同环节国家会根据形势需要制定特殊政策。

以农产品为例，一般纳税人流通环节销售农产品（蔬菜及鲜活肉蛋除外）的增值税税率是9%。根据《财政部　国家税务总局关于免征蔬菜流通环节增值税有关问题的通知》《财政部　国家税务总局关于免征部分鲜活肉蛋产品流通环节增值税政策的通知》的规定，对从事蔬菜批发、零售的纳税人销售的蔬菜免征流通环节增值税，对从事农产品批发、零售的纳税人销售的部分鲜活肉蛋产品免征流通环节增值税。

以图书为例，根据《财政部　税务总局关于延续宣传文化增值税优惠政策的公告》《财政部　税务总局关于延续实施宣传文化增值税优惠政策的公告》的规定，自2021年1月1日至2027年12月31日，免征图书批发、零售环节增值税。

换言之，对于特殊货物，纳税人在适用法定税率之外，还可以选择适用免税规定。

三、多档税率的适用效果

多档税率能否实现增值税法律制度照顾民生的初衷？增值税是价外税，它只能在最终消费环节构成价格的一部分。为生活必需品设置较低的税率确实可以降低终端消费价格，从而在一定程度上体现量能课税原则。

对于根据不同行业设置不同税率的做法能否实现税负公平的问题。形式上，采购物料、不动产等可以抵扣进项税额的成本越多，税负就越下降，但实质上这些成本的增值最终是通过进销差价即利润来体现的。因此，获取工资、利润、利息以外采购成本进项税额的能力，其实并不影响企业真正的税负。但出于对特定行业政策倾斜的角度考虑，多档税率也有一定意义。

专业提示

从增值税一般计税的角度来看，发生应税交易适用低税率、购进进项适用高税率，无疑可以降低当期增值税税负。然而，从长期的视角来看，企业的经营以及利润的取得并不完全由税负高低差决定，采购货物进项税额的多少对纳税人实际的税负并不会产生实质影响。

关联规则

1.《增值税法》第十条

2.《财政部　国家税务总局关于免征蔬菜流通环节增值税有关问题的通知》(财税〔2011〕137 号)第二条

3.《财政部　国家税务总局关于免征部分鲜活肉蛋产品流通环节增值税政策的通知》(财税〔2012〕75 号)第一条

4.《财政部　税务总局关于延续宣传文化增值税优惠政策的公告》(财政部　税务总局公告 2021 年第 10 号)第二条

5.《财政部　税务总局关于延续实施宣传文化增值税优惠政策的公告》(财政部　税务总局公告 2023 年第 60 号)第二条

34. 如何理解增值税零税率的适用范围?

(《增值税法》第十、三十三条)

《增值税法》第十条规定了零税率,内容共两项:其一,纳税人出口货物,税率为零;国务院另有规定的除外。其二,境内单位和个人跨境销售国务院规定范围内的服务、无形资产,税率为零。

一、零税率的法理基础

零税率是一种完全取消特定商品、服务或特定交易的增值税的方法。对于采用税额抵扣型增值税的国家而言,如我国,零税率的产品销售方无须缴纳增值税。此销售被归为适用零税率的应税交易。该交易属于应税交易,因此销售方有权对用于提供该销售的应税采购中所含的增值税额申请进项抵扣。根据《增值税法》第三十三条的规定,纳税人出口货物或者跨境销售服务、无形资产适用零税率的,应当向主管税务机关申报办理退(免)税。因此,零税率是通过出口退(免)税制度实现的。

增值税对生产、流通环节课税,基于消除对消费重复征税的目的,对于跨境交易的征税存在"生产地原则"和"最终消费地原则"(或称"目的地原则")两种模式,前者指在销售方所在地征税、购买方(进口方)所在地退税,后者指在购买方(进口方)所在地征税、销售方所在地退税。在销售方所在地对跨境交易征税,各国(地区)的税率差异可能扭曲经济地理的分布;此外,如果跨境交易在购买方所在地被再次征税,从而抬高商品或服务的价格,那么销售方将丧失价格优势,其商品或服务的竞争力也会被削弱。对消费的征税更普遍采用的是最终消费地原则,也是世界贸易组织所倡导的模式。

2003 年,《国务院关于改革现行出口退税机制的决定》(国发〔2003〕

24号)总结了我国出口退税政策的作用与经验:“我国从1985年开始实行出口退税政策,1994年财税体制改革以后继续对出口产品实行退税。出口退税政策的实施,对增强我国出口产品的国际竞争力,扩大出口,增加就业,保证国际收支平衡,增加国家外汇储备,促进国民经济持续快速健康发展发挥了重要作用。”换言之,在投资型经济发展模式下,出口退税的存在是必要的,也是必需的。

二、出口货物零税率的适用

如前所述,在最终消费地征税原则下,出口产品将在本国之外的税收管辖区消费,因此出口货物的零税率并非一种优待,而是因为出口货物超出了本国税收管辖权的范围。但并非所有的出口货物均可适用零税率,《增值税法》规定“国务院另有规定的除外”,从实践中看:一方面,目前主要通过对特定产品取消退税政策实现这一除外规定,如《财政部 税务总局关于调整出口退税政策的公告》(财政部 税务总局公告2024年第15号)取消铝材、铜材以及化学改性的动、植物或微生物油、脂等产品出口退税;另一方面,目前主要是以财政部、国家税务总局公告的形式调整相关的政策规定,但是《增值税法》实施之后,特定货物的出口退税政策的立法权则应由国务院行使。

为何特定货物的出口退税政策会面临调整?一般来说主要有以下原因:一是为了缓解外界批评,安抚贸易伙伴,避免成为国际贸易纠纷的靶心。二是利用出口退税工具倒逼产能过剩行业市场化出清,加速相关行业、产业的整合。三是为了减轻财政歉收阶段的沉重包袱。

三、服务与无形资产的零税率的适用

与出口货物原则零税率、例外由国务院规定的立法不同,出口服务与无形资产则是国务院规定范围内的适用零税率,而原则上不适用零税率。

目前服务与无形资产的零税率范围主要依据是《财政部 国家税务总局关于全面推开营业税改征增值税试点的通知》(财税〔2016〕36号)附件4《跨境应税行为适用增值税零税率和免税政策的规定》,中华人民共和国境内的单位和个人销售的国际运输服务、航天运输服务,向境外单位提供的完全在境外消费的研发服务等服务,以及财政部和国家税务总局规定的其他服务,适用增值税零税率政策。具体包括:

1. 国际运输服务。(1)在境内载运旅客或者货物出境。(2)在境外载运旅客或者货物入境。(3)在境外载运旅客或者货物。

2. 航天运输服务。

3. 向境外单位提供的完全在境外消费的下列服务:(1)研发服务。(2)合同能源管理服务。(3)设计服务。(4)广播影视节目(作品)的制作和发行服务。(5)软件服务。(6)电路设计及测试服务。(7)信息系统服务。(8)业务流程管理服务。(9)离岸服务外包业务。包括信息技术外包服务(ITO)、技术性业务流程外包服务(BPO)、技术性知识流程外包服务(KPO),其所涉及的具体业务活动,按照《销售服务、无形资产、不动产注释》相对应的业务活动执行。(10)转让技术。

4. 财政部和国家税务总局规定的其他服务。

专业提示

零税率是增值税税率中的一档,只要符合税法规定,就可以适用增值税零税率,并按月向主管退税的税务机关申报办理增值税退(免)税手续。在简易计税方法下,零税率和免税没有区别。《跨境应税行为适用增值税零税率和免税政策的规定》对此予以明确规定:"境内的单位和个人提供适用增值税零税率的服务或者无形资产,如果属于适用简易计税方法的,实行免征增值税办法。"因此,对于适用一般计税方法的纳税人而言,应严格区分二者的适用。

关联规则

1.《增值税法》第十、三十三条

2.《国务院关于改革现行出口退税机制的决定》(国发〔2003〕24 号)

3.《财政部　国家税务总局关于全面推开营业税改征增值税试点的通知》(财税〔2016〕36 号)附件 4《跨境应税行为适用增值税零税率和免税政策的规定》

35. 如何理解出口退免税的运行机制和我国出口退税的政策?

(《增值税法》第三十三条)

《增值税法》第十条规定了零税率的适用情形,第三十三条明确规定:“纳税人出口货物或者跨境销售服务、无形资产,适用零税率的,应当向主管税务机关申报办理退(免)税。出口退(免)税的具体办法,由国务院制定。”

一、出口退税“免、抵、退”的基本原理和出口退税率

出口适用零税率的法理基础在于增值税的消费地课税原则,由于产品在该环节没有用于消费,因此企业此前所支付的进项税额都应退还。在我国退还的方式主要是从应当交还给国家的销项税额中予以扣除,即间接退税。具体操作中,出口退税率的概念尤为重要。

例　甲企业为外贸企业,境内无销售,适用一般计税方法。甲企业购进一批人造石制砖,支付价款113万元,取得增值税专用发票,注明金额100万元、税额13万元。甲企业将该批人造石制砖用于出口,只有退还其13万元进项税额,才能让该批人造石制砖无税进入外国市场,参与竞争。

由于甲企业没有在境内销售,计算该批货物的进项税额很容易。但进项税额的计算对于生产企业退税来说就较为复杂,理论上一般无法将出口商品所含的对应原材料、水电、机器设备等的进项税额精确计算并退还给企业,因此一般来说只对出口产品实行征退税率一致的政策。对于前述甲企业来说,若出口退税率为13%则可以实现其无增值税进入国际市场的目的。当然,如果国家要对某产业进行补贴,那么实际退税率可能高于征税时的适用税率。

如果企业一方面有退税，另一方面在国内还有销售须缴纳增值税，那么可将二者互抵。如果抵完仍需要缴税，则为补缴；如还有可退税额，就将余额退税。此即出口退税“免、抵、退”的基本原理。

二、出口退税率的调整

2020 年 3 月 20 日起，根据《财政部　税务总局关于提高部分产品出口退税率的公告》（财政部　税务总局公告 2020 年第 15 号）的规定，将瓷制卫生器具等 1084 项产品出口退税率提高至 13%，植物生长调节剂等 380 项产品出口退税率提高至 9%。自此，我国出口退税率调整为 13%、9%、6%、0% 四档。出口商品除“两高一资”（出口退税率文库中退税率为零）的商品外，已基本实现了出口全额退税。

出口全额退税，即出口退税率与该货物的适用税率保持一致，可以实现完全的零税率，但若出口退税率降低则其对应的进项税额不能得到完全的抵扣。

仍然以前述甲企业为例，人造石制砖的出口退税率为 13% 时，甲企业可以实现完全的无增值税参与国际竞争。但根据《财政部　税务总局关于调整出口退税政策的公告》（财政部　税务总局公告 2024 年第 15 号）的规定，部分成品油、光伏、电池、部分非金属矿物制品的出口退税率由 13% 下调至 9%。人造石制砖属于出口退税率下调的货物。因此，甲企业按照 9% 的退税率，只能收到 9 万元的退税额，相当于向国家缴纳 4 万元的税额。

而出口退税率为零的货物，属于国家明确取消出口退（免）税的货物，意味着出口货物的税率不为零，属于《增值税法》第十条第四项的“另有规定的除外”。

三、出口退税的计算

1. 生产企业的出口退税

生产企业货物、服务和无形资产的增值税采用“免、抵、退”方式计算出口退税额。

“免”,是指对生产企业出口的自产货物,免征企业生产销售环节的增值税。如出口退税率与适用税率一致,即当期免抵退税时不得免征和抵扣的税额为零。

“抵”,是指用生产企业出口的自产货物所耗用的原材料、零部件等应予退还的进项税额,抵内销货物的应纳税款。该应纳税额不包括增值税即征即退、先征后退的应纳税额,这些项目需要单独核算。

“退”,是指生产企业出口的自产货物在当期内因应抵进项税额大于应纳税额而未抵完的税额,经主管退税机关批准后,予以退税。

2. 外贸企业的出口退税

外贸企业出口退税的计算相对简单,即:

应退税额 = 增值税退(免)税计税依据 × 出口货物退税率

专业提示

零税率的适用是通过出口退(免)税实现的,纳税人出口货物、服务或无形资产时,退还或免征其在国内生产和流通环节按税法规定缴纳的增值税,从而实现零税率。我国绝大多数的货物均实现了出口全额退税,而不予退税或出口退税率低于适用税率的产品,主要是基于对相关政策的考量。对于纳税人来说,应为真实的出口,出口企业应当避免“假自营、真代理”的违法出口行为。

关联规则

1.《增值税法》第十、三十三条

2.《财政部　税务总局关于提高部分产品出口退税率的公告》（财政部　税务总局公告2020年第15号）第一条

3.《财政部　税务总局关于调整出口退税政策的公告》（财政部　税务总局公告2024年第15号）第二条

36. 如何理解我国出口退税率政策及其调节功能?

(《增值税法》第十条)

在出口退(免)税的计算中,出口退税率对于零税率的实现以及纳税人出口产品在海外市场的竞争力密切相关,因此零税率是否适用以及如何适用主要通过出口退税率体现。

一、我国出口退税率的政策沿革

2003 年《财政部　国家税务总局关于调整出口货物退税率的通知》(财税〔2003〕222 号)出台,规定自 2004 年 1 月 1 日起,调低或取消国家限制性出口产品和部分资源性产品的出口退税率。

2006 年,《中华人民共和国国民经济和社会发展第十个五年规划纲要》第一次明确指出:“控制高耗能、高污染和资源性产品出口……促进国内产业升级。”自此,具有“高耗能、高污染和资源性”即“两高一资”特点的产业和产品,在出口退税方面开始受到一系列限制。

2006 年,财政部、发展改革委、商务部、海关总署、国家税务总局联合发布《关于调整部分商品出口退税率和增补加工贸易禁止类商品目录的通知》(财税〔2006〕139 号),对煤炭、天然气、石蜡、沥青、硅、砷、石料材、有色金属及废料等产品取消出口退税,同时降低了钢材的出口退税率(2007 年起,我国先后多次取消部分钢材产品的出口退税①,2021 年取消了所有钢铁产品的出口退税②)。

2020 年,国家发展改革委、工业和信息化部、财政部、人民银行四部

---

① 如《财政部　国家税务总局关于调整钢材出口退税率的通知》(财税〔2007〕64 号)、《财政部　国家税务总局关于取消部分商品出口退税的通知》(财税〔2010〕57 号)、《关于取消部分钢铁产品出口退税的公告》(财政部　税务总局公告 2021 年第 16 号)。

② 《关于取消钢铁产品出口退税的公告》(财政部　税务总局公告 2021 年第 25 号)。

门联合印发《关于做好 2020 年降成本重点工作的通知》（发改运行〔2020〕1183 号），提出对除“两高一资”外所有未按名义税率退税的出口产品全部实现足额退税。

二、现行出口退税率的规则体系

目前我国出口货物的增值税出口退税率规定如下：

1. 除财政部和国家税务总局根据国务院决定而明确的增值税出口退税率外，出口货物的退税率为其适用税率。

2. 出口退税率为零的货物主要有两种：第一种为征税率为零即纳税人免税购进的货物，该类货物出口免税；第二种为征税率不为零，但属于需要视同内销的货物。

根据《财政部　国家税务总局关于出口货物劳务增值税和消费税政策的通知》（财税〔2012〕39 号）第七条的规定，出口企业出口或视同出口财政部和国家税务总局根据国务院决定明确的取消出口退（免）税的货物（不包括来料加工复出口货物、中标机电产品、列名原材料、输入特殊区域的水电气、海洋工程结构物）不适用增值税退（免）税和免税政策，适用增值税征税政策。

3. 外贸企业购进按简易办法征税的出口货物、从小规模纳税人处购进的出口货物，其退税率分别为按简易办法实际执行的征收率、小规模纳税人征收率。上述出口货物取得增值税专用发票的，退税率按照增值税专用发票上的税率和出口货物退税率孰低的原则确定。

4. 出口企业委托加工、修理修配货物，其加工、修理修配费用的退税率，为出口货物的退税率。

5. 中标机电产品、出口企业向海关报关进入特殊区域销售给特殊区域内生产企业生产耗用的列名原材料、输入特殊区域的水电气，其退税率为适用税率。如果国家调整列名原材料的退税率，那么应当自调整之日起按调整后的退税率执行。

6.海洋工程结构物退税率的适用,参见《财政部　国家税务总局关于出口货物劳务增值税和消费税政策的通知》(财税〔2012〕39号)附件3《海洋工程结构物和海上石油天然气开采企业的具体范围》、《财政部　国家税务总局关于调整中外合作海上油(气)田开采企业名单的通知》(财税〔2017〕10号)和《财政部　税务总局关于更新中外合作油(气)田开采企业名单的通知》(财税〔2023〕51号)。

7.适用不同退税率的货物和劳务,应分开报关、核算并申报退(免)税,未分开报关、核算或划分不清的,从低适用退税率。

专业提示

对于出口企业来说,取消或降低出口退税率无疑会带来企业现实的增值税可退税额的减少。然而,从国家出口退税政策调整的方向来看,以《财政部　税务总局关于调整出口退税政策的公告》(财政部　税务总局公告2024年第15号)对铜材取消出口退税为例,此次从名录中取消出口退税的对象仅为铜铝初级加工产品,而对于铜铝制品等高附加值产品仍维持出口退税,显示鼓励加工产品向高附加值转变的政策导向,体现了税收政策服务于高质量发展。

因此生产企业应避免在初级加工产业链的内卷,提升技术含量和产品附加值,从而获取更大的竞争优势。

关联规则

1.《增值税法》第十、三十三条

2.《财政部　税务总局关于调整出口退税政策的公告》(财政部　税务总局公告2024年第15号)

3.《财政部　国家税务总局关于出口货物劳务增值税和消费税政策的

通知》(财税〔2012〕39 号)

4.《财政部　国家税务总局关于调整出口货物退税率的通知》(财税〔2003〕222 号)

5.《财政部、发展改革委、商务部、海关总署、国家税务总局关于调整部分商品出口退税率和增补加工贸易禁止类商品目录的通知》(财税〔2006〕139 号)

6.《关于做好 2020 年降成本重点工作的通知》(发改运行〔2020〕1183 号)

7.《财政部　国家税务总局关于出口货物劳务增值税和消费税政策的通知》(财税〔2012〕39 号)附件 3《海洋工程结构物和海上石油天然气开采企业的具体范围》

8.《财政部　国家税务总局关于调整中外合作海上油(气)田开采企业名单的通知》(财税〔2017〕10 号)

9.《财政部　税务总局关于更新中外合作油(气)田开采企业名单的通知》(财税〔2023〕51 号)

37. 如何界定增值税中的混合应税交易？如何判断混合应税交易中的主要业务？

（《增值税法》第十三条）

“混合销售”是增值税（营业税）的重要概念，《增值税法》第十三条明确规定，纳税人发生一项应税交易涉及两个以上税率、征收率的，按照应税交易的主要业务适用税率、征收率。规定中虽不再提及“混合”概念，但仍是“混合应税交易”的特征，同时通过立法明确了以“应税交易的主要业务”为判断标准。

一、混合销售行为适用税法规则的历史沿革

在增值税和营业税分立的年代，由于征税范围不同、主管税务机关不同、税收归属不同，对于一个销售行为既涉及增值税的货物销售、又涉及营业税的服务销售的，销售货物和服务的行为无法完全区分，因此为了确保税法适用的准确和统一，无论是增值税法律制度还是营业税法律制度均规定了混合销售。《增值税暂行条例实施细则》第五条第一款规定“一项销售行为如果既涉及货物又涉及非增值税应税劳务，为混合销售行为……”，《营业税暂行条例实施细则》（已失效）第六条第一款规定“一项销售行为如果既涉及应税劳务又涉及货物，为混合销售行为……”，二者关于混合销售行为的界定基本一致。

对于混合销售行为确定税法适用的核心在于其性质的界定，采用的标准既要符合增值税、营业税对各自征税范围确定的要求，也要符合税法的公平要求、对税法的基本认知，还应具有较强的可操作性，因此无论是增值税还是营业税制度都采取了以主业作为判断标准的方式。《增值税暂行条例实施细则》第五条第一款规定：“……从事货物的生产、批发或者零售的企业、企业性单位和个体工商户的混合销售行为，视为销售货物，应当缴纳增值税；其他单位和个人的混合销售行为，视为销售非增值税应税劳务，不缴纳增值税。”而《营业税暂行条例实施细则》（已失效）第六条第一款规定：“……从事货物的生产、批发或者零售的企业、企业性单位和个体工商户的混合销售行为，视为销售货物，不缴纳营业税；其他单位和个人的混合销售行为，视为提供应税劳务，缴纳营业税。”

对于何谓“从事货物的生产、批发或者零售的企业、企业性单位和个体工商户”，两个实施细则的解释基本一致，包括以从事货物的生产、批发或者零售为主，并兼营非增值税应税劳务（营业税应税劳务）的企业、企业性单位和个体工商户。

“营改增”后，由于对货物和营业税应税劳务都征收增值税，理论上混合销售的概念也随之消失。但混合销售的规范仍有其必要性。《财政部　国家税务总局关于全面推开营业税改征增值税试点的通知》（财税〔2016〕36 号）附件 1《营业税改征增值税试点实施办法》第四十条第一款对混合销售及其税目适用的规定基本沿袭了既有制度，明确规定混合销售为一项“既涉及服务又涉及货物”的销售行为，“从事货物的生产、批发或者零售的单位和个体工商户的混合销售行为，按照销售货物缴纳增值税；其他单位和个体工商户的混合销售行为，按照销售服务缴纳增值税”。

二、《增值税法》框架下如何判断混合应税交易

1. 一项应税交易

无论是《增值税暂行条例实施细则》，还是《财政部　国家税务总局关于全面推开营业税改征增值税试点的通知》（财税〔2016〕36 号），抑或是《增值税法》，“混合”的前提都是发生一项应税交易，而非多项。换言之，如果纳税人经营的业务中，有两项或多项销售行为，但是这两项或多项销售行为没有直接的关联和从属关系，业务的发生互相独立，那么该行为不属于混合应税交易。

2. 不再限于货物与服务的组合

一直以来,"混合销售"限于货物与服务的组合,而其他组合方式,如销售货物与销售不动产不属于混合销售。《增值税法》则突破了这一范围限定,只要涉及两个以上税率、征收率,均为混合应税交易。换言之,其核心在于税率或征收率的不同,而非税目不同。

3. 如何理解税率或征收率的不同

根据《增值税法》的规定,税率有四档、征收率有一档,因此涉及两个以上税率毫无疑问是涉及不同的应税项目,但简易计税方法适用于小规模纳税人,同时征收率目前仅3%一档。因此,如果理解为适用两个以上征收率,那么征收率存在特殊情形的特殊规定;如果理解为适用一个税率和一个征收率,那么也存在简易计税不适用于小规模纳税人的情形。无论为何,有待于实施条例进一步明确。

三、如何判断主要业务

如何判断混合应税交易的主业?实践中"主要业务"一般是通过判断纳税人提供的年销售额中占全部销售额的比重超过50%的业务来认定的,也有按照企业登记的主行业进行判定的方法。还有观点认为,"按照应税交易的主要业务适用税率、征收率"的措辞更偏向于从应税交易的交易层面逐笔分析主要业务。

第一种,以年销售额占全部销售额的比例大于50%判定主要业务。其法律依据源于《财政部　国家税务总局关于增值税、营业税若干政策规定的通知》,"以从事货物的生产、批发或者零售为主,并兼营非增值税应税劳务"的具体标准是指纳税人的年货物销售额与非增值税应税劳务营业额的合计数中,年货物销售额超过50%,非增值税应税劳务营业额不到50%。虽然该条款已于2009年宣告废止,但该方法符合传统增值税政策中关于主业的判定习惯，以此确定纳税人主要业务，进而确定其常规业态适用的税率、征收率，可以减少纳税人与税务机关的分歧，降低遵从成本，提高征管效率。

第二种，以营业执照注明的经营范围判定主要业务。然而在实践中，企业超越经营范围订立合同并不当然无效，《民法典》第五百零五条对此予以明确。虽然《企业经营范围登记规定》规定"经营范围是企业从事经营活动的业务活动范围"，然而此种限制也随着《企业经营范围登记管理规定》(中华人民共和国国家工商行政管理总局令第76号)的废止已不再足以约束市场主体。根据《市场主体登记管理条例》(中华人民共和国国务院令第746号)第十四条规定，"市场主体的经营范围包括一般经营项目和许可经营项目"。其中，对于一般经营项目企业可以自主决定经营，通常无须特定批准或许可。换言之，虽然经营范围最为直观也最具公信力，但无论从市场活动还是市场监管的角度，"经营范围"已经无法反映市场主体经营活动的实质，特别是营业执照上的经营范围通常很广，甚至横跨第一、第二、第三产业，单独采用这一标准已无法准确判断企业的主要业务。

第三种，从交易层面判断主要业务确定适用的税率、征收率，更接近增值税作为流转税的实质。但是这种方法的标准多元化，在目前增值税适用多档税率、征收率的背景下，导致纳税人的主观性较强，遵从难度相对较大。如果对交易各组成部分的成本或其他财务指标占比进行分析，那么采购成本、服务人员的变化，都可能导致成本构成发生较大变化。如果从交易层面进行判断，那么对于交易细节的把握则更加复杂，对于存在补充协议的场合则更难以掌握全部信息。庞大的数据信息及其分析，还会带来算法偏差的风险。

专业提示

由于商事交易的复杂和多元,混合销售在实践中非常常见。对于纳税人而言,适用混合应税交易,需要判断:是否只发生了一项应税交易?是否针对同一客户发生的?经济业务实质是否只有一笔?合同标的是否只有一项?不同的应税项目之间是否具有关联从属关系?从而确保准确适用增值税法律制度。

关联规则

1.《增值税法》第十三条

2.《民法典》第五百零五条

3.《财政部　国家税务总局关于全面推开营业税改征增值税试点的通知》(财税〔2016〕36 号)附件 1《营业税改征增值税试点实施办法》第四十条

4.《增值税暂行条例实施细则》第五条

5.《财政部　国家税务总局关于增值税、营业税若干政策规定的通知》(财税字〔1994〕26 号)

6.《中华人民共和国市场主体登记管理条例》(中华人民共和国国务院令第 746 号)第十四条

38. 如何界定增值税中的兼营？如何判断兼营与混合应税交易的区别？

(《增值税法》第十二条)

“兼营”是增值税(营业税)的重要概念,《增值税法》第十二条明确规定:纳税人发生两项以上应税交易涉及不同税率、征收率的,应当分别核算适用不同税率、征收率的销售额;未分别核算的,从高适用税率。虽然该条并未使用“兼营”二字,而是以更统一、更具概念化的“两项以上应税交易”来表述,但仍具有兼营的特征。

一、兼营行为税法适用规则的历史沿革

广义的兼营概念,既包括分别在增值税或营业税领域内,适用不同税目的行为,如增值税纳税人销售享受优惠税率的货物和加工、修理修配劳务,又如营业税纳税人销售餐饮服务和娱乐服务,也包括纳税人既有增值税应税行为又有营业税应税行为的销售。从销售和征税的实质角度来看,广义兼营和狭义兼营的区分标准没有差异,但在增值税和营业税分立的年代,由于征税范围不同、主管税务机关不同、税收归属不同,因此对于兼营行为规范的核心取决于纳税人的营业额和销售额是否分别核算,对于未分别核算的由于涉及不同税种,因而由主管税务机关核定销售额或营业额进行增值税或营业税的征收。

《增值税暂行条例实施细则》第七条规定:“纳税人兼营非增值税应税项目的,应分别核算货物或者应税劳务的销售额和非增值税应税项目的营业额;未分别核算的,由主管税务机关核定货物或者应税劳务的销售额。”

《营业税暂行条例实施细则》(已失效)第八条规定:“纳税人兼营应税行为和货物或者非应税劳务的,应当分别核算应税行为的营业额和货物或者非应税劳务的销售额,其应税行为营业额缴纳营业税,货物或者非应税劳务销售额不缴纳营业税;未分别核算的,由主管税务机关核定其应税行为营业额。”

“营改增”后,由于多档税率的存在,兼营的规范仍有其必要性。《财政部　国家税务总局关于全面推开营业税改征增值税试点的通知》(财税〔2016〕36号)附件1《营业税改征增值税试点实施办法》第三十九条规定:“纳税人兼营销售货物、劳务、服务、无形资产或者不动产,适用不同税率或者征收率的,应当分别核算适用不同税率或者征收率的销售额;未分别核算的,从高适用税率。”

二、如何判断兼营行为

1. 两项以上应税交易

与混合应税交易的“一项应税交易”不同,兼营规范的是涉及不同税率、征收率的“两项以上应税交易”。如增值税的征税范围包括销售货物、服务、无形资产和不动产。如果一个公司经营行为涉及上述两类及以上的业务,且业务之间并没有从属关系,则可以称为兼营销售。

2. 两项以上应税交易的判断

与混合应税交易的“一项应税交易”不同,兼营中,销售货物、服务、无形资产和不动产,可能发生在同一购买者身上,也可能发生在不同购买者身上;如摩托销售公司分别向甲和乙销售摩托车,后为乙提供摩托车维修服务。因此,不能以款项的支付者是一人还是多人直接作为是混合应税交易还是兼营的判断标准。

例　甲某逛商场时,看中一台最新款的空调,商场还提供空调上门安装服务。商场既提供销售电器的服务,又提供上门安装服务。不论这个服务是收费还是免费,服务和货物都具有关联从属关系,属于一项应税交易,所以属于混合应税交易。

甲某买完空调后，顺便在商场吃午饭。商场提供餐饮服务，不以销售商品为前提条件，二者属于独立的应税交易，因此属于兼营行为。

三、特殊的兼营行为

《增值税暂行条例实施细则》第六条规定，特殊的混合销售行为并不适用混合销售的一般处理，而应当分别予以核算，即在税务处理上按照兼营处理。以上规定主要针对销售自产货物并同时提供建筑业劳务的行为和财政部、国家税务总局规定的其他情形。

对于此类特殊的销售，如销售自产设备同时提供安装服务，虽然外观上符合混合销售的要件，但实践中，为了提高施工效率，钢结构、门窗、防水、空调、电梯等建筑专业分包工程，多数是由货物厂商承包的，总承包单位会与厂商订立一份专业分包合同，将货物的生产与安装交由同一家厂商来完成。如果以销售货物的主业来征税，那么对于企业而言负担过重，因此，此类销售可按兼营处理。

2017 年《国家税务总局关于进一步明确营改增有关征管问题的公告》（国家税务总局公告 2017 年第 11 号）明确，纳税人销售活动板房、机器设备、钢结构件等自产货物的同时提供建筑、安装服务，不属于混合销售，应分别核算货物和建筑服务的销售额，分别适用不同的税率或者征收率。

2018 年《国家税务总局关于明确中外合作办学等若干增值税征管问题的公告》（国家税务总局公告 2018 年第 42 号）进一步明确，一般纳税人销售自产机器设备的同时提供安装服务，应分别核算机器设备和安装服务的销售额，安装服务可以按照甲供工程选择适用简易计税方法计税。

专业提示

实践中可能出现一份合同包含涉及不同税率、征收率的应税交易，从外观看即便一份合同构成了一个独立的民事法律行为，但是从增值税的角度来看却包括多个应税交易。例如，在一份总承包合同中，发包方与既有设计资质也有建筑资质的企业为合同当事人，企业提供设计服务（6%的增值税税率）和建筑服务（9%的增值税税率），企业提供两种服务就属于兼营，应分别核算、分别计税。对于企业而言，分别核算销售额需在销售合同等记载交易的书面文档中，分别注明不同应税交易的价款。

关联规则

1.《增值税法》第十二条

2.《增值税暂行条例实施细则》第六、七条

3.《财政部　国家税务总局关于全面推开营业税改征增值税试点的通知》（财税〔2016〕36号）附件1《营业税改征增值税试点实施办法》第三十九条

4.《国家税务总局关于进一步明确营改增有关征管问题的公告》（国家税务总局公告2017年第11号）第一条

5.《国家税务总局关于明确中外合作办学等若干增值税征管问题的公告》（国家税务总局公告2018年第42号）第六条

39. 兼营分别核算的适用情形？如何理解纳税人未分别核算的税负加重？

（《增值税法》第十二、二十六条）

作为与混合应税交易相对应的概念，兼营不仅适用于“纳税人发生两项以上应税交易涉及不同税率、征收率的”情形（《增值税法》第十二条），还适用于“纳税人兼营增值税优惠项目的”情形（《增值税法》第二十六条）。而增值税的税务处理规定均是分别（单独）核算，对于未分别核算的，纳税人应承担不利后果，或是从高适用税率，或是不得享受税收优惠。

一、不同应税项目的分别核算

以下通过两个案例具体说明。

例1 甲公司是一家物流公司，为增值税一般纳税人，主营运输服务、运输代理服务和装卸搬运服务。假设甲公司2024年12月取得含增值税收入共645万元，其中含增值税货物运输服务收入327万元、含增值税运输代理服务收入212万元、含增值税装卸搬运服务收入106万元。

在现有税法制度下，有两种核算方案。方案一，各项收入混合在一起，不分别核算，即从高适用税率；方案二，分别核算不同项目的收入。两种方案下增值税纳税情况及对企业利润的影响，如表4所示。

表 4　例 1 增值税征收两种方案的对比

单位:万元

方案	征税规定	增值税(销项税)	对企业利润的影响
方案一	从高适用税率	645 ÷ (1 +9%) ×9% ≈53.26	当期收入: 645 −53.26 =591.74
方案二	按不同税率分别计算	327 ÷ (1 +9%) ×9% =27 212 ÷ (1 +6%) ×6% =12 106 ÷ (1 +6%) ×6% =6	当期收入: 645 −27 −12 −6 =600

例 2　乙公司是一家仓储公司,为增值税一般纳税人,主营运输代理服务、仓储服务。假设乙公司 2024 年 12 月取得含增值税收入共 171 万元,其中含增值税货物运输代理服务收入 42.4 万元、含增值税仓储服务收入 106 万元、含增值税经营性租赁车辆收入 22.6 万元。

两种方案下增值税纳税情况及对企业利润的影响,如表 5 所示。

表 5　例 2 增值税征收两种方案的对比

单位:万元

方案	征税规定	增值税(销项税)	对企业利润的影响
方案一	从高适用税率	171 ÷ (1 +13%) ×13% ≈19.67	当期收入: 171 −19.67 =151.33
方案二	按不同税率分别计算	42.4 ÷ (1 +6%) ×6% =2.4 106 ÷ (1 +6%) ×6% =6 22.6 ÷ (1 +13%) ×13% =2.6	当期收入: 171 −2.4 −6 −2.6 =160

综上所述,从例 1、例 2 不难看出,不分别核算而导致从高适用时增值税的销项税额更高,也影响了企业收入核算。

二、涉及增值税优惠项目的单独核算

关于税收优惠项目的单独核算,无论是增值税还是营业税均有所规定。《增值税暂行条例》第十六条、《营业税暂行条例》(已失效)第九条的规定基本一致：纳税人兼营免税、减税项目的，应当分别核算免税、减税项目的销售额（营业额）；未分别核算销售额（营业额）的，不得免税、减税。此外，根据《营业税改征增值税跨境应税行为增值税免税管理办法（试行）》（国家税务总局公告2016年第29号）第七条，纳税人发生跨境应税行为免征增值税的，应单独核算跨境应税行为的销售额。

从增值税免税机制的角度来看，分别核算免税、减税项目的销售额，才能准确计算不得抵扣的进项税额。因此，在增值税下单独核算的重要性更甚于营业税。

例3　丙公司为增值税一般纳税人，既生产免税产品也生产应税产品，2024年10月取得销售收入为1000万元，其中：免税产品销售收入500万元、应税产品销售收入500万元（以上收入均不含增值税，适用增值税率为13%）。此外，丙公司购进原材料取得增值税专用发票注明进项税额100万元。

销售额核算方法有以下两种。

方案一：销售额未分别核算，不得享受优惠：

本期应纳增值税额 = 1000万元 × 13% − 100万元 = 30万元

方案二：销售额分别核算：

根据《财政部　国家税务总局关于全面推开营业税改征增值税试点的通知》（财税〔2016〕36号）附件1《营业税改征增值税试点实施办法》第二十九条的规定，适用一般计税方法的纳税人，兼营简易计税方法计税项目、免征增值税项目而无法划分不得抵扣的进项税额，按照下列公式计算不得抵扣的进项税额：

不得抵扣的进项税额 = 当期无法划分的全部进项税额 ×（当期简易计税方法计税项目销售额 + 免征增值税项目销售额）÷ 当期全部销售额

本期应纳增值税额 = 500万元 × 13% −（100万元 − 100万元 × 500 ÷

1000)=15 万元

因此,分别核算时的增值税的税负更低。

专业提示

现代企业多元化经营非常常见,有应税项目也有免税、减税项目,经营的应税项目涉及不同税率、征收率。对于企业而言,最好的税务合规便是税法遵从,从兼营这一角度来看,分别核算税额不仅减轻税务合规风险,而且有利于企业更好地享受国家税收优惠政策,降低税负。

关联规则

1.《财政部　国家税务总局关于全面推开营业税改征增值税试点的通知》(财税〔2016〕36 号)附件 1《营业税改征增值税试点实施办法》第二十九条

2.《增值税暂行条例》第十六条

3.《营业税改征增值税跨境应税行为增值税免税管理办法(试行)》(国家税务总局公告 2016 年第 29 号)第七条

4.《增值税法》第十二、二十六条

40. 我国税制体系中增值税征收率的适用包括哪些情形?

(《增值税法》第十一条)

增值税的征收率是指增值税纳税人在按法律规定采用简易计税方法下所适用的增值税征收比率。在普遍适用税额抵扣型增值税的情形下,有部分纳税人很难核算齐全或者按规定取得增值税专用发票进行进项抵扣,其可以按照通过一定的测算办法计算模拟得出的增值税征收率计算应纳税额。

“营改增”后,我国增值税征收率有两档:3% 和 5% ,不仅适用于小规模纳税人,也适用于一般纳税人选择简易计税方法的情形。

一、不动产

根据《财政部　国家税务总局关于全面推开营业税改征增值税试点的通知》(财政〔2016〕36 号)附件 2《营业税改征增值税试点有关事项的规定》,销售不动产的,适用 5% 的征收率,具体包括:

1. 一般纳税人:(1)销售其 2016 年 4 月 30 日前取得(不含自建)的不动产,可以选择适用简易计税方法,以取得的全部价款和价外费用减去该项不动产购置原价或者取得不动产时的作价后的余额为销售额,按照 5% 的征收率计算应纳税额。(2)销售其 2016 年 4 月 30 日前自建的不动产,可以选择适用简易计税方法,以取得的全部价款和价外费用为销售额,按照 5% 的征收率计算应纳税额。(3)房地产开发企业中的一般纳税人,销售自行开发的房地产老项目,可以选择适用简易计税方法,按照 5% 的征收率计税。

2. 小规模纳税人:(1)销售其取得(不含自建)的不动产(不含个体工商户销售购买的住房和其他个人销售不动产),应以取得的全部价款和价外费用减去该项不动产购置原价或者取得不动产时的作价后的余额为销售额，按照5%的征收率计算应纳税额。(2)销售其自建的不动产，应以取得的全部价款和价外费用为销售额，按照5%的征收率计算应纳税额。(3)房地产开发企业中的小规模纳税人，销售自行开发的房地产项目，按照5%的征收率计税。

3. 其他个人销售其取得(不含自建)的不动产(不含其购买的住房)，应以取得的全部价款和价外费用减去该项不动产购置原价或者取得不动产时的作价后的余额为销售额，按照5%的征收率计算应纳税额。

二、劳务派遣服务等

根据《财政部　国家税务总局关于进一步明确全面推开营改增试点有关劳务派遣服务、收费公路通行费抵扣等政策的通知》(财税〔2016〕47号)，劳务派遣服务，适用5%或3%的征收率，具体包括：

1. 一般纳税人提供劳务派遣服务，可以选择差额纳税，以取得的全部价款和价外费用，扣除代用工单位支付给劳务派遣员工的工资、福利和为其办理社会保险及住房公积金后的余额为销售额，按照简易计税方法依5%的征收率计算缴纳增值税。

2. 小规模纳税人提供劳务派遣服务，可以以取得的全部价款和价外费用为销售额，按照简易计税方法依3%的征收率计算缴纳增值税；也可以选择差额纳税，以取得的全部价款和价外费用，扣除代用工单位支付给劳务派遣员工的工资、福利和为其办理社会保险及住房公积金后的余额为销售额，按照简易计税方法依5%的征收率计算缴纳增值税。

根据《财政部　国家税务总局关于进一步明确全面推开营改增试点有关再保险　不动产租赁和非学历教育等政策的通知》(财税〔2016〕68号)，纳税人提供安全保护服务，比照劳务派遣服务政策执行。

根据《财政部　国家税务总局关于明确金融 房地产开发 教育辅助服务等增值税政策的通知》(财税〔2016〕140 号)，纳税人提供武装守护押运服务，按照“安全保护服务”缴纳增值税。

三、收费公路通行费

根据《财政部　国家税务总局关于进一步明确全面推开营改增试点有关劳务派遣服务、收费公路通行费抵扣等政策的通知》(财税〔2016〕47 号)，公路经营企业中的一般纳税人收取试点前开工的高速公路的车辆通行费，可以选择适用简易计税方法，减按 3% 的征收率计算应纳税额。

四、人力资源外包服务

根据《财政部　国家税务总局关于进一步明确全面推开营改增试点有关劳务派遣服务、收费公路通行费抵扣等政策的通知》(财税〔2016〕47 号)，一般纳税人提供人力资源外包服务，可以选择适用简易计税方法，按照 5% 的征收率计算缴纳增值税。

五、不动产经营租赁服务

根据《财政部　国家税务总局关于进一步明确全面推开营改增试点有关再保险　不动产租赁和非学历教育等政策的通知》(财税〔2016〕68 号)，不动产经营租赁服务适用简易计税方法，征收率具体如下：

1. 房地产开发企业中的一般纳税人，出租自行开发的房地产老项目，可以选择适用简易计税方法，按照 5% 的征收率计算应纳税额。

2. 房地产开发企业中的小规模纳税人，出租自行开发的房地产项目，按照 5% 的征收率计算应纳税额。

六、其他服务

1. 根据《财政部　国家税务总局关于进一步明确全面推开营改增试点有关再保险　不动产租赁和非学历教育等政策的通知》(财税〔2016〕

68 号),一般纳税人提供非学历教育服务,可以选择适用简易计税方法,按照 3% 征收率计算应纳税额。

2. 根据《财政部　国家税务总局关于明确金融 房地产开发 教育辅助服务等增值税政策的通知》(财税〔2016〕140 号),非企业性单位中的一般纳税人提供的研发和技术服务、信息技术服务、鉴证咨询服务,以及销售技术、著作权等无形资产,可以选择适用简易计税方法,按照 3% 征收率计算缴纳增值税。

非企业性单位中的一般纳税人提供“技术转让、技术开发和与之相关的技术咨询、技术服务”,可以选择适用简易计税方法,按照 3% 征收率计算缴纳增值税。

3. 一般纳税人提供教育辅助服务,可以选择适用简易计税方法,按照 3% 征收率计算缴纳增值税。

七、基于税收优惠的征收率规定

对于一些特殊的纳税事项规定减按征收,属于一种税收优惠政策。目前基本有两种情况:(1)纳税人销售使用过的不得抵扣进项税额的固定资产(不含不动产),按 3% 的征收率,减按 2% 征收增值税。(2)自然人出租住房,适用 5% 的征收率,减按 1.5% 征收增值税。

专业提示

《增值税法》将现行税制征收率由两档简并为一档,这意味着以前如果适用 5% 征收率的应税交易征收率降为 3% 。由于目前实践中一些优惠政策之下实际征收率低于 3% 的,相关优惠政策依然保留,因而在增值税授权之下,这一优惠政策依然保留。

需要关注的是,目前简易计税的诸多规定适用于一般纳税人,而《增值税法》规定简易计税的适用主体为小规模纳税人,但尚不能排除 2025 年通过其他方式明确现行规定继续适用。征收率降低的背景下,如果能继续适用简易计税,纳税人则可以获得现实的税负减轻。

关联规则

1.《增值税法》第八、十一条

2.《财政部　国家税务总局关于全面推开营业税改征增值税试点的通知》(财税〔2016〕36 号)附件 2《营业税改征增值税试点有关事项的规定》第一条

3.《财政部　国家税务总局关于进一步明确全面推开营改增试点有关劳务派遣服务、收费公路通行费抵扣等政策的通知》(财税〔2016〕47 号)第一、二、三条

4.《财政部　国家税务总局关于进一步明确全面推开营改增试点有关再保险　不动产租赁和非学历教育等政策的通知》(财税〔2016〕68 号)第二、三、四条

5.《财政部　国家税务总局关于明确金融　房地产开发　教育辅助服务等增值税政策的通知》(财税〔2016〕140 号)第十二、十四条

41. 如何理解增值税预征率的适用?

除税率、征收率外,增值税法律制度中还有预征率的规定,主要规定在增值税税收征管制度中。预征率制度主要是为了保障税源、实现税款入库。

预征率主要集中于房地产相关行业,主要涉及纳税人(不含其他个人)跨地(市、州)提供建筑服务、房地产开发企业预售自行开发的房地产项目、纳税人(不含其他个人)出租与机构所在地不在同一县(市)的不动产等的预缴税款。

一、提供建筑服务预缴增值税

根据《纳税人跨县(市、区)提供建筑服务增值税征收管理暂行办法》,单位和个体工商户跨县(市、区)提供建筑服务,应按照规定的2%的预征率或3%的征收率,向建筑服务发生地主管税务机关预缴税款,向机构所在地主管税务机关申报纳税。其中,适用一般计税方法的预征率为2%,而且是以纳税人取得的全部价款和价外费用扣除支付的分包款后的余额为计算预缴税款的基数,充分考虑了建筑业纳税人的税负水平。

纳税人提供建筑服务取得预收款,应在收到预收款时预缴增值税。

二、转让不动产预缴增值税

根据《纳税人转让不动产增值税征收管理暂行办法》,纳税人(不包括其他个人)转让不动产,应按照规定的5%的预征率向不动产所在地主管税务机关预缴税款,向机构所在地主管税务机关申报纳税。

根据《房地产开发企业销售自行开发的房地产项目增值税征收管理暂行办法》,房地产开发企业中的一般纳税人、小规模纳税人采取预收款方式销售自行开发的房地产项目,应在收到预收款时按照3%的预征率预缴增值税。

需注意的是,自然人销售不动产不需要预缴增值税。

三、提供不动产经营租赁服务预缴增值税

根据《纳税人提供不动产经营租赁服务增值税征收管理暂行办法》,一般纳税人以经营租赁方式出租其取得的不动产,若不动产所在地与机构所在地不在同一县(市、区)的,纳税人应按照3%的预征率或5%的征收率向不动产所在地主管税务机关预缴税款,向机构所在地主管税务机关申报纳税。

此外,根据《财政部、税务总局、住房城乡建设部关于完善住房租赁有关税收政策的公告》,住房租赁企业向个人出租住房适用简易计税方法并进行预缴的,减按1.5%预征率预缴增值税。

四、小规模纳税人的预缴增值税问题

根据《国家税务总局关于增值税小规模纳税人减免增值税等政策有关征管事项的公告》,自2023年1月1日至2027年12月31日,按照现行规定应当预缴增值税税款的小规模纳税人,凡在预缴地实现的月销售额未超过10万元的,当期无须预缴税款。在预缴地实现的月销售额超过10万元的,适用3%预征率的预缴增值税项目,减按1%预征率预缴增值税。

五、预征率的计算

一般计税方法的常规预征税额 = 含税计税销售额/(1 + 税率) × 预征率

简易计税方法的常规预征税款 = 含税计税销售额/(1 + 征收率) × 预征率

由于现行制度关于预征率规定的部分适用情形中对于销售额的计算采用差额计税,而《增值税法》既未规定差额计税,也未明确授权国务院制定具体规范,因此相关政策仍有待进一步明确。

专业提示

预征率与征收率的适用之间没有必然的联系,即无论一般计税方法还是简易计税方法下都可能有预缴税款的情形而适用预征率。而预征率在设计时也充分考虑了纳税人的实际经营情况,特别是税制改革后纳税人的税负。但需要注意的是,《增值税法》将征收率统一为3%后,原征收率5%、适用3%预征率的情形,如销售自行开发的房地产项目的预征增值税,就失去了确保税款入库的需要了,应当重新调整此类规则。此外,一些预征率的计算缴纳以差额为计算基础,也面临政策调整的问题。

关联规则

1.《财政部　国家税务总局关于全面推开营业税改征增值税试点的通知》(财税〔2016〕36号)

2.《国家税务总局关于发布〈纳税人跨县(市、区)提供建筑服务增值税征收管理暂行办法〉的公告》(国家税务总局公告2016年第17号)第四条

3.《财政部　税务总局关于建筑服务等营改增试点政策的通知》(财税〔2017〕58号)

4.《国家税务总局关于发布〈纳税人转让不动产增值税征收管理暂行办法〉的公告》(国家税务总局公告2016年第14号)第三条

5.《国家税务总局关于发布〈纳税人提供不动产经营租赁服务增值税征收管理暂行办法〉的公告》(国家税务总局公告2016年第16号)第三条

6.《国家税务总局关于发布〈房地产开发企业销售自行开发的房地产项目增值税征收管理暂行办法〉的公告》(国家税务总局公告2016年第18号)第十、十九条

42. 如何界定增值税的销售额?

(《增值税法》第十七条)

一、增值税销售额范围的规则演进

《增值税暂行条例》第六条第一款将销售额的概念界定为,“销售额为纳税人发生应税销售行为收取的全部价款和价外费用,但是不包括收取的销项税额”。

关于“全部价款”,虽然条例并没有明确货币和非货币,但是《增值税暂行条例实施细则》第三条第三款解释了何为有偿,即从购买方取得货币、货物或者其他经济利益。换言之,价款可以是货币、货物或者其他经济利益。

关于“价外费用”,《增值税暂行条例实施细则》第十二条予以解释,包括“价外向购买方收取的手续费、补贴、基金、集资费、返还利润、奖励费、违约金、滞纳金、延期付款利息、赔偿金、代收款项、代垫款项、包装费、包装物租金、储备费、优质费、运输装卸费以及其他各种性质的价外收费”,在“列举 + 兜底”式的解释中,不难发现,价外费用的核心一是向购买方收取,二是这些费用从名目上看均与销售相关。而《财政部　国家税务总局关于全面推开营业税改征增值税试点的通知》(财税〔2016〕36 号)附件 1《营业税改征增值税试点实施办法》对于价外费用的规定更简洁,“价外费用,是指价外收取的各种性质的收费”,不再限于向购买方收取,并且概括性而非列举式的表述意味着其内涵在实践中不能被穷尽。换言之,除国家明确规定不属于价外费用以外的其他各种性质的收费,无论是向何方收取,均应认定为价外费用。

此外,“价款或价外费用 + 有偿”的解释,虽然搭建起增值税应税销售中对价与给付的关系,但并没有将对价与应税给付完全连接起来。

综上所述，对于销售额的规定，现行规则通过行政法规规定、部门规章逐级细化、主要通过“正面列举 + 反面排除”的方式进行解释，而下位法的解释均无法从上位法原文本身推演，难免存在扩张或限缩的不匹配情形。

《增值税法》对于销售额概念的规定则在理念上和形式上对前述不足与问题予以弥补。

二、《增值税法》中的销售额

《增值税法》第十七条规定了销售额的概念：“销售额，是指纳税人发生应税交易取得的与之相关的价款，包括货币和非货币形式的经济利益对应的全部价款，不包括按照一般计税方法计算的销项税额和按照简易计税方法计算的应纳税额。”

此概念主要有以下特点：

首先，没有采取“对价”的概念，未在民事基础法律体系外创设新的概念，保持了法律之间的协调。应税交易的核心是销售，双方就销售达成合意的法律文件通常为合同，合同是应税交易要素的集中反映。英美法中合同的一个重要要素——对价，是域外增值税法中的重要概念。所谓对价，包括一方所增加的某种权利、利益、获利或好处，或者是他方所给予、由他方引起使自己遭受或承担的某种容忍、损害、损失或责任。[①] 因此有学者建议我国增值税立法引入“对价”的概念。然而，从应税交易的基础法律关系审视，就合同法律规范而言，我国法律中无“对价”概念。《民法典》虽然未规定对价，但并不意味着没有调整相关内容的法律规定，只不过其是从权利义务的角度来规定的。《增值税法》也无须引入对价概念，通过“相关”“对应”的双重约束即可体现对价的内涵。

---

① 参见杨小强、胡蕙雅：《论增值税法上的对价》，载张守文主编：《经济法研究》第 17 卷，北京大学出版社 2016 年版。

其次,强调收取的价款与应税交易相关,同时包括"对应的全部价款",较现有规定中对"价外费用"的表述更全面、准确。一方面涵盖了价外费用,另一方面排除了目前关于不属于价外费用的列举式项目。从现有规定来看,虽然项目类型多样,但实质上有些并不属于与应税交易相关的价款。例如,政府性基金由国务院或者财政部批准设立,行政事业性收费由国务院或者省级人民政府及其财政、价格主管部门批准设立,均不属于纳税人取得的价款;而以委托方名义开具发票并代委托方收取的款项,既非纳税人取得,也无法与应税交易相对应。

再次,同进项税额删去与应税交易相关表述相比,销售额强调与应税交易相关的关键在于确定适用的税率,特别是在混合应税交易和兼营的情形下。

又次,明确货币与非货币形式的经济利益,回应了《增值税法》第三条的"有偿"。同时也与《企业所得税法》第六条关于收入形式的规定保持一致,即"货币形式和非货币形式"。

最后,关于销售额不含税,在回应《增值税法》第七条"应税交易的销售额不包括增值税税额"的同时,进一步明确了不包含增值税税额在一般计税方法和简易计税方法下的具体指向。

三、关于差额征收的销售额问题

关于差额计税,《增值税法》删除了二次审议稿中的"国务院对特殊情况下差额计算销售额另有规定的,从其规定"。换言之,《增值税法》不再授权国务院制定特殊情况下以差额方式计算销售额的规定,明确了纳税人应税交易销售额在概念界定上的唯一性。然而《财政部　国家税务总局关于全面推开营业税改征增值税试点的通知》(财税〔2016〕36号)等现行增值税法律制度规定了大量差额计算销售额的情形,例如,金融商品转让按照卖出价扣除买入价后的余额为销售额,房地产开发企业可以扣除受让土地价款后的余额为销售额，融资租赁、融资性售后回租业务、旅游服务、建筑服务等也都有相关以差额计算销售额的规定。

对差额计税的方式的重新规范，特别是涉及3%以外的征收率的制度的调整，都需要在实施条例等后续配套文件中予以考虑。

专业提示

《增值税法》关于销售额的规定，删除了有争议的“价外费用”，同时明确将“非货币形式的经济利益”纳入价款范围，并增加“与之相关”和“对应”的要求，强化了交易与对价之间的关联性。因此，纳税人在核算销售额时应注意与具体应税交易的相关性和对应性，不具有前述要求的，是属于其他应税交易还是不属于应税交易而无须缴纳增值税，则需要结合《增值税法》第十七条予以判断。

关联规则

1.《增值税法》第三、六、七、十七条

2.《企业所得税法》第六条

3.《增值税暂行条例》第六条

4.《增值税暂行条例实施细则》第三、十二条

5.《财政部　国家税务总局关于全面推开营业税改征增值税试点的通知》(财税〔2016〕36号)附件1《营业税改征增值税试点实施办法》

43. 什么是非货币形式的经济利益？如何理解《增值税法》中关于非货币形式经济利益的规定？

（《增值税法》第十七条）

《增值税法》对销售额的规定首次明确了货币形式和非货币形式，由于法律条文篇幅所限，虽未在法律条文中明确解释其外延，但“货币形式”和“非货币形式”两个术语的解释在税法中较常见。同时存在许多相关的概念也有助于全面理解该用语。

一、非货币形式的经济利益以及若干相似的概念

一般认为，货币是任何一种被普遍接受为交易媒介、支付工具、价值储藏和计算单位的物品，因此货币形式是指现金以及固定或可确定金额的形式。非货币形式是指货币以外的其他形式，也可折算为货币而确定其金额。

在我国法律体系中，有非货币财产、非货币性资产等概念。

非货币财产主要出现在民商事法律中，以公司法律制度为代表，《公司法》第四十八条关于以“非货币财产”作价出资的规定中，非货币财产的核心特征是可以用货币估价并可依法转让，其外延包括“实物、知识产权、土地使用权、股权、债权等”。

而非货币性资产作为与非货币财产相近似的概念，主要出现在会计和税法领域。在《企业会计准则第7号——非货币性资产交换》中：货币性资产，是指企业持有的货币资金和收取固定或可确定金额的货币资金的权利；非货币性资产，是指货币性资产以外的资产，包括“固定资产、无形资产、投资性房地产和长期股权投资等”。

在所得税中，非货币性资产往往伴随着非货币性资产投资，在国家税务总局所得税司有关负责人就非货币性资产投资分期缴纳个人所得税问题答记者问中提到，非货币性资产，是指现金、银行存款等货币性资产以外的资产，包括股权、不动产、技术发明成果以及其他形式的非货币性资产。①

此外，所得税中，无论是个人所得税还是企业所得税，其收入总额都包括货币形式和非货币形式的各项收入。但《个体工商户个人所得税计税办法》并未对二者作进一步解释。《企业所得税法实施条例》第十二条将收入的货币形式解释为“包括现金、存款、应收账款、应收票据、准备持有至到期的债券投资以及债务的豁免等”，将收入的非货币形式解释为“包括固定资产、生物资产、无形资产、股权投资、存货、不准备持有至到期的债券投资、劳务以及有关权益等”。

《增值税法》出台之前，虽然没有明确规定非货币形式，但《增值税暂行条例实施细则》、《营业税暂行条例实施细则》（已失效）、《营业税改征增值税试点实施办法》均明确了何为有偿，即“取得货币、货物或者其他经济利益”。而货物、其他经济利益可体现为非货币形式的销售额（营业额）。

二、销售额纳入货币形式的经济利益的现实意义

《增值税法》第十七条明确规定了非货币形式，从逻辑上看，企业纳税人发生应税交易，既产生增值税纳税义务，也取得了收入、产生所得税纳税义务。个体工商户取得经营所得也是如此。所得的收入形式包含货币和非货币形式，那么增值税销售额作为所得税计税依据的基础，不可能将非货币形式排除在外。

---

① 参见《国家税务总局所得税司有关负责人就非货币性资产投资分期缴纳个人所得税问题答记者问》，载中央政府门户网站，https://www.gov.cn/xinwen/2015-04/09/content_2844273.htm。

从交易实践中看，纳税人发生应税交易，获取的收入形式多样，除了货币形式外，非货币形式让交易变得更简单便捷，也有效促进了交易量的增长。《增值税法》把销售额的价款表述为包括“货币和非货币形式的经济利益”，在法律层面明确规定非货币形式以及如何确定非货币形式的经济利益，增强了税法和税务机关执法的权威性。

三、虚拟货币是货币形式的经济利益吗？

根据2008年《国家税务总局关于个人通过网络买卖虚拟货币取得收入征收个人所得税问题的批复》，个人通过网络收购玩家的虚拟货币，加价后向他人出售取得的收入，属于个人所得税应税所得，应按照“财产转让所得”项目计算缴纳个人所得税。换言之，此处的“虚拟货币”如各网络游戏平台的游戏币等，往往是交易的标的，而非支付的形式，因此虚拟货币既不是货币，也无代表收取固定或可确定金额的货币资金的权利。

随着虚拟货币的发展，其不再是互联网平台中购买虚拟商品、虚拟服务的媒介物，而是以数字化形式存在于网络世界，成为金融领域重点规范的对象。2021年中国人民银行、中央网信办、最高人民法院、最高人民检察院、工业和信息化部、公安部、市场监管总局、银保监会、证监会、外汇局联合发布《关于进一步防范和处置虚拟货币交易炒作风险的通知》明确规定比特币、以太币、泰达币等虚拟货币不具有与法定货币等同的法律地位，开展法定货币与虚拟货币兑换业务、虚拟货币之间的兑换业务、作为中央对手方买卖虚拟货币、为虚拟货币交易提供信息中介和定价服务、代币发行融资以及虚拟货币衍生品交易等虚拟货币相关业务活动涉嫌非法金融活动。

由此可见，我国虽然禁止虚拟货币，但主要禁止作为非法金融活动的虚拟货币相关业务活动。由于法律并未禁止以虚拟货币为支付工具进行商品或服务等的购买,因此当虚拟货币作为购买方支付价款的一种形式时,对于销售方而言也属于非货币形式的经济利益。

专业提示

非货币形式的经济利益外观多元,不仅存在于增值税领域,也大量存在于所得税领域。值得注意的是,在《消费税法(征求意见稿)》中也规定了“全部货币或者非货币形式的经济利益”。

虽然对于什么是货币形式、非货币形式,目前各领域法律规则不一,但对其把握的前提仍然是与应税交易相关的、对应的、全部的经济利益,因此纳税人发生应税交易获取的相关的、对应的、全部的经济利益,无论是货币还是非货币形式,均应计入销售额申报缴纳增值税。

关联规则

1.《增值税法》第十七条

2.《企业所得税法实施条例》(中华人民共和国国务院令第 797 号)第十二条

3.《个体工商户个人所得税计税办法》(中华人民共和国国家税务总局令第 44 号)第八条

4.《企业会计准则第 7 号——非货币性资产交换》第二条

5.《财政部　国家税务总局关于个人非货币性资产投资有关个人所得税政策的通知》(财税〔2015〕41 号)

6.《关于进一步防范和处置虚拟货币交易炒作风险的通知》(银发〔2021〕237 号)

44. 视同应税交易或销售额为非货币形式时，如何确定销售额？

（《增值税法》第十九条）

《增值税法》第十七条确定了销售额应包含非货币形式经济利益这一基本原则，但是对于非货币形式经济利益的确定必须结合第十九条的规定。《增值税法》第十九条明确了当销售额为非货币形式时，确定销售额的具体规则，同时对于视同应税交易的销售额采用同样的规则，即“按照市场价格确定销售额”。该条规定在一定程度上为“视同应税交易”以及“销售额为非货币形式”两种情况下销售额的计算提供了指引，为准确计算销项税额和应纳税额提供了保障。

一、目前增值税相关处理规则

在增值税立法之前，视同销售行为的销售额确定与“销售额明显偏低或者偏高且无正当理由”适用同一规则，并且销售额确定的适用规则由税务机关主导，是递进式的。从《增值税暂行条例实施细则》第十六条，到《营业税改征增值税试点实施办法》第四十四条，规范的对象都包括纳税人有价格明显偏低并无正当理由，以及视同销售货物、服务、无形资产和不动产而无销售额者，确定销售额的三种方法均为依顺序适用。唯一的区别在于后一规范性文件补充了关于价格的适用情形，即“纳税人发生应税行为价格明显偏低或者偏高且不具有合理商业目的”。

如果从是否有过错的角度来分析，视同应税交易无疑难以认为纳税人存在违反协力义务情形，而若其法律后果与违反协力义务的行为一致，则难免有失公平。

二、其他税种法的相关规则与概念

与增值税适用核定制度不同，在企业所得税、个人所得税制度中涉及非货币形式的经济利益,土地增值税中的视同销售行为的销售额的确定,均采用市场价格。

如《企业所得税法实施条例》第十三条规定“企业以非货币形式取得的收入,应当按照公允价值确定收入额”,其中“公允价值,是指按照市场价格确定的价值”。《个人所得税法实施条例》第八条规定“无凭证的实物或者凭证上所注明的价格明显偏低的,参照市场价格核定应纳税所得额”。

此外,对于“房地产开发企业将开发产品用于职工福利、奖励、对外投资、分配给股东或投资人、抵偿债务、换取其他单位和个人的非货币性资产等”视同销售行为,《土地增值税暂行条例实施细则》第十四条规定,“由税务机关参照房地产评估价格确定转让房地产的收入”。具体按下列方法和顺序确认:(1)按本企业在同一地区、同一年度销售的同类房地产的平均价格确定;(2)由主管税务机关参照当地当年、同类房地产的市场价格或评估价值确定。

而在消费税中,根据《消费税暂行条例》第七条,对于“纳税人自产自用的应税消费品”,按照纳税人生产的同类消费品的销售价格计算纳税,没有同类消费品销售价格的,则按组成计税价格计算纳税。消费税中对于特殊的消费品纳税时的价格确定规则与增值税制度基本一致,《增值税法》调整相关规则后,消费税立法也将会一并调整。

三、增值税法下的销售额确定规则

《增值税法》第十九条规定:“发生本法第五条规定的视同应税交易以及销售额为非货币形式的,纳税人应当按照市场价格确定销售额。”这一规则改变了此前对无销售额的视同销售行为的按照三种方法顺序确定销售额的模式。

首先,市场价格标准将确定销售额的主动权交给了纳税人,对纳税人税法遵从的主动性提出了要求。而如纳税人选择不按照《增值税法》第十九条规定确定销售额,也可适用第二十条的规定,即由税务机关予以核定。

其次,市场价格标准体现了社会主义市场经济中经营者自主定价的权利。《价格法》第三条规定,国家实行并逐步完善宏观经济调控下主要由市场形成价格的机制,大多数商品和服务价格实行市场调节价。因此纳税人有权自主定价,同时对特殊情形下的销售额确定也应以市场价格为标准。

最后,市场价格标准体现了增值税对交易课税的本质,不仅与相关税种法的适用保持一致,同时与《民法典》关于价款或者报酬不明时的确定规则保持一致,《民法典》第五百一十一条规定"价款或者报酬不明确的,按照订立合同时履行地的市场价格履行"。就操作的角度而言,市场价格标准也更容易判断、更简便易行。

专业提示

无论是视同应税交易还是收取非货币形式的经济利益,均属于市场主体的经营自由。但从税法规范的角度而言,此类行为如果属于应税交易,那么确定销售额便既需要从纳税人之间税收公平的角度出发,也需要尊重该应税交易的事实。市场价格标准既尊重了纳税人的定价权,也合理地维护了国家税收利益。

关联规则

1.《增值税法》第十七、十九条

2.《民法典》第五百一十一条

3.《价格法》第三条

4.《增值税暂行条例实施细则》(中华人民共和国财政部令第 65 号)第

十六条

5.《消费税暂行条例》(中华人民共和国国务院令第 539 号)第七条

6.《企业所得税法实施条例》(中华人民共和国国务院令第 797 号)第十三条

7.《个人所得税法实施条例》(中华人民共和国国务院令第 707 号)第八条

8.《土地增值税暂行条例实施细则》第十四条

9.《国家税务总局关于印发〈消费税若干具体问题的规定〉的通知》(国税发〔1993〕156 号)

10.《财政部　国家税务总局关于全面推开营业税改征增值税试点的通知》(财税〔2016〕36 号)附件 1《营业税改征增值税试点实施办法》第四十四条

45. 如何理解销售额明显偏低或者偏高且无正当理由？

（《增值税法》第二十条）

《增值税法》第二十条规定，销售额明显偏低或者偏高且无正当理由的，税务机关可以依照《税收征管法》和有关行政法规的规定核定销售额。该条是对税务机关核定销售额权力的条件的规定，同时将核定权的行使限制在法律和行政法规的规定中。

一、现行税法体系中的价格偏低条款

从税收程序法的角度来看，《税收征管法》第三十五条规定，纳税人申报的计税依据明显偏低，又无正当理由的，税务机关有权核定其应纳税额。

从税收实体法的角度来看，价格偏低几乎涵盖各税种法，目的是保护税基、公平税负，不违背税收中性原则。

《增值税暂行条例》第七条规定，纳税人发生应税销售行为的价格明显偏低并无正当理由的，由主管税务机关核定其销售额。“营改增”后，《营业税改征增值税试点实施办法》第四十四条规定，纳税人发生应税行为价格明显偏低或者偏高且不具有合理商业目的的，主管税务机关有权按照一定方法确定销售额。

《消费税暂行条例》第十条规定，纳税人应税消费品的计税价格明显偏低并无正当理由的，由主管税务机关核定其计税价格。

《企业所得税法》第六章专章规定了特别纳税调整，并在第四十一、四十七条明确对“企业与其关联方之间的业务往来，不符合独立交易原则而减少企业或者其关联方应纳税收入或者所得额的”和“企业实施其他不具有合理商业目的的安排而减少其应纳税收入或者所得额的”情形规定税务机关有权按照合理方法调整纳税。但《企业所得税法实施条例》第一百一十一条仅明确了转让定价的调整方法，包括可比非受控价格法、再销售价格法、成本加成法、交易净利润法、利润分割法等方法。

《个人所得税法》第八条则明确了税务机关有权对任一避税行为按照合理方法进行纳税调整。但何为合理方法并未通过行政法规或部门规章予以明确。

《土地增值税暂行条例实施细则》第十四条规定，转让房地产的成交价格低于房地产评估价格，又无正当理由的，由税务机关参照房地产评估价格确定转让房地产的收入。房地产评估价格，是指由政府批准设立的房地产评估机构根据相同地段、同类房地产进行综合评定的价格。

由此可见，不同于视同应税交易或收取非货币形式经济利益，销售额明显偏低且无正当理由，是纳税人未充分履行协力义务的行为后果，因此对这一行为纠正的权力由税务机关而非纳税人行使。

二、如何认定销售额明显偏低或偏高

《民法典》第五百三十九条涉及“以明显不合理的低价”“以明显不合理的高价”的表述，对此，《全国法院贯彻实施民法典工作会议纪要》指出，人民法院应当以交易当地一般经营者的判断，并参考交易当时交易地的物价部门指导价或者市场交易价，结合其他相关因素综合考虑予以认定。转让价格达不到交易时交易地的指导价或者市场交易价70%的，一般可以视为明显不合理的低价；对转让价格高于当地指导价或者市场交易价30%的，一般可以视为明显不合理的高价。

此外，《增值税法》对于核定适用的价格条件，既包括明显偏低也包括明显偏高，而在其他税种法中不涉及明显偏低的适用情形，其原因在于增值税的抵扣型税制具有特殊性。例如，销售方有大额留抵税额，且不符合留抵退税条件，其如果将货物高价卖给关联方，会导致关联方可以多留抵退税，或者减少关联方的应纳税额。

三、何为正当理由？如何认定纳税人无正当理由？

在《营业税改征增值税试点实施办法》中采用的是合理商业目的的表述，即“不具有合理商业目的，是指以谋取税收利益为主要目的，通过人为安排，减少、免除、推迟缴纳增值税税款，或者增加退还增值税税款”。而《增值税法》采用了“无正当理由”的表述，但并没有搭配基本的判断标准。

正当理由和合理商业目的虽然都出现在税法中，但如果仅从字面上理解，正当理由的外延宽泛于合理商业目的。例如，2010 年瑞成房产公司将房产按低于市价出售给收入低、住房条件差的离退休职工，很难说这是商业行为，无法用合理商业目的来衡量其行为的正当性。此案中法院认为该公司上述行为应视为“瑞成房产公司解决老国企退休职工住房困难，防止群体事件发生，化解社会矛盾的善意之举”，[①]从公共利益的角度界定了“正当理由”。

因此，《增值税法》回归于正当理由，一方面给了纳税人更多的证明正当性的空间，另一方面税务机关的自由裁量权行使也面临更多的限制。

专业提示

实践中关于销售额明显偏低的认定，税企双方基本无争议，而矛盾焦点集中于是否有合理商业目的或正当理由。而关于该豁免事由的举证责任由何人承担也是另一项争议所在。对于纳税人而言，一方面，由于正当理由没有明确界定，也并不限于商业上的正当理由，凡具有公共利益或社会稳定等法外秩序都可能构成正当理由，因此纳税人应当对相

① 参见新疆维吾尔自治区乌鲁木齐市中级人民法院行政判决书，(2014)乌中行终字第 95 号；新疆维吾尔自治区高级人民法院行政裁定书，(2015)新行监字第 54 号。

关应税交易的商业和非商业要素予以全面地把握；另一方面，目前税收征管实践中正当理由的证明义务仍被施加于纳税人，而司法诉讼中证明责任分配则不尽相同，因此纳税人应积极行使司法救济权，维护合法权益。

关联规则

1.《增值税法》第二十条

2.《税收征管法》第三十五条

3.《增值税暂行条例》(中华人民共和国国务院令第 691 号)第七条

4.《消费税暂行条例》(中华人民共和国国务院令第 539 号)第十条

5.《企业所得税法》第四十一、四十七条

6.《个人所得税法》第八条

7.《土地增值税暂行条例实施细则》第十四条

8.《财政部　国家税务总局关于全面推开营业税改征增值税试点的通知》(财税〔2016〕36 号)附件 1《营业税改征增值税试点实施办法》第四十四条

9.《最高人民法院关于印发〈全国法院贯彻实施民法典工作会议纪要〉的通知》(法〔2021〕94 号)

46. 销售额明显偏低或者偏高且无正当理由，税务机关应如何核定销售额？

（《增值税法》第二十条）

《增值税法》第二十条并未明确税务机关核定销售额的具体方法，只是规定“税务机关可以依照《中华人民共和国税收征收管理法》和有关行政法规的规定核定销售额”。换言之，税务机关核定销售额的法律法规依据可能包括：《税收征管法》、《税收征管法实施细则》以及未来的“增值税法实施条例”。此外，现行的法律法规中对于核定的规定，也存在未来纳入“增值税法实施条例”中的可能性。

值得关注的是，与《税收征管法》第三十五条规定的“税务机关核定应纳税额的具体程序和方法由国务院税务主管部门规定”相比，《增值税法》对税收法定中的征税法定的落实有了明显的进步。

一、目前主要的核定方法

《税收征管法》第三十五条明确规定，对于“纳税人申报的计税依据明显偏低，又无正当理由的”，税务机关有权核定其应纳税额。《税收征管法实施细则》第四十七条明确了核定方法，包括：(1)参照当地同类行业或者类似行业中经营规模和收入水平相近的纳税人的税负水平核定；(2)按照营业收入或者成本加合理的费用和利润的方法核定；(3)按照耗用的原材料、燃料、动力等推算或者测算核定；(4)按照其他合理方法核定。而前述方法，如适用一种不足以正确核定应纳税额时，可以同时采用两种以上的方法核定。因此，《税收征管法》规定的是对应纳税额的核定，而非销售额(收入)的核定。

此外，增值税的应纳税额与一般税种的应纳税额计算不同，如企业所得税中的核定，包括核定应税所得率[《企业所得税核定征收办法》

(试行)]、核定利润率(《非居民企业所得税核定征收管理办法》),一方面,核定的对象并非销售额;另一方面,核定也不适用于《增值税法》所规定的情形,即“销售额明显偏低或者偏高且无正当理由”。

而从增值税法律制度对此类情形的核定来看,《增值税暂行条例实施细则》第十六条规定,纳税人有价格明显偏低并无正当理由或者有视同销售货物行为而无销售额者,按下列顺序确定销售额:(1)按纳税人最近时期同类货物的平均销售价格确定;(2)按其他纳税人最近时期同类货物的平均销售价格确定;(3)按组成计税价格确定。组成计税价格的公式为:组成计税价格 = 成本 × (1 + 成本利润率)。属于应征消费税的货物,其组成计税价格中应加计消费税额。公式中的成本是指:销售自产货物的为实际生产成本,销售外购货物的为实际采购成本。公式中的成本利润率由国家税务总局确定。

《营业税改征增值税试点实施办法》第四十四条重申了上述规则,除补充“纳税人发生应税行为价格明显偏高”这一情形外,具体核定方法和顺序基本不变。此外,该条规定,纳税人发生应税行为价格明显偏低或者偏高且不具有合理商业目的的,或者发生该办法第十四条所列行为而无销售额的,主管税务机关有权按照下列顺序确定销售额:(1)按照纳税人最近时期销售同类服务、无形资产或者不动产的平均价格确定。(2)按照其他纳税人最近时期销售同类服务、无形资产或者不动产的平均价格确定。(3)按照组成计税价格确定。组成计税价格的公式为:组成计税价格 = 成本 × (1 + 成本利润率)。成本利润率由国家税务总局确定。

二、目前主要核定方法的分析与适用可能

从《增值税法》的规定以及对法律位阶的要求来分析,《税收征管法实施细则》作为行政法规,无疑满足了位阶的要求,但相关核定方法与增值税销售额的契合性尚不如作为部门规章的《增值税暂行条例实施细则》,如关于"耗用的原材料、燃料、动力"的规定等,更像是核定进项税额,而非对销售额的核定进行规定。但毫无疑问,《税收征管法》及《税收征管法实施细则》规定的相关方法是一种更具有原则性的指向,适用于增值税的核定时不存在法律障碍。此外,对于应税行为价格明显偏高的情形,应当如何适用、操作,现有规定则存在不明之处。

而针对如何核定的问题,还存在一种可能性,即制定"增值税法实施条例"将《增值税暂行条例实施细则》中的相关方法予以优化。比如提供并列的选择而非规定适用先后顺序、增强更多的可比性方法。

专业提示

增值税的核定是不是要发挥增值税反避税的作用,目前尚无定论。从制度平移的角度来看,难以完全否认现行增值税核定方法的适用,更为重要的是如果能够完善解决上述规则在适用中的不明确问题,才是更具有现实性的立法选择。例如,如何界定最近时期?纳税义务发生时点是最近时期的开始时段、中间时段、还是结束时段?应如何确定这段时间内价格跌幅或涨幅过大?此外,关于"同类"的确定,例如市场上有替代品相对容易确定,但如果替代品难以寻找则也存在确定的困难,那么计算成本利润率确实是更好的方法。

关联规则

1.《增值税法》第二十条

2.《税收征管法》第三十五条

3.《税收征管法实施细则》(中华人民共和国国务院令第 666 号)第四十七条

4.《增值税暂行条例实施细则》(中华人民共和国财政部令第 65 号)第

十六条

5.《国家税务总局关于印发〈企业所得税核定征收办法〉(试行)的通知》(国税发〔2008〕30号)

6.《国家税务总局关于印发〈非居民企业所得税核定征收管理办法〉的通知》(国税发〔2010〕19号)

7.《财政部　国家税务总局关于全面推开营业税改征增值税试点的通知》(财税〔2016〕36号)附件1《营业税改征增值税试点实施办法》第四十四条

47. “纳税人以人民币以外的货币结算销售额的，应当折合成人民币计算。”汇率应如何确定，有哪些规定和方法？

（《增值税法》第十八条）

《增值税法》第十八条规定了销售额以人民币计算，但并没有进一步规定折合计算的具体方法。与现行税种的立法例基本一致，折合计算的方法应当有待在之后制定的“增值税法实施条例”中予以明确。而外币汇率折算在每个税种中的具体规定则不尽相同。

一、目前主要的折合计算方法

1. 增值税

根据《增值税暂行条例实施细则》第十五条的规定，纳税人按人民币以外的货币结算销售额的，其销售额的人民币折合率可以选择销售额发生的当天或者当月一日的人民币汇率中间价。纳税人应在事先确定采用何种折合率，确定后一年内不得变更。

此后《营业税改征增值税试点实施办法》的规定基本一致，只是调整为“纳税人应当在事先确定采用何种折合率，确定后十二个月内不得变更。”

2. 消费税

根据《消费税暂行条例实施细则》第十一条的规定，纳税人以人民币以外的货币结算销售额的，其销售额的人民币折合率可以选择销售额发生的当天或者当月一日的人民币汇率中间价。纳税人应在事先确定采用何种折合率，确定后一年内不得变更。

3. 个人所得税

根据《个人所得税法实施条例》第三十二条的规定，个人所得为人民币以外货币的,按照办理纳税申报或者扣缴申报的上一月最后一日人民币汇率中间价,折合成人民币计算应纳税所得额。年度终了后办理汇算清缴的,对已经按月、按季或者按次预缴税款的人民币以外货币所得,不再重新折算;对应当补缴税款的所得部分,按照上一纳税年度最后一日人民币汇率中间价,折合成人民币计算应纳税所得额。

此外,根据《股权转让所得个人所得税管理办法(试行)》第二十三条的规定,转让的股权以人民币以外的货币结算的,按照结算当日人民币汇率中间价,折算成人民币计算应纳税所得额。

4. 企业所得税

根据《企业所得税法实施条例》第一百二十九条的规定,人民币折合计算分为两种情形:(1)预缴企业所得税时,按照月度或者季度最后一日的人民币汇率中间价,折合成人民币计算应纳税所得额;(2)汇算清缴时,对已预缴的,不再重新折合计算,只就该纳税年度内未缴纳企业所得税的部分,按照纳税年度最后一日的人民币汇率中间价,折合成人民币计算应纳税所得额。企业少计或者多计上述规定的所得的,应当按照检查确认补税或者退税时的上一个月最后一日的人民币汇率中间价,将少计或者多计的所得折合成人民币计算应纳税所得额,再计算应补缴或者应退的税款。

根据《国家税务总局关于非居民企业所得税源泉扣缴有关问题的公告》第四条的规定,对于非居民企业所得税源泉扣缴,扣缴义务人支付或者到期应支付的款项以人民币以外的货币支付或计价的,分别按以下情形进行外币折算:(1)扣缴义务人扣缴企业所得税的,应当按照扣缴义务发生之日人民币汇率中间价折合成人民币,计算非居民企业应纳税所得额。扣缴义务发生之日为相关款项实际支付或者到期应支付之日。(2)取得收入的非居民企业在主管税务机关责令限期缴纳税款前自行申报缴纳应源泉扣缴税款的，应当按照填开税收缴款书之日前一日人民币汇率中间价折合成人民币，计算非居民企业应纳税所得额。(3)主管税务机关责令取得收入的非居民企业限期缴纳应源泉扣缴税款的，应当按照主管税务机关作出限期缴税决定之日前一日人民币汇率中间价折合成人民币，计算非居民企业应纳税所得额。

5. 车辆购置税

根据《车辆购置税法》第八条的规定，纳税人以外汇结算应税车辆价款的，按照申报纳税之日的人民币汇率中间价折合成人民币计算缴纳税款。

6. 印花税

根据《财政部　税务总局关于印花税若干事项政策执行口径的公告》第三条的规定，应税凭证金额为人民币以外的货币的，应当按照凭证书立当日的人民币汇率中间价折合人民币确定计税依据。

7. 关税

根据《关税法》第六十条的规定，以人民币以外的货币计算的，按照纳税人完成申报之日的计征汇率折合为人民币计算。计征汇率，是指按照海关总署规定确定的日期当日的人民币汇率中间价。

二、增值税人民币折合计算方法的选择

从对目前主要的折合计算方法的分析来看，参照汇率的时间基本分为三类：一是与交易发生相关，如增值税、消费税的销售额发生当天，印花税的凭证书立当日；二是与货币结算相关，如个人所得税股权转让以外币结算的，为结算当日；三是与税收征管相关，如个人所得税中的纳税申报和扣缴申报，关税、车辆购置税的申报之日，以及企业所得税的预缴当月或当季、汇算清缴的年度最后一日。

从制度平移的角度以及增值税对交易课税的性质来看，以“销售额发生的当天”为基准确定汇率符合应税交易的发生时间，但不如其他方法在日期的确定上更为直观。

专业提示

目前不同税种涉及外币折合人民币计算的方法不一，增值税作为交易税，既要考虑税种的特殊性，也要考虑提供纳税人选择的空间，在规则制定上与其他税种有所协调。在复合税制下，一项交易涉及多项纳税义务，不同的折合计算方法可能会产生同一交易多种税种的不同，进而导致纳税人的遵从成本较高。

关联规则

1.《增值税法》第十八条

2.《增值税暂行条例实施细则》（中华人民共和国财政部令第 65 号）第十五条

3.《消费税暂行条例实施细则》（中华人民共和国财政部、中华人民共和国国家税务总局令第 51 号）第十一条

4.《个人所得税法实施条例》（中华人民共和国国务院令第 707 号）第三十二条

5.《企业所得税法实施条例》（中华人民共和国国务院令第 797 号）第一百二十九条

6.《国家税务总局关于非居民企业所得税源泉扣缴有关问题的公告》（国家税务总局公告 2017 年第 37 号）第四条

7.《国家税务总局关于发布〈股权转让所得个人所得税管理办法（试行）〉的公告》（国家税务总局公告 2014 年第 67 号）第二十三条

8.《财政部　税务总局关于印花税若干事项政策执行口径的公告》（财政部　税务总局公告 2022 年第 22 号）第三条

9.《财政部　国家税务总局关于全面推开营业税改征增值税试点的通知》（财税〔2016〕36 号）附件 1《营业税改征增值税试点实施办法》第三十八条

48. 如何理解违约金的销售额计算规则适用?

(《增值税法》第十七条)

一、增值税销售额的一般规则

《增值税法》第十七条对增值税销售额的一般规则作了界定,从“销售额,是指纳税人发生应税交易取得的与之相关的价款”的规定来看,销售额是发生应税交易收取的款项,这是计算销售额的前提,首先要发生应税交易,其次要收取款项,而非强调必须从购买方收取。

虽然《增值税法》取消了价外费用的概念,但无论是“与之相关的”的要求和表述,还是“货币和非货币形式的经济利益对应的全部价款”都强化了应税交易和收取价款之间的关联性,在内涵上包含了价外费用的范畴。

二、违约金等是否计入增值税销售额

违约金是合同一方当事人不履行合同或者履行合同不符合约定时,由违约的一方对另一方当事人支付的用于赔偿损失的金额。

1. 销售方向购买方支付的违约金,由于购买方未发生应税交易,不属于增值税应税范围,不需要开具发票,只需要开具收据及相关凭证。

例1　甲公司向乙公司销售货物,甲公司未如期发货,乙公司诉至法院。法院判决解除采购合同,甲公司向乙公司支付违约金1万元。双方未发生应税交易(销售),乙公司无须开票,无须缴纳增值税,但须缴纳企业所得税。

例2　甲公司向乙公司销售货物,甲公司货物质量不合格,乙公司诉至法院。法院判决解除买卖合同,甲公司向乙公司返还货款并赔偿违约金1万元。双方虽然存在应税交易(销售),但购买方即乙公司并未收取价款,因此未产生销售额。乙公司无须开票,无须缴纳增值税。

2. 购买方向销售方支付的违约金,涉及应税交易(增值税纳税义务已经发生)的赔偿金,属于与应税交易相关的价款,应开具发票;不涉及应税交易(增值税纳税义务未发生)的赔偿金,开具收据即可。

例3　甲公司向乙公司销售货物,乙公司迟延付款后依约支付违约金1万元。甲公司应当开票并缴纳增值税,违约金计入合同价款。即开具两张发票:第一张是货款10万元(税率13%),第二张是违约金1万元(税率13%)。

例4　甲公司向乙公司销售货物,乙公司未支付预付款,甲公司诉至法院。法院判决解除采购合同,乙公司向甲公司支付违约金1万元。双方未发生应税交易行为,甲公司无须开票,无须缴纳增值税,但须缴纳企业所得税。

例5　甲公司向乙公司销售货物,同时收取包装物租金。乙公司在使用过程中,因损坏了包装物而向甲公司支付赔偿款。双方发生应税交易,甲公司收取的该笔赔偿款应当缴纳增值税,并开具发票。

3. 非应税交易的赔偿金问题

例6　甲公司销售侵害乙公司专利权的产品,乙公司诉至法院。法院判决甲公司停止侵权并赔偿乙公司损失及合理开支50万元。乙公司取得的赔偿属于侵权损害赔偿金,不属于增值税应税交易销售额,无须开票,无须缴纳增值税,但须缴纳企业所得税。

三、违约金等的企业所得税税前扣除

根据《企业所得税税前扣除凭证管理办法》第八条的规定,税前扣除凭证按照来源分为内部凭证和外部凭证。根据该法第十条的规定,企业在境内发生的支出项目不属于应税项目,对方为单位的,以对方开具的发票以外的其他外部凭证作为税前扣除凭证;对方为个人的,以内部凭证作为税前扣除凭证。同时,根据《纳税人转让不动产增值税征收管理暂行办法》第八条的规定,法院判决书、裁定书、调解书,以及仲裁裁决书、公证债权文书等可以作为合法有效凭证。

属于增值税应税交易范围内的违约金可凭发票、当事双方签订的合同协议在税前予以扣除，对方为依法无须办理税务登记的单位或者从事小额零星经营业务的个人的，其支出以税务机关代开的发票或者收款凭证及内部凭证作为税前扣除凭证，收款凭证应载明收款单位名称、个人姓名及身份证号、支出项目、收款金额等相关信息。

不属于增值税应税交易范围内的违约金可凭当事人双方签订的合同协议、非现金支付凭证、收款方开具的收款凭证在税前予以扣除，对方为个人的，以内部凭证作为税前扣除凭证。

专业提示

企业在日常经营中，除了正常履行合同之外，还可能存在大量的合同未履行或未全面履行的情形，既可能需要支付违约金，也可能需要收取违约金。对于支付违约金的企业而言，应当关注该笔款项能否取得扣除凭证；对于收取违约金的企业而言，则应关注该笔款项是否应当开具发票。相关问题的核心在于是否发生应税交易，以及该笔款项是否由销售方收取、该笔款项与该应税交易是否相关。如不存在应税交易，则不能就违约金或赔偿金开具发票，支付违约金的一方应以其他符合规定的凭证作为税前扣除凭证。

关联规则

1.《增值税法》第十七条

2.《国家税务总局关于发布〈企业所得税税前扣除凭证管理办法〉的公告》（国家税务总局公告 2018 年第 28 号）第八、十条

3.《国家税务总局关于发布〈纳税人转让不动产增值税征收管理暂行办法〉的公告》（国家税务总局公告 2016 年第 14 号）第八条

49. 如何理解纳税人发生应税交易涉及包装物的销售额计算规则?

(《增值税法》第十七条)

一、财务会计中的包装物

包装物是指在生产流通过程中,为包装本企业的产品或商品,并随同它们一起出售、出借或出租给购货方的各种包装容器,如桶、箱、瓶、坛、袋等用于储存和保管产品的材料。包装物的经济属性显而易见。《企业会计准则第1号——存货》应用指南,明确“1141 周转材料”科目包含企业的包装物、低值易耗品,也可以单独设置“包装物”“低值易耗品”科目。

《企业所得税法实施条例》第十四条明确规定,销售货物收入,是指企业销售商品、产品、原材料、包装物、低值易耗品以及其他存货取得的收入。因此,包装物随商品对外销售后,一般不再回收。对包装物而言,在财务核算上可分为单独计价和不单独计价。

当商品和包装物单独计价、单独核算时,销售产品的收入计入“主营业务收入”,销售包装物的收入计入“其他业务收入”。结转商品成本和包装物成本分别计入“主营业务成本”和“其他业务成本”。包装物单独计价的情况下,包装物的增值税适用税率按照商品的适用税率计算。

当商品和包装物不单独计价时,不能认为包装物是无偿赠送的,包装物的收入已包含在所包装的商品中。销售收入统一计入“主营业务收入”。

二、包装物租金的销售额计算规则

包装物租金是指纳税人为了销售货物而向购货方收取的有偿使用包装物的费用,是企业让渡资产使用权而取得的收入,收取时在会计上应确认为企业的收入，一般通过“其他业务收入”科目核算。

《增值税暂行条例实施细则》第十二条明确规定，包装物租金属于“价外费用”，应并入销售额计算。而根据《增值税法》第十七条的规定，销售货物收取的包装物租金仍符合销售额应包含的“相关的”“对应的”要素。包装物租金无论是否单独计价，都应适用商品的增值税税率。

三、包装物押金的销售额计算规则

包装物押金是指企业出借包装物时，按包装物价值的一定标准收取的抵押款项。如借入单位因物资损坏或其他原因不能归还包装物时，借出单位可以用押金抵补损失。通常情况下，企业在购货方归还包装物时退还押金。从性质上看，押金是企业暂收应付的款项，收取时在会计上应确认为企业的负债。

对于纳税人为销售货物而出租、出借包装物收取的押金，根据《增值税若干具体问题的规定》，纳税人为销售货物而出租出借包装物收取的押金，单独记账核算的，不并入销售额征税。但对因逾期未收回包装物不再退还的押金，应按所包装货物的适用税率征收增值税。此外，纳税人如果收取包装物押金未进行单独记账核算，那么应当将该押金并入销售额。

对于逾期的理解，根据《国家税务总局关于取消包装物押金逾期期限审批后有关问题的通知》，纳税人为销售货物而出租出借包装物收取的押金，无论包装物周转使用期限长短，超过一年（含一年）以上仍不退还的，均并入销售额征收增值税。

在会计处理上，纳税人收到包装物押金，借记“现金”“银行存款”等科目，贷记“其他应付款”科目，退回押金作相反会计分录。

对于因逾期未收回包装物不再退还的押金，企业应按收取的押金（含增值税的销售额），借记“其他应付款”，按货物的税率将含增值税的押金收入换算为不含税销售额，贷记“其他业务收入”，将不含税销售额和货物的税率计算的增值税，贷记“应交税费——应交增值税（销项税额）”。

需要注意的是，如果逾期企业不退还押金，但未确认销售收入，不仅有补缴增值税的风险，还有补缴企业所得税的风险。

四、特殊情形下包装物押金的销售额计算规则

根据《国家税务总局关于加强增值税征收管理若干问题的通知》，从1995年6月1日起，对销售除啤酒、黄酒外的其他酒类产品而收取的包装物押金，无论是否返还以及会计上如何核算，均应并入当期销售额缴税。

需要注意的是，由于酒类产品还涉及消费税问题，根据《财政部　国家税务总局关于酒类产品包装物押金征税问题的通知》，从1995年6月1日起，对酒类产品生产企业销售酒类产品而收取的包装物押金，无论押金是否返还与会计上如何核算，均须并入酒类产品销售额中，依酒类产品的适用税率征收消费税。

因此，对销售除啤酒、黄酒外的其他酒类产品而收取的包装物押金，无论是否返还以及会计上如何核算，均应并入当期销售额缴纳增值税和消费税，逾期时不再征收增值税及消费税，退还押金时也不再退还已经缴纳过的增值税及消费税。而对于啤酒、黄酒包装物押金而言，因为从量定额征收消费税，所以在收取押金的时候不计征消费税，逾期不退回时确认收入，计征增值税但不征消费税。

专业提示

包装物押金和包装物租金在增值税上处理规则不一样，主要是因其性质差异。而酒类产品作为应税消费品的特殊性以及从量或从价计征的特殊性，决定了酒类产品包装物押金的特别处理规则。

此外,实践中企业并非只有销售货物才会产生押金,在一些应税交易中,如不动产租赁,也会产生押金,但此押金并非包装物押金。因此,对于销售方收取款项在增值税上如何界定,是否应计入销售额,仍然应当结合《增值税法》对销售额的基本界定予以认定。

关联规则

1.《增值税法》第十七条

2.《企业所得税法实施条例》(中华人民共和国国务院令第 797 号)第十四条

3.《增值税暂行条例实施细则》(中华人民共和国财政部令第 65 号)第十二条

4.《国家税务总局关于印发〈增值税若干具体问题的规定〉的通知》(国税发〔1993〕154 号)第二条

5.《财政部　国家税务总局关于酒类产品包装物押金征税问题的通知》(财税字〔1995〕53 号)

6.《国家税务总局关于加强增值税征收管理若干问题的通知》(国税发〔1995〕192 号)第三条

7.《国家税务总局关于取消包装物押金逾期期限审批后有关问题的通知》(国税函〔2004〕827 号)

50. 如何理解不同促销方式下的销售额计算规则适用?

无论是网络电商还是实体商户,特别是遇上各种大促活动时,“满就送”“折上折”“抵价券”“送红包”等诱人的广告一直吸引着消费者的眼球。企业打响各种商战和打折促销的同时,需要注意不同的促销方式在会计处理上是不同的,如何计算缴税也存在很大区别。

一、采取折扣方式促销

折扣销售,又称商业折扣,是指企业在销售货物或应税劳务时,为了促进销售,将货物以按照一定折扣率(或折扣额)折扣后的价格对外销售。例如“满两件总价打八折,满三件总价打七折”,以价格的降低和销售数量的增加来扩大利润。

根据《增值税若干具体问题的规定》以及《国家税务总局关于折扣额抵减增值税应税销售额问题通知》,纳税人采取折扣方式销售货物,如果销售额和折扣额在同一张发票上的“金额”栏分别注明的,可按折扣后的销售额征收增值税。未在同一张发票“金额”栏注明折扣额,而仅在发票的“备注”栏注明折扣额的,折扣额不得从销售额中减除。换言之,如未按要求注明,由于计税基数的增加,纳税人会多缴税款。

例 1　某商品不含税销售价格 1000 元,因购买方一次性购买五件该商品,故双方商定给予购买方八折优惠价。销售方开具的发票,如果在“金额”栏分别注明销售额和折扣额,那么销售方可按折扣后的销售额计算缴纳增值税,即按折扣后的销售额 4000 元(1000 元 ×5 ×0.8),计算得出销项税额为 520 元(4000 元 ×13%)。如果开具的发票不符合要求,那么销售方不能按折扣后的销售额计算缴纳增值税,应按原标价计算得出销项税额为 650 元(1000 元 ×5 ×13%)。两者相比,后者多计销项税额130元。

如果是大量采购的交易,购货方在一定时期内累计购买货物达到一定数量,销售方给予购货方相应的价格优惠,那么销售方可以按照法律规定开具红字增值税专用发票。

二、采取发放优惠券方式促销

商家以及各大电商购物平台经常通过发放优惠券的方式促销,如"满200元减30元优惠券"。从销售方来看,准予购货方抵用优惠券是在销售已经成立,且购货款达到了商家事前确定的标准的前提下,销售方给予购货方的一种优惠,属于折扣销售的一种。

三、买赠优惠,待确认收货后的退款

例2　商家在销售时,促销活动为购买A款商品2000元后消费者可以任意选择B款商品500元为赠品,赠品需随订单一并买下并付款2500元,收货后一周内确认收货后,消费者联系客服可退还赠品价款500元。

对于该交易而言,形式上似乎是一种返现,但实质上属于商家为提升短期内的销量和销售额,从而给予消费者的一种折扣销售。赠品的成本实际已融入付费商品。如果在实际操作中,商家将返现的部分直接在发票上反映为折扣,那么销售额可以按照2000元予以确认。

四、"预售+付尾款"优惠的促销

自从电商大促时间段拉长,平台就开始使用"预售+付尾款"方式进行促销,即购货方先支付一定的定金,该定金享有的"膨胀特权"可用于抵减应付尾款。这种消费者付预售款、付尾款购买商品(商品均为现货)的实质,是商家采用预收款的方式销售货物,本质上属于折扣销售。

这种情况下,如果商家将折扣(包括定金膨胀的部分)分别在发票上予以反映,那么销售额可以按照折扣后的确认。

五、其他的促销方式

第一,销售折扣,也称现金折扣,是一种销售方为鼓励购货方及早付款而给予的优惠条件,付款时间越早,折扣越大。现金折扣本质上是一种理财方式,实际上相当于企业为了尽快向债务人收回债权而发生的融资费用,折扣额相当于为收回债权而支付的利息,应计入财务费用。因此不得从销售额中减除现金折扣额。

第二,销售折让,是指企业因售出商品质量不符合要求等原因而在售价上给予的减让。企业将商品销售给买方后,若买方发现商品在质量、规格等方面不符合要求,则可能要求卖方在价格上给予一定的减让。销售折让是在货物销售后发生的,但其实质是销售额的减少,因此销售方可以按规定开具红字发票,可以从销售额中减除折让额。

专业提示

不同的促销方式可能带来不同的销售流量和商业流量,但也将面对不同的税务处理规则。除增值税外,还涉及其他税种的税务处理。即便从增值税的角度来看,某一种促销方式的销售额、销项税额较低,但结合其他税额综合评估,从企业税收净利的角度来看也未必最为合适。

关联规则

1.《增值税法》第十七条

2.《国家税务总局关于折扣额抵减增值税应税销售额问题通知》(国税函〔2010〕56 号)

3.《国家税务总局关于纳税人折扣折让行为开具红字增值税专用发票问题的通知》(国税函〔2006〕1279 号)

4.《国家税务总局关于印发〈增值税若干具体问题的规定〉的通知》(国税发〔1993〕154 号)第二条

51. 如何理解以旧换新政策下的销售额计算规则适用？

推动大规模设备更新和消费品以旧换新是加快构建新发展格局、推动高质量发展的重要举措。2024 年国务院印发《推动大规模设备更新和消费品以旧换新行动方案》，推动新一轮大规模设备更新和消费品以旧换新。为贯彻落实党中央、国务院部署，《商务部等 14 部门关于印发〈推动消费品以旧换新行动方案〉的通知》（商消费发〔2024〕58 号）、《国家发展改革委　财政部关于 2025 年加力扩围实施大规模设备更新和消费品以旧换新政策的通知》（发改环资〔2025〕13 号）先后发布，推动家电以旧换新成为整个行动方案中的重要内容。

一、以旧换新方式销售额计算的一般规则

对于销售方而言，以旧换新是企业在销售货物时，有偿向购买方回收旧货物的行为。购买方在购买新货物时，可以以同类旧货物折抵部分新货物的价款。这一行为可以被分解为两个行为：销售新货物和有偿收购旧货物。二者属于两项不同的业务，因此在增值税上，销售额与收购折抵额不能互相抵销。根据《增值税若干具体问题的规定》，销售额应按新货物的同期销售价格确定，不得扣减旧货物的收购价格。这一确认原则与企业所得税一致，根据《国家税务总局关于确认企业所得税收入若干问题的通知》（国税函〔2008〕875 号），销售商品以旧换新的，销售商品应当按照销售商品收入确认条件确认收入，回收的商品作为购进商品处理。

此外，金银首饰以旧换新业务，根据《财政部　国家税务总局关于金银首饰等货物征收增值税问题的通知》，可按销售方实际收取的不含增值税的全部价款征收增值税。同样，纳税人采用以旧换新（含翻新改制)方式销售的金银首饰,应按实际收取的不含增值税的全部价款确定计税依据来征收消费税。

二、以旧换新销售中的国家补贴是否计入销售额

在以旧换新中,国家补贴成为一种重要的激励手段,如汽车报废更新补贴、汽车置换更新补贴、家电产品以旧换新补贴、数码产品购新补贴等。消费者在支付货物价款、使用补贴时,销售方企业对于收到价款中的国家补贴部分是否应计征增值税?

根据《国家税务总局关于取消增值税扣税凭证认证确认期限等增值税征管问题的公告》,纳税人取得的财政补贴收入,与其销售货物、劳务、服务、无形资产、不动产的收入或者数量直接挂钩的,应按规定计算缴纳增值税。纳税人取得的其他情形的财政补贴收入,不属于增值税应税收入,不征收增值税。因此,如果该补贴是通过销售货物价格的一定比例计算,属于与销售收入挂钩的,那么销售方应将该补贴计入销售额,计算缴纳增值税。

三、企业作为购买方(换出方)的增值税处理

1. 购买方已抵扣旧货物的进项税额

如果购买方是增值税一般纳税人,购进固定资产时取得增值税专用发票,可以抵扣进项税额。那么,企业在销售其使用过的固定资产时应按照一般计税方法计算缴纳增值税。

例如,甲公司采用以旧换新的方式购入一辆含税价 60 万元的新汽车,旧汽车公允价值为 15 万元(含税价),则甲公司为换购新汽车支付了 45 万元现金。

甲公司可确认增值税进项税额 = 60 万元 ÷ (1 + 13%) × 13% ≈6.9 万元。

确认销项税额 = 15 万元 ÷ (1 + 13%) × 13% ≈1.73 万元。

2. 购买方未抵扣旧货物的进项税额

根据《财政部　国家税务总局关于部分货物适用增值税低税率和简易办法征收增值税政策的通知》和《财政部　国家税务总局关于简并增值税征收率政策的通知》，增值税一般纳税人销售自己使用过的不得抵扣且未抵扣进项税额的固定资产，按照简易办法依照3%征收率减按2%征收增值税。

因此，上述案例中甲公司应缴纳增值税＝15万元÷（1＋3%）×2%≈0.29万元。

3. 购买方是小规模纳税人的情形

根据《财政部　国家税务总局关于部分货物适用增值税低税率和简易办法征收增值税政策的通知》，小规模纳税人销售自己使用过的不得抵扣且未抵扣进项税额的固定资产，按照简易办法依照3%征收率减按2%征收增值税。

此外，根据《财政部　税务总局关于明确增值税小规模纳税人减免增值税等政策的公告》和《财政部　税务总局关于增值税小规模纳税人减免增值税政策的公告》，2023年1月1日至2027年12月31日，增值税小规模纳税人适用3%征收率的应税销售收入，减按1%征收率征收增值税。

因此，上述案例中甲公司应缴纳的增值税＝15万元÷（1＋1%）×1%≈0.15万元。

专业提示

以旧换新本质上包含销售商品与收购商品两类业务，对于不同的货物，销售方的销售额计算规则存在差异。需要注意的是，如果企业收取价款的同时，还收取了与销售收入或数量相挂钩的政府补贴（“国补”），那么也应当将其计入销售额计算。此外，购买方身份不同也决定了购买方因换出旧货而存在增值税和计税方式的不同。

关联规则

1.《税收征管法》第二十一条

2.《国家税务总局关于印发〈增值税若干具体问题的规定〉的通知》(国税发〔1993〕154 号)

3.《财政部　国家税务总局关于金银首饰等货物征收增值税问题的通知》(财税字〔1996〕74 号)第一条

4.《国家税务总局关于确认企业所得税收入若干问题的通知》(国税函〔2008〕875 号)第一条

5.《国家税务总局关于取消增值税扣税凭证认证确认期限等增值税征管问题的公告》(国家税务总局公告 2019 年第 45 号)第七条

6.《财政部　国家税务总局关于部分货物适用增值税低税率和简易办法征收增值税政策的通知》(财税〔2009〕9 号)第二条

7.《财政部　税务总局关于明确增值税小规模纳税人减免增值税等政策的公告》(财政部　税务总局公告 2023 年第 1 号)第二条

8.《财政部　税务总局关于增值税小规模纳税人减免增值税政策的公告》(财政部　税务总局公告 2023 年第 19 号)第二条

9.《国务院关于印发〈推动大规模设备更新和消费品以旧换新行动方案〉的通知》(国发〔2024〕7 号)

10.《商务部等 14 部门关于印发〈推动消费品以旧换新行动方案〉的通知》(商消费发〔2024〕58 号)

11.《国家发展改革委　财政部关于 2025 年加力扩围实施大规模设备更新和消费品以旧换新政策的通知》(发改环资〔2025〕13 号)

52. 如何理解以物易物销售方式下的销售额计算规则适用？

(《增值税法》第十七条)

一、如何理解以物易物的性质

以物易物是一种较为特殊的销售，是指交易双方不是以货币结算，而是以同等价款的货物相互结算，实现货物购销的一种方式。

根据《企业会计准则第7号——非货币性资产交换》第二条的规定，非货币性资产交换，是指企业主要以固定资产、无形资产、投资性房地产和长期股权投资等非货币性资产进行的交换。该交换不涉及或只涉及少量的货币性资产(补价)。一般来说，非货币性资产交换的认定通常以补价占整个资产交换金额的比例是否低于25%作为参考比例：从收到补价的企业角度来看，收到的货币性资产占换出资产公允价值的比例低于25%的，视为非货币性资产交换；从支付补价的企业角度来看，支付的货币性资产占换入资产公允价值的比例低于25%的，视为非货币性资产交换。

关于如何计量的问题，上述准则第六条第一款明确规定："非货币性资产交换同时满足下列条件的，应当以公允价值为基础计量：(一)该项交换具有商业实质；(二)换入资产或换出资产的公允价值能够可靠地计量。"第八条进一步规定换入和换出资产的具体计量办法：对于换入资产，应当以换出资产的公允价值和应支付的相关税费作为换入资产的成本进行初始计量；对于换出资产，应当在终止确认时，将换出资产的公允价值与其账面价值之间的差额计入当期损益。

二、如何认定增值税上的以物易物

以物易物的双方均有销售和购买行为，应当征收增值税并无异议。

但“以物易物”属于一般意义上的销售(应税交易)还是视同销售(视同应税交易)? 对这一问题的分析影响着确定销售额适用的规则。

《增值税暂行条例实施细则》第四条对于视同销售的规定中,第八项“将自产、委托加工或者购进的货物无偿赠送其他单位或者个人”被认为接近于“以物易物”。该细则第十六条规定,视同销售的销售额确定应由税务机关顺序适用“按纳税人最近时期同类货物的平均销售价格”“按其他纳税人最近时期同类货物的平均销售价格”“按组成计税价格”方法。

实际上,“以物易物”并非“无偿”,而是一种等价交换的有偿行为,只不过取得的是非货币形式的经济利益。因此“以物易物”只是一种特殊的销售方式,并不视同应税交易。当然,在《增值税法》的框架下,无论是应税交易销售额为非货币形式的经济利益还是视同应税交易,适用同一的销售额确定规则即“市场价格”标准。

三、以物易物的增值税处理

简单来说,以物易物双方都应作购销处理,以各自发出的货物核算销售额并计算销项税额,以各自收到的货物按规定核算购货额并计算进项税额。如果双方未相互开具增值税专用发票,则双方均应计算销项税额,而不能抵扣进项税额;如果双方相互开具增值税专用发票,则双方均应计算销项税额,进项税额可抵扣。

例1　甲公司以自产的电脑一台(公允价值10,000元)换入乙公司自产的一套组合办公椅(公允价值10,000元)。

换入办公椅的增值税进项税额=10,000元×13%=1300元。

换出电脑的增值税销项税额=10,000元×13%=1300元。

四、以货物易服务的增值税处理

例2　甲公司要拆除办公大楼,与乙建筑公司签订合同,内容为:乙公司负责全部的拆除工作，甲公司不支付任何费用，但拆除剩下的废铁、钢筋等废旧物资全部归乙公司所有。

该种模式即甲公司将废旧物资销售给乙公司，乙公司提供拆除服务，属于以货物易服务的业务模式。对此，甲公司应按照废旧物资的公允价值确定销售额，如评估价值为113万元，则甲公司销售废旧物资的销售额为113万元、乙公司提供拆除服务的销售额为113万元。

甲公司不属于废旧物资回收经营单位，因此甲公司销售废旧物资不适用增值税税收优惠政策。乙公司从甲公司购入废旧物资也无优惠政策适用。甲公司、乙公司的增值税计算如下：

1. 发出货物的甲方

借：应收账款　113万元

　　贷：主营业务收入　100万元

　　　　应交增值税（销项税）　13万元

2. 提供服务的乙方

借：销售费用　103.7万元

　　应交增值税（进项税）　9.3万元

　　贷：应付账款　113万元

专业提示

无论是企业将产品与产品置换还是与服务置换，都已经成为日益普遍的现象。无论是以物易物、易服务、易无形资产还是易不动产，双方都发生了应税交易、产生了增值税的纳税义务。因此，应以换出货物的公允价值确认销售额，如果双方置换资源价格对等，互开专票，一销一进，则整体不增加企业增值税税负。如果收到的货物不能取得相应的增值税专用发票或其他合法扣税凭证的，则不能抵扣进项税额。

需要注意的是，企业换出货物导致货物所有权属改变，属于企业所得税法上的视同销售,企业应以换出货物的公允价值申报收入,同时确认换出成本。

关联规则

1.《增值税法》第十七条

2.《增值税暂行条例实施细则》(中华人民共和国财政部令第 65 号)第八、十六条

3.《财政部关于印发修订〈企业会计准则第 7 号——非货币性资产交换〉的通知》第二、六、八条

53. 如何理解现行差额扣除下的增值税销售额计算规则?

“营改增”后,对于一些特殊销售行为如房地产、金融商品转让、旅游服务等,适用差额扣除计算增值税销售额。虽然《增值税法》对于销售额要求为全部价款,并未规定差额征税或是授权国务院制定相关的办法,但是一方面,税制平移下实现纳税人税负平衡的要求差额征税,另一方面,如果现行的差额计税本身就是销售额的准确反映,而不是一种特殊的方法,那么《增值税法》实施后也应当继续实施差额计税。

一、金融服务

《财政部　国家税务总局关于全面推开营业税改征增值税试点的通知》(财税〔2016〕36 号)附件 2《营业税改征增值税试点有关事项的规定》关于金融服务销售额的特殊规定主要有:(1)贷款服务,以提供贷款服务取得的全部利息及利息性质的收入为销售额。(2)直接收费金融服务,以提供直接收费金融服务收取的手续费、佣金、酬金、管理费、服务费、经手费、开户费、过户费、结算费、转托管费等各类费用为销售额。(3)金融商品转让,按照卖出价扣除买入价后的余额为销售额。

其中贷款服务的利息、直接收费金融服务的手续费等属于相关应税交易的销售额毋庸置疑。此外,经人民银行、原银监会(现国家金融监督管理总局)或者商务部批准从事融资租赁业务的试点纳税人,提供融资性售后回租服务,以取得的全部价款和价外费用(不含本金),扣除对外支付的借款利息(包括外汇借款和人民币借款利息)、发行债券利息后的余额作为销售额。由此可见,售后回租业务按贷款服务缴纳增值税的,其销售额不包括“本金”。

而金融商品转让不同于一般的销售,而是以卖出价与买入价的差额为销售额，原因之一在于金融商品转让不得开具增值税专用发票，无法抵扣进项税额。因此，如果以卖出价为销售额，买入价无法抵扣，那么企业的应纳税额将畸高，对企业不公。

二、融资租赁服务

根据《营业税改征增值税试点有关事项的规定》，经人民银行、原银监会（现国家金融监督管理总局）或者商务部批准从事融资租赁业务的试点纳税人，提供融资租赁服务，以取得的全部价款和价外费用，扣除支付的借款利息（包括外汇借款和人民币借款利息）、发行债券利息和车辆购置税后的余额为销售额。而上述利息的允许扣除，主要原因在于利息的进项税额不得扣除。

三、经纪代理服务等

根据《营业税改征增值税试点有关事项的规定》：

第一，经纪代理服务，以取得的全部价款和价外费用，扣除向委托方收取并代为支付的政府性基金或者行政事业性收费后的余额为销售额。

第二，航空运输企业的销售额，不包括代收的机场建设费和代售其他航空运输企业客票而代收转付的价款。

第三，客运场站服务，以其取得的全部价款和价外费用，扣除支付给承运方运费后的余额为销售额。

第四，试点纳税人提供旅游服务，可以选择以其取得的全部价款和价外费用，扣除向旅游服务购买方收取并支付给其他单位或者个人的住宿费、餐饮费、交通费、签证费、门票费和支付给其他接团旅游企业的旅游费用后的余额为销售额。

第五，试点纳税人提供建筑服务适用简易计税方法的，以取得的全部价款和价外费用，扣除支付的分包款后的余额为销售额。

从严格意义上讲，情形一、情形二本质上不属于差额计税，向委托方收取并代为支付的政府性基金或者行政事业性收费、代收的机场建设费、代收转付其他航空运输企业客票的价款等均不属于销售额的范围。

对于情形三,实践中并不必然选择差额扣除,如果客运场站为主要责任人时,可以将收取的全部价款和价外费用确认为主营业务收入和销项税额,将支付的运费确认为主营业务成本而与销项税额抵减。如果客运场站是销售代理人时,那么选择差额扣除则较为合适。

对于情形四,纳税人可以选择不扣除,也可以选择将向旅游服务购买方收取并支付的上述费用作为进项税额扣除。但是如果选择差额计税,则上述费用不得开具增值税专用发票,即不得扣除进项税额。情形五则与之相似。

专业提示

从现行差额征税的基本规则来看,其并不完全与《增值税法》未规定差额征税存在绝对的矛盾。通过对若干情形的分析得出结论,适用差额征税的若干情形中,一部分是为了准确计算销售额并排除不相关、不对应的款项。另一部分则是因为纳税人选择了差额计税,那么需要承受不得开专票(多数情形)或取得的专票不得抵扣(客运场站)的增值税上的后果;换言之,体现的是简易计税与一般计税、进项税额能否抵扣的适用情形的差异。因此,如果《增值税法》对于一些经营业务中正常发生的进项税额特别规定了禁止扣除,那么简易计税和差额计征的存在便具有了必要性。

关联规则

1.《税收征管法》第二十一条

2.《财政部　国家税务总局关于全面推开营业税改征增值税试点的通知》(财税〔2016〕36 号)附件 2《营业税改征增值税试点有关事项的规定》第一条

54. 纳税人销售自己使用过的物品、旧货，应如何计算缴纳增值税？

一、纳税人销售自己使用过的物品、旧货，是否要缴纳增值税？

现行增值税法律制度并没有规定何为自己使用过的物品，根据《财政部　国家税务总局关于部分货物适用增值税低税率和简易办法征收增值税政策的通知》，销售自己使用过的物品可以分为：销售自己使用过的固定资产和销售自己使用过的除固定资产外的物品。

何为自己使用过的固定资产？根据《财政部　国家税务总局关于全面推开营业税改征增值税试点的通知》（财税〔2016〕36 号）附件 1《营业税改征增值税试点实施办法》第二十八条的规定，固定资产是指使用期限超过十二个月的机器、机械、运输工具以及其他与生产经营有关的设备、工具、器具等有形动产。自己使用过的固定资产，按照《财政部　国家税务总局关于全国实施增值税转型改革若干问题的通知》第四条的规定，是指纳税人根据财务会计制度已经计提折旧的固定资产。这里的固定资产包括设备、工具、器具等有形动产，不包括房屋、建筑物。而纳税人自己使用过的除固定资产外的物品，一般是指价值较小且不作为固定资产管理并核算的包装物等其他低值易耗品。

何为旧货？根据《财政部　国家税务总局关于部分货物适用增值税低税率和简易办法征收增值税政策的通知》，旧货是指进入二次流通的具有部分使用价值的货物（含旧汽车、旧摩托车和旧游艇），但不包括自己使用过的物品。“纳税人销售旧货”，是指旧货经营单位销售旧货。企事业单位“销售自己使用过的物品”，如办公用品等，则不适用销售旧货的政策。

只要是经营者，无论是使用过的固定资产还是除固定资产外的物品，抑或旧货，都具有贸易的属性。因此，此类销售属于应税交易，应当缴纳增值税。

值得注意的是，《增值税法》第二十四条规定“自然人销售的自己使用过的物品”免征增值税，并不影响该销售行为的应税属性。

二、纳税人销售自己使用过的固定资产、旧货的增值税计税规则

纳税人销售自己使用过的除固定资产外的物品，其增值税计征办法与一般的货物销售无异。但纳税人销售自己使用过的固定资产、旧货则存在特别的规则。

1. 纳税人销售自己使用过的固定资产

由于该销售与一般的货物销售并没有本质区别，因此适用一般计税方法的纳税人，应按照一般的货物税率计征增值税，适用一般计税方法可以按规定抵扣进项税额，因此，应纳税额 = 销项税额 - 进项税额。

适用简易计税方法的纳税人，按照3%征收率减按2%计征增值税，应纳税额 = 固定资产含税销售额 ÷ (1 + 3%) × 2%。

2. 纳税人销售旧货

根据《财政部　国家税务总局关于部分货物适用增值税低税率和简易办法征收增值税政策的通知》[①]（财税〔2009〕9号）的规定，纳税人销售旧货可以适用简易计税方法，按照3%征收率减按2%计征增值税，应纳税额 = 固定资产含税销售额 ÷ (1 + 3%) × 2%。

目前，对于从事二手车经销的纳税人销售其收购的二手车规定了特殊的政策。根据《财政部　税务总局关于延续实施二手车经销有关增值税政策的公告》，至2027年12月31日，从事二手车经销的纳税人销售

① 第二条第一项和第二项规定，纳税人销售旧货，按照简易办法依照4%征收率减半征收增值税。后根据《财政部　国家税务总局关于简并增值税征收率政策的通知》，该规定调整为“按照简易办法依照3%征收率减按2%征收增值税”。

其收购的二手车，由原按照简易办法依照3%征收率减按2%征收增值税，改为减按0.5%征收增值税。

例　甲公司是二手车经销企业，为增值税一般纳税人。2024年6月，该企业有两笔业务：一是销售1台已使用未抵扣过进项税额的机器设备，销售额为113万元；二是销售20辆公司收购的旧车，总销售额为200万元。这两种业务都可以适用增值税简易计税方法，且均有减征优惠。

销售机器设备：

(1)适用一般计税方法，销项税额 = 113万元 ÷ (1 + 13%) × 13% = 13万元。

(2)现行规定下，如该机器设备属于不得抵扣且未抵扣进项税额的固定资产，则可适用简易计税方法，增值税税额 = 113万元 ÷ (1 + 3%) × 2% ≈ 2.19万元。

销售二手车：

增值税额 = 200万元 ÷ (1 + 0.5%) × 0.5% ≈ 1.00万元。

专业提示

纳税人销售自己使用过的物品非常常见，纳税人身份的差异及该物品是否属于固定资产、旧货，直接影响该应税交易的增值税适用规则。需要注意的是，一些现行的政策，如二手车简易计税及相关优惠政策，将继续有效至《增值税法》实施之后，因此可以预测，“增值税法实施条例”将为相关政策留下合法适用的空间。

关联规则

1.《增值税法》第二十四条

2.《财政部　国家税务总局关于全面推开营业税改征增值税试点的通

知》(财税〔2016〕36 号)附件 1《营业税改征增值税试点实施办法》第二十八条

3.《财政部　税务总局关于延续实施二手车经销有关增值税政策的公告》(财政部　税务总局公告 2023 年第 63 号)第一条

4.《财政部　国家税务总局关于简并增值税征收率政策的通知》(财税〔2014〕57 号)

5.《国家税务总局关于一般纳税人销售自己使用过的固定资产增值税有关问题的公告》(国家税务总局公告 2012 年第 1 号)

6.《财政部　国家税务总局关于部分货物适用增值税低税率和简易办法征收增值税政策的通知》(财税〔2009〕9 号)第二条

7.《财政部　国家税务总局关于全国实施增值税转型改革若干问题的通知》(财税〔2008〕170 号)第四条

55. 如何理解纳税人购进货物、服务、无形资产、不动产支付或者负担的增值税税额?

(《增值税法》第十六条)

《增值税法》第十六条明确规定,进项税额是指纳税人购进货物、服务、无形资产、不动产支付或者负担的增值税税额。

一、进项税额的概念演进

《增值税暂行条例》第八条规定,纳税人购进货物、劳务、服务、无形资产、不动产支付或者负担的增值税额,为进项税额。“营改增”后,《营业税改征增值税试点实施办法》第二十四条的表述基本一致,“进项税额,是指纳税人购进货物、加工修理修配劳务、服务、无形资产或者不动产,支付或者负担的增值税额”。

此前,《增值税法(征求意见稿)》第二十条对于进项税额则作了较大调整:“进项税额,是指纳税人购进的与应税交易相关的货物、服务、无形资产、不动产和金融商品支付或者负担的增值税额。”该定义增加了“与应税交易相关”这一条件,而《增值税法》删除了这一表述。

二、进项税额是否应具有相关性

“相关性”的考量或源自企业所得税扣除的相关规定,《企业所得税法》第八条规定,企业实际发生的与取得收入有关的、合理的支出,包括成本、费用、税金、损失和其他支出,准予在计算应纳税所得额时扣除。企业所得税之所以如此限定,主要在于企业所发生的支出类型多样、形式各异,与企业取得的收入的关系也各有不同。根据企业所得税法中收入与支出的关联、配比等原则要求,并非所有的企业支出都可以在税前扣除,否则将严重侵蚀企业所得税的税基,损害国家税收利益。因此,各国企业(公司)所得税法一般都只允许对与取得收入有关的支出予以税前扣除。

增值税中的进项税额是否需要如此限定？排除不相关的进项税额是担心进项与销项的不匹配，如内容或数量的不匹配，但这种不匹配本质上不是相关与否的问题，而是涉及虚开、逃税等税收违法的问题。因此，并不存在不相关的进项税额通过抵扣致使国家税收流失的风险。

此外，对于进项税额抵扣可能带来的税收流失风险，一直以来我国增值税法律制度都是通过对禁止扣除的进项税额进行列举式规定而实现的。而一旦强调"相关"，由于企业经营活动具有复杂性，特别是在指示交付的条件下，因而销售与购进的时间性差异、发票取得与应税交易发生的时间性差异不再鲜见，如以相关性为标准排除进项税额的扣除，则不符合经济发展经营多样化的趋势。

因此，只要纳税人购进货物、服务、无形资产、不动产，同时不限于国内购进还是自境外购进，支付或者负担的增值税税额均属于《增值税法》中的进项税额。

三、如何理解支付和负担

从经济交易环节审视进项税额，在税务合规的商业流程下，纳税人购进货物、服务、无形资产、不动产，支付价款的同时支付了增值税额。而纳税人的供应商取得价款的同时取得了增值税额，因此，应当就取得的增值税税额进行申报缴纳增值税。《增值税法》第七条首次以法律形式明确了增值税价外税的性质，而增值税的价外税原理决定了购买方负税人的经济本质。

对于增值税纳税人而言，其对外购进取得增值税发票，无论是普通发票还是专用发票，注明的税额都是其通过购进行为预先"缴纳"的增值税税额。对于适用简易计税方法的纳税人而言，计算其增值税税额并无进项税额的概念，增值税应纳税额即销售额与征收率的乘积。对于适用一般计税方法的纳税人而言,在税额抵扣型的增值税制度之下,其预先“缴纳”的增值税税额,即进项税额,如无不得抵扣情形则应准予抵扣。

专业提示

进项税额是增值税规则技术性的集中体现,相较于其他税种,增值税广泛的覆盖面、征收的效率性以及对于特定行会及相关行业、产品或服务的税收优惠,几乎均是通过进项税额的抵扣规则来实现的。因此,进项税额的概念是纳税人增值税额计算的出发点。

在特定情况下,对于适用一般计税方法的纳税人,支付和负担的增值税税额在多大范围内准予扣除,可能出现三种不同的情况:除二者相等的情形外,还有准予扣除的大于支付负担的,准予扣除的小于支付负担的。这均是基于不同税收政策的考量。

关联规则

1.《增值税法》第七、十六条

2.《增值税暂行条例》(中华人民共和国国务院令第691号)第八条

3.《企业所得税法》第八条

4.《财政部　国家税务总局关于全面推开营业税改征增值税试点的通知》(财税〔2016〕36号)附件1《营业税改征增值税试点实施办法》第二十四条

56. 纳税人应当凭增值税扣税凭证从销项税额中抵扣进项税额。那么,常见的扣税凭证有哪些?其适用情形以及抵扣进项税额有何具体要求?

(《增值税法》第十六条)

《增值税法》第十六条明确规定,纳税人应当凭法律、行政法规或者国务院规定的增值税扣税凭证从销项税额中抵扣进项税额。与现行增值税法律制度中关于扣税凭证的“正面列举 + 负面否定”式的立法模式有所不同。

1993 年《增值税暂行条例》第八条明确扣税凭证为:增值税专用发票和海关完税凭证。规定简单,税种单一。

2008 年《增值税暂行条例》第八条虽未明确列举扣除凭证,但通过对特定情形下进项税额的计算的规定,间接规定了以下四类扣除凭证:增值税专用发票、海关进口增值税专用缴款书、农产品收购发票或者销售发票、运输费用结算单据。对此,2011 年《增值税暂行条例实施细则》第十九条进一步明确:增值税扣税凭证,是指增值税专用发票、海关进口增值税专用缴款书、农产品收购发票和农产品销售发票以及运输费用结算单据。

“营改增”后,一方面,交通运输业被纳入增值税征税范围;另一方面,基于特定经济业务的发展,扣税凭证的范围也有所扩大。2016 年《营业税改征增值税试点实施办法》第二十六条则明确:增值税扣税凭证,是指增值税专用发票、海关进口增值税专用缴款书、农产品收购发票、农产品销售发票和完税凭证。2017 年《增值税暂行条例》也对此四类凭证予以了明确规定。

一、增值税专用发票

增值税专用发票包括纸质发票和电子发票,二者具有相同的法律效力。纳税人取得增值税专用发票,如果需要将其用于申报抵扣增值税进项税额或申请出口退税、代办退税,可登录增值税发票综合服务平台确认发票用途。

二、海关进口增值税专用缴款书

海关缴款书根据“缴款单位(人)”栏次注明内容的不同,可以分为两类:仅注明一个缴款单位信息,即单抬头海关缴款书;同时标明有两个单位名称,既有代理进口单位名称,又有委托进口单位名称,即双抬头海关缴款书。

单抬头海关缴款书的抵扣和退税主体明确,自2020年2月1日起,税务机关会按照海关缴款书上注明的纳税人统一社会信用代码将海关缴款书电子信息通过增值税发票综合服务平台直接推送给纳税人。纳税人只须在综合服务平台上对查询到的单抬头海关缴款书电子信息进行用途确认后,即可办理后续增值税纳税申报或出口退税事宜。

对于双抬头海关缴款书,由于代理进口单位和委托进口单位均可能成为抵扣或退税主体,因此根据《国家税务总局关于加强进口环节增值税专用缴款书抵扣税款管理的通知》(国税发〔1996〕32号)的规定,只准予其中取得专用缴款书原件的一个单位抵扣税款。自2020年2月1日起,增值税发票综合服务平台升级后已开通双抬头海关缴款书信息录入功能,纳税人只须在平台录入海关缴款书信息,并申通稽核比对,比对相符后再通过平台对海关缴款书进行用途确认。

三、农产品收购发票或者销售发票

由于农业生产者销售的自产农产品免征增值税,同时销售货物适用免税规定的不得开具增值税专用发票,因此,企业购进免税农产品只能够通过取得销售企业开具的销售发票,或者向农业生产者开具收购发票进行进项税额抵扣。

若购进农产品用于生产9%税率货物,则以农产品销售发票或收购发票注明的买价,按9%抵扣进项税额;若用于生产销售或委托加工13%税率货物,可按10%抵扣进项税额;若购买方既用于生产13%税率货物又用于生产其他税率的货物和服务,未分别核算的,应按照9%抵扣进项税额。

四、完税凭证

企业从境外单位或者个人购进服务、无形资产或者不动产,对其自税务机关或者扣缴义务人取得的代扣代缴税款的完税凭证上注明的增值税额准予抵扣。对于凭"完税凭证"抵扣进项税额的情形,应当具备书面合同、付款证明和境外单位的对账单或者发票。资料不全的,其进项税额不得从销项税额中抵扣。

五、桥、闸通行费以通行费发票为扣税凭证

自2018年1月1日起,纳税人支付的道路通行费,按照收费公路通行费增值税电子普通发票上注明的增值税额抵扣进项税额。

纳税人支付的桥、闸通行费可抵扣进项税额 = 桥、闸通行费发票上注明的金额 ÷ (1 + 5%) × 5%。

六、购进国内旅客运输服务的扣税凭证

一般纳税人购进国内旅客运输服务,取得增值税专用发票的,可以下列凭证为扣税凭证,具体税额为:

第一,取得增值税电子普通发票的,为发票上注明的税额。

第二,取得注明旅客身份信息的航空运输电子客票行程单的,为按照下列公式计算的进项税额:航空旅客运输进项税额 = (票价 + 燃油附加费) ÷ (1 + 9%) × 9%。

第三，取得注明旅客身份信息的铁路车票（包括铁路电子发票）的，为按照下列公式计算的进项税额：铁路旅客运输进项税额 = 票面金额 ÷（1 + 9%）× 9%。

第四，取得注明旅客身份信息的公路、水路等其他客票的，为按照下列公式计算的进项税额：公路、水路等其他旅客运输进项税额 = 票面金额 ÷（1 + 3%）× 3%。

专业提示

可以抵扣进项税额的扣税凭证有多种类型，但并非每一种类型的扣税凭证都对应全部的应税交易，而在一些情形下每种扣税凭证仅针对特定的应税交易。

以纳税人购买国内航空运输服务为例，纳税人因更改行程，支付改签费，取得增值税普通发票。那么根据目前的规定，允许抵扣进项税额的国内旅客运输服务凭证，除增值税专用发票外，只限于增值税电子普通发票，注明旅客身份信息的航空运输电子客票行程单，铁路车票，公路、水路等其他客票，而不包括增值税普通发票。因此，机票改签费增值税普通发票不得抵扣进项税额。

而如果航空公司退票，纳税人取得退票费的增值税电子普通发票，那么同样也不得抵扣进项税额。因为销售方并未销售航空运输服务，而是提供现代服务，扣税凭证并不包含增值税电子普通发票。

关联规则

1.《增值税法》第十六条

2.《增值税暂行条例》（中华人民共和国国务院令第 538 号）第八条

3.《增值税暂行条例实施细则》（中华人民共和国财政部令第 65 号）第十九条

4.《国家税务总局关于增值税发票综合服务平台等事项的公告》(国家税务总局公告 2020 年第 1 号)

5.《国家税务总局关于增值税发票管理等有关事项的公告》(国家税务总局公告 2019 年第 33 号)

6.《财政部　税务总局　海关总署关于深化增值税改革有关政策的公告》(财政部　税务总局　海关总署公告 2019 年第 39 号)

7.《财政部　国家税务总局关于全面推开营业税改征增值税试点的通知》(财税〔2016〕36 号)附件 1《营业税改征增值税试点实施办法》第二十六条

8.《国家税务总局深圳市税务局关于明确海关进口增值税专用缴款书申报抵扣相关问题的通知》(2020 年 1 月 20 日)

57. 如何理解增值税留抵税额的制度安排?

(《增值税法》第二十一条)

一、什么是留抵退税?

为何会形成留抵税额?从税制的角度讲,主要是多档税率形成的政策性留抵,如服务行业主要适用6%的低税率,在一定程度上面临增值税“高进、低销”的问题,由此便会形成留抵税额。而宏观经济变化、价格管制以及生产经营周期特点等也会影响留抵税额的形成。

增值税的核心特征是对增值额课税,其不受生产、流通环节的影响,有利于实现中性原则。例如,当期进项税额大于销项税额,即纳税人支付或负担的进项税额大于当期申报的销项税额时,对这部分留抵税额准予退税是保障增值税中性原则实现的重要机制。从实践看,大多数国家对纳税人当期允许抵扣的增值税进项税额超过销项税额的部分,均通过不同的程序予以退税。这也是为何世界银行营商环境指标体系(DB)将“申请增值税留抵退税所需时间”“获得增值税留抵退税所需时间(包括税务部门稽查时间)”作为“纳税”重要的参考指标。

二、我国留抵退税的政策沿革

《增值税暂行条例》自1993年制定至今,对于当期销项税额小于当期进项税额不足抵扣时的规定均是“不足部分可以结转下期继续抵扣”。我国实施增值税制度以来,企业期末留抵税额规模一直较大。大规模的留抵税额占用了企业资金,因此2011年我国开始推进特定行业留抵退税的试行工作。

2011年《财政部　国家税务总局关于退还集成电路企业采购设备增值税期末留抵税额的通知》(财税〔2011〕107号)规定,对集成电路重大项目企业因购进设备形成的增值税期末留抵税额予以退还,以解决这类企业采购设备引起的增值税进项税额占用资金问题。

2018 年,为助力经济高质量发展,《财政部　税务总局关于 2018 年退还部分行业增值税留抵税额有关税收政策的通知》规定,对装备制造等先进制造业、研发等现代服务业以及电网企业的增值税期末留抵税额予以退还,进一步扩大了留抵退税的范围。

2019 年,我国开始试行增值税增量期末留抵税额退税制度,退还比例为 60%。同时,根据《财政部　税务总局关于明确部分先进制造业增值税期末留抵退税政策的公告》,部分先进制造业纳税人可以退还全部增量留抵税额。

随着 2022 年《财政部　税务总局关于进一步加大增值税期末留抵退税政策实施力度的公告》的发布,可以按月全额退还增值税留抵税额的行业范围进一步扩大,同时允许一次性退还企业的存量留抵税额。

三、增值税法对留抵税额的制度安排

留抵税额准予退还,特别是全额退还或一次性退还,对企业而言无疑是利好的。但部分企业可能基于其他考虑不愿意申请退税,如可能未来会产生大量的销项税额而不申请当期退税,或者只是将留抵税额作为未来的一种资金储备,以备不时之需。《财政部　税务总局关于进一步加大增值税期末留抵退税政策实施力度的公告》第十一条规定,纳税人可以选择向主管税务机关申请留抵退税,也可以选择结转下期继续抵扣。因此,符合留抵退税条件的企业可以不申请退税,选择继续抵扣。由于上述公告并未明确规定具体如何处理,因此实践中各地税务局在征管中存在不同的操作,有的税务局要求必须退,也有的税务局要求纳税人书面写明不申请留抵退税的理由,如西安税务局明确规定"须在电子税务局提交留抵退税申请时,写明不申请留抵退税的原因"。

《增值税法》第二十一条明确规定了纳税人有权自主选择留抵税额

的处理方式,纳税人可以按照国务院的规定选择结转下期继续抵扣或者申请退还。

专业提示

从目前留抵退税的实践看,符合条件的企业予以退税,同时在审查中也严格依法处理弄虚作假骗取留抵退税的事件。因此企业在主动申请留抵退税前,应进行自查,评估自身税务风险。如果企业符合留抵退税条件,但基于生产经营的考虑申请不退税,也可以选择放弃退税。对于留抵税额向后结转是否有时间限制的问题,应当结合留抵税额结转的历史实践予以考量,与时间限制的要求无涉。

关联规则

1.《增值税法》第二十一条

2.《增值税暂行条例》第四条

3.《财政部　国家税务总局关于退还集成电路企业采购设备增值税期末留抵税额的通知》(财税〔2011〕107 号)第一条

4.《财政部　税务总局关于 2018 年退还部分行业增值税留抵税额有关税收政策的通知》(财税〔2018〕70 号)第一条

5.《财政部　税务总局关于明确部分先进制造业增值税期末留抵退税政策的公告》(财政部　税务总局公告 2019 年第 84 号)

6.《财政部　税务总局关于进一步加大增值税期末留抵退税政策实施力度的公告》(财政部　税务总局公告 2022 年第 14 号)第一、十一条

58. 如何理解《增值税法》规定的不得抵扣的情形？

（《增值税法》第二十二条）

一、增值税法律制度中关于不得抵扣的制度演进

1993 年《增值税暂行条例》第十条对于不得抵扣进项税额的项目规定列举如下：(1) 购进固定资产；(2) 用于非应税项目的购进货物或者应税劳务；(3) 用于免税项目的购进货物或者应税劳务；(4) 用于集体福利或者个人消费的购进货物或者应税劳务；(5) 非正常损失的购进货物；(6) 非正常损失的在产品、产成品所耗用的购进货物或者应税劳务。其中，固定资产不得抵扣的规定在增值税转型后即被取消，非应税项目在营改增后即无存在之必要。

现行 2017 年《增值税暂行条例》第十条规定不得抵扣进项税额的项目主要有：(1) 用于简易计税方法计税项目、免征增值税项目、集体福利或者个人消费的购进货物、劳务、服务、无形资产和不动产；(2) 非正常损失的购进货物，以及相关的劳务和交通运输服务；(3) 非正常损失的在产品、产成品所耗用的购进货物（不包括固定资产）、劳务和交通运输服务；(4) 国务院规定的其他项目。

《财政部　国家税务总局关于全面推开营业税改征增值税试点的通知》（财税〔2016〕36 号）附件 1《营业税改征增值税试点实施办法》第二十七条纳入了不动产和服务相关的不得抵扣情形，对不得抵扣进项税额的项目作了进一步的明确：(1) 用于简易计税方法计税项目、免征增值税项目、集体福利或者个人消费的购进货物、加工修理修配劳务、服务、无形资产和不动产。其中涉及的固定资产、无形资产、不动产，仅指专用于上述项目的固定资产、无形资产（不包括其他权益性无形资产）、不动产。纳税人的交际应酬消费属于个人消费。(2) 非正常损失的购进货

物,以及相关的加工修理修配劳务和交通运输服务。(3)非正常损失的在产品、产成品所耗用的购进货物(不包括固定资产)、加工修理修配劳务和交通运输服务。(4)非正常损失的不动产,以及该不动产所耗用的购进货物、设计服务和建筑服务。(5)非正常损失的不动产在建工程所耗用的购进货物、设计服务和建筑服务。纳税人新建、改建、扩建、修缮、装饰不动产,均属于不动产在建工程。(6)购进的旅客运输服务、贷款服务、餐饮服务、居民日常服务和娱乐服务。(7)财政部和国家税务总局规定的其他情形。

由此可见《增值税法》第二十二条对前述规定进行了必要的整合调整,不得抵扣进项税额的情形包括以下:(1)适用简易计税方法计税项目对应的进项税额;(2)免征增值税项目对应的进项税额;(3)非正常损失项目对应的进项税额;(4)购进并用于集体福利或者个人消费的货物、服务、无形资产、不动产对应的进项税额;(5)购进并直接用于消费的餐饮服务、居民日常服务和娱乐服务对应的进项税额;(6)国务院规定的其他进项税额。

二、如何理解"对应的进项税额"?

此前的增值税进项税额不得抵扣制度,或是仅规定"购进"项目的进项税额不得抵扣,或是从用途角度考虑而规定用于简易计税、免征增值税、集体福利、个人消费的项目的进项税额不得抵扣,抑或从钱款最终去向的角度规定非正常损失项目的进项税额不得抵扣。《增值税法》第二十二条在第一项至第五项列举的不得抵扣的进项税额中强调了"对应的进项税额"。换言之,即使纳税人已取得相应的增值税扣税凭证,但如果该项目与列举的用途具有对应性,也不得抵扣。如何判定对应性?虽然从字面理解来看,只要是对应的不得抵扣就不存在例外,但是由于可能存在混用、专用等情形,因此需要以纳税人单独核算为基础,并结合具体的情形予以判定。

三、兜底条款

从与此前规定的对比来看，《增值税法》第二十二条取消了现行制度中部分不得抵扣的情形，如贷款利息。因此，第二十二条第六项作为兜底条款，将其他不予抵扣进项税额的立法权授权给了国务院，与《增值税暂行条例》保持一致，这意味着《营业税改征增值税试点实施办法》下“财政部和国家税务总局”将无权规定禁止抵扣的进项税额。

1. 关于贷款利息的抵扣问题

《营业税改征增值税试点实施办法》第二十七条明确规定，贷款服务的进项税额不得抵扣。政策的考量主要基于：若贷款利息准予抵扣，相当于在一定程度上降低了贷款利率，因此一方面会对国家金融政策、货币政策产生影响；另一方面也将对国家财政收入产生影响。最新数据显示，2024 年我国新增人民币贷款超 18 万亿元①，如果对贷款利息准予抵扣，那么不可能仅对增量贷款利息准予抵扣，还将涉及庞大的存量贷款利息的抵扣问题。同时从本质上看，存款利息虽然也属于利息，但在增值税法律制度中不属于应税交易，不征收增值税。因此对于贷款利息的抵扣，《增值税法》不再直接规定购进的贷款服务的进项税额禁止抵扣，为将来留下可能抵扣的空间。需要注意的是，兜底条款的规定，也不意味着直接准予全部抵扣。

2. 不属于应税交易的进项税额的抵扣问题

全面“营改增”以后，非增值税应税项目这一概念随着营业税退出历史舞台，但是不征增值税项目却一直存在。《增值税法》第六条规定了不属于应税交易、不征收增值税的情形。一方面，从理论上看，从“法

① 参见《新增贷款超 18 万亿元！为中国经济注入“源头活水”》，载中国政府网 2025 年 1 月 15 日，https://www.gov.cn/yaowen/liebiao/202501/content_6998809.htm。

无禁止即可为”的角度，纳税人只要能够取得合法的扣税凭证，就可以抵扣相应的进项税额，税务机关不能要求其做进项税额转出处理。另一方面，在实践中，很难区分出专用于不征收增值税项目的固定资产、无形资产和不动产，因此也不宜禁止抵扣。同样，对于基于特定原因需要禁止抵扣的项目，兜底条款也留下了政策空间。

专业提示

《增值税法》关于禁止抵扣进项税额的规定，从形式上看是在对现行规则梳理和整合的基础上取消了一些项目。需要指出的是，由于不得抵扣的进项税额需满足，从“对应的”这一条件以及兜底条款的存在，意味着如果存在《增值税法》第二十二条规定的第一项至第五项的情形，那么在进行抵扣时需要纳税人能够证明进项税额不属于“对应的进项税额”。

关联规则

1.《增值税法》第六、二十二条

2.《增值税暂行条例》第十条

3.《财政部　国家税务总局关于全面推开营业税改征增值税试点的通知》(财税〔2016〕36 号)附件 1《营业税改征增值税试点实施办法》第二十七条

4.《立法法》第十一条

59. 纳税人发生不得抵扣的情形时，进项税额如何处理？

（《增值税法》第二十二条）

《增值税暂行条例》和《增值税法》中均明确规定进项税额不得抵扣销项税额的情形，而目前不得抵扣的进项税额如何计算，主要是通过《增值税暂行条例实施细则》、《财政部　国家税务总局关于全面推开营业税改征增值税试点的通知》（财税〔2016〕36 号）附件 1《营业税改征增值税试点实施办法》以及其他规范性文件予以规定的。

一、一般纳税人兼营简易计税、免税项目的，如何区分不得抵扣的进项税额？

在一些场合下，纳税人存在此类兼营时，其进项税额能够划分用途，如纳税人购进的一些原材料，用途和数量都容易确定，因此进项税额的用途也可以被准确划分。但也经常会出现进项税额不能被准确划分的情形，如耗用的水和电。《增值税暂行条例实施细则》第二十六条原则规定了销售额比例法。此后，《财政部　国家税务总局关于全面推开营业税改征增值税试点的通知》（财税〔2016〕36 号）附件 1《营业税改征增值税试点实施办法》则进一步予以完善，第二十九条对于适用一般计税方法的纳税人兼营简易计税方法计税项目、免征增值税项目而无法划分不得抵扣的进项税额，规定了不得抵扣的进项税额的计算公式：

不得抵扣的进项税额 = 当期无法划分的全部进项税额 ×（当期简易计税方法计税项目销售额 + 免征增值税项目销售额）÷ 当期全部销售额

由此可见，公式采用销售额比例法进行换算。虽然还存在其他的划分方法，但在税收征管实践中，按照销售额的比例划分操作简单，便于纳税人和税务机关计算税额。同时需要指出的是，上述公式只是对不能准确划分的进项税额进行划分计算的方法,对于能够准确划分的进项税额,直接按照归属进行区分。

二、已抵扣进项税额的固定资产、无形资产或者不动产,发生非正常损失,或者改变用途的,如何区分不得抵扣的进项税额?

根据《财政部　国家税务总局关于全面推开营业税改征增值税试点的通知》(财税〔2016〕36号)附件1《营业税改征增值税试点实施办法》第三十一条和《营改增一般纳税人进项税额抵扣操作指南》①的规定,已抵扣进项税额的固定资产、无形资产或者不动产,发生非正常损失,或者改变用途,专用于简易计税方法计税项目、免征增值税项目、集体福利或者个人消费的,按照下列公式计算不得抵扣的进项税额:

不得抵扣的进项税额 = 固定资产、无形资产或者不动产净值 × 适用税率

固定资产、无形资产或者不动产净值,是指纳税人根据财务会计制度计提折旧或摊销后的余额。

三、已抵扣进项税额的不动产,发生非正常损失,或者改变用途的,如何区分不得抵扣的进项税额?

《国家税务总局关于深化增值税改革有关事项的公告》第六条明确规定,已抵扣进项税额的不动产,发生非正常损失,或者改变用途,专用于简易计税方法计税项目、免征增值税项目、集体福利或者个人消费的,按照下列公式计算不得抵扣的进项税额,并从当期进项税额中扣减:

不得抵扣的进项税额 = 已抵扣进项税额 × 不动产净值率

不动产净值率 = (不动产净值 ÷ 不动产原值) × 100%

此外,按照规定不得抵扣进项税额的不动产,发生用途改变,用于允

---

① 载国家税务总局北京市税务局网站2016年5月6日,http://beijing.chinatax.gov.cn/bjswj/c104330/201906/1c926145397344caa31c26cd1c3c93cf.shtml。

许抵扣进项税额项目的，根据《国家税务总局关于深化增值税改革有关事项的公告》第七条的规定，按照下列公式在改变用途的次月计算可抵扣进项税额：

可抵扣进项税额 = 增值税扣税凭证注明或计算的进项税额 × 不动产净值率

四、一般纳税人房地产开发企业销售自行开发的房地产项目，存在兼营简易计税、免税项目的，如何区分不得抵扣的进项税额？

根据《房地产开发企业销售自行开发的房地产项目增值税征收管理暂行办法》，一般纳税人房地产开发企业销售自行开发的房地产项目，兼有一般计税方法计税、简易计税方法计税、免征增值税的房地产项目而无法划分不得抵扣的进项税额的，应以《建筑工程施工许可证》注明的"建设规模"为依据进行划分。

不得抵扣的进项税额 = 当期无法划分的全部进项税额 ×（简易计税、免税房地产项目建设规模 ÷ 房地产项目总建设规模）

五、已抵扣进项税额的购进货物（不含固定资产）、劳务、服务，发生不得抵扣情形的，如何区分不得抵扣的进项税额？

根据《增值税暂行条例实施细则》第二十七条、《财政部　国家税务总局关于全面推开营业税改征增值税试点的通知》（财税〔2016〕36 号）附件 1《营业税改征增值税试点实施办法》第三十条的规定，已抵扣进项税额的购进货物（不含固定资产）、劳务、服务，发生不得抵扣情形（简易计税方法计税项目、免征增值税项目除外）的，应当将该进项税额从当期进项税额中扣减，无法确定该进项税额的，按照当期实际成本计算应扣减的进项税额。

六、不得抵扣进项税额的清算

对于纳税人而言，进项税额转出是按月进行的，但由于年度内取得进项税额的不均衡性，有可能会造成按月计算的进项转出与按年度计算的进项转出产生差异，主管税务机关可在年度终了时对纳税人进项转出计算公式进行清算，对相关差异进行调整。对此，《财政部　国家税务总局关于全面推开营业税改征增值税试点的通知》（财税〔2016〕36 号）附件 1《营业税改征增值税试点实施办法》第二十九条明确规定“主管税务机关可以按照上述公式依据年度数据对不得抵扣的进项税额进行清算”。

专业提示

不得抵扣进项税额以及已抵扣进项税额的发生不得抵扣情形时的转出规则，在现行增值税制度中已经比较成熟。《增值税法》原则规定“对应的进项税额”不得抵扣，不再对细节予以逐一规定。而现行有效的计算不得抵扣进项税额的方法，针对不同类型的购进进项的规定实质体现了《增值税法》中的“对应”性，在《增值税法》实施后仍然具有适用性。

关联规则

1.《增值税法》第二十二条

2.《增值税暂行条例》第十条

3.《增值税暂行条例实施细则》第二十六、二十七条

4.《财政部　国家税务总局关于全面推开营业税改征增值税试点的通知》（财税〔2016〕36 号）附件 1《营业税改征增值税试点实施办法》第三十、三十一条

5.《国家税务总局关于深化增值税改革有关事项的公告》（国家税务总局公告 2019 年第 14 号）第六、七条

6.《财政部　税务总局关于租入固定资产进项税额抵扣等增值税政策

59. 纳税人发生不得抵扣的情形时，进项税额如何处理？（《增值税法》第二十二条）

的通知》(财税〔2017〕90 号)

7.《国家税务总局关于发布〈房地产开发企业销售自行开发的房地产项目增值税征收管理暂行办法〉的公告》(国家税务总局公告 2016 年第 18 号)第十三条

60. 一般纳税人兼营简易计税、免征、集体福利或个人消费的特别注意事项?

(《增值税法》第二十二条)

一、不得抵扣进项税额的法理依据

《增值税暂行条例》第十条将“用于简易计税方法计税项目、免征增值税项目、集体福利或者个人消费的购进货物、劳务、服务、无形资产和不动产”规定在进项税额不得从销项税额中抵扣的项目的第一项。此外,《财政部　国家税务总局关于全面推开营业税改征增值税试点的通知》(财税〔2016〕36 号)附件 1《营业税改征增值税试点实施办法》第二十七条规定的“购进的旅客运输服务、贷款服务、餐饮服务、居民日常服务和娱乐服务”,在一定程度上也与个人消费相关。

因此,《增值税法》整合并调整了上述内容,第二十二条第一、二、四、五项规定适用简易计税方法项目,免征增值税项目,购进并用于集体福利或者个人消费的货物、服务、无形资产、不动产,购进并直接用于消费的餐饮服务、居民日常服务和娱乐服务的进项税额不得抵扣,基本沿袭了现行的制度。

第一,适用简易计税方法项目不得抵扣的原因在于,其征收率相对较低,如果再允许抵扣进项税额,会导致适用简易计税方法带来的实际税负大幅降低,相较于采用一般计税方法的同类企业或其他业务的税负减少,会造成税负不公。

第二,免征增值税项目不得抵扣的原因除了税负公平外,还有如果允许免税项目抵扣进项税额,就会出现没有销项税额却有进项税额抵扣的情况,导致增值税链条的断裂和计税的混乱。

第三,关于集体福利和个人消费不得抵扣的原因除了税负公平外,还有购进的货物或服务用于集体福利或个人消费时,就意味着这些货物或服务已经进入了最终消费环节,不再参与后续的生产经营和流转,不会产生新的增值额,所以其进项税额不能再进行抵扣。此外,若允许抵扣进项税额,会破坏增值税链条的完整性和连贯性,导致税收计算和征管的混乱。而购进并直接用于消费的特定服务,也具有个人消费的特征,所以不得抵扣。

二、如何理解集体福利和个人消费

集体福利,目前在增值税中并未作特别规定或区分。一般认为,集体福利是指企业为满足员工共同需要、非以个体形式发放的福利项目或福利支出。而企业所得税有职工福利的概念,2009 年《财政部关于企业加强职工福利费财务管理的通知》明确规定,职工福利是企业对职工劳动补偿的辅助形式,企业职工福利一般应以货币形式为主。对以本企业产品和服务作为职工福利的,企业要严格控制。从增值税税务处理的角度看,二者没有本质区别。

实践中,对于集体福利和个人消费的界定一直存在争议。如果企业的生产基地在郊区,每天由单位统一购置客车接送员工上下班,那么这是否属于集体福利?如果企业认为购进客车属于为扩大企业生产经营规模而为员工提供的必要工作条件,是正常生产经营所需要的,能否准予抵扣?如果企业购置的车辆还从事业务接待、对外合作等工作,能否准予抵扣?如果企业并没有购置车辆,而是外包给第三方提供交通运输服务,那么能否准予抵扣?

对于个人消费,《财政部　国家税务总局关于全面推开营业税改征增值税试点的通知》(财税〔2016〕36 号)附件 2《营业税改征增值税试点有关事项的规定》明确规定,纳税人的交际应酬消费属于个人消费。交际应酬消费不属于生产经营中的生产投入和支出,因此个人消费不同于个人的消费,其核心在于排除了生产性活动,本质上是一种生活性消费活动。

此外,有一些服务必然属于个人消费。如“餐饮服务、居民日常服务和娱乐服务”,这也是前述三项服务被保留下来的原因。但《增值税法》不再笼统规定购进的上述服务的进项税额不得抵扣,而是采用了“直接用于消费”的表述。换言之,非直接用于消费的相关服务的进项税额应准予抵扣。因此《增值税法》实施后,企业购进这三项服务时可能需要区分用途,将与企业应税业务相关的进项税额予以抵扣。

三、现行关于混用与专用进项税额抵扣的规定能否继续适用

根据《财政部　国家税务总局关于全面推开营业税改征增值税试点的通知》(财税〔2016〕36 号)附件 1《营业税改征增值税试点实施办法》第二十七条,不得抵扣进项税额的项目仅指购进并专用于简易计税方法计税、免征增值税、集体福利或个人消费项目的固定资产、无形资产(不包括其他权益性无形资产)、不动产。

根据《财政部　税务总局关于租入固定资产进项税额抵扣等增值税政策的通知》,自 2018 年 1 月 1 日起,纳税人租入固定资产、不动产,既用于一般计税方法计税项目,又用于简易计税方法计税项目、免征增值税项目、集体福利或者个人消费的,其进项税额准予从销项税额中全额抵扣。仅用于简易计税、免税项目的不得进行抵扣。

综上所述,上述购入或租入固定资产、不动产涉及的进项税额,在现行规定下,如果属于混用,则准予抵扣。而《增值税法》关于“对应”的要求,在字面上排除了混用准予抵扣的情形。但混用作为一种例外,无论从制度平移还是税负平移的角度看,都应当被保留下来,此外,这也符合企业财务会计管理和税收征管效率的要求。

专业提示

适用一般计税方法的纳税人兼营简易计税、免征、集体福利或个人消费，以及直接用于消费的特定服务的，在进项税额抵扣方面，需要明确其是否属于应税项目的进项税额。

纳税人为员工提供饮用水、餐饮等，是个人消费，还是集体福利，或是生产经营的必要行为，在实践中存在争议。在增值税立法之前，"单位或者个体工商户为聘用的员工提供服务"属于不征增值税项目，因此前述行为如界定为不征税项目，可以回避其关于性质的争议。但《增值税法》第六条将此类情形从不征税项目中排除，尚需判断是否属于征税项目，因此性质的界定和税务处理的不同对于企业影响较大，那么是否属于企业生产经营的重要内容则需要依据商业合规进行判断。

关联规则

1.《增值税法》第六、二十二条

2.《增值税暂行条例》第十条

3.《财政部　国家税务总局关于全面推开营业税改征增值税试点的通知》(财税〔2016〕36 号)附件 1《营业税改征增值税试点实施办法》第二十七条

4.《财政部　税务总局关于租入固定资产进项税额抵扣等增值税政策的通知》(财税〔2017〕90 号)第一条

5.《财政部关于企业加强职工福利费财务管理的通知》(财企〔2009〕242 号)

61. 如何理解非正常损失,进项税额应如何处理?

(《增值税法》第二十二条)

一、现行税法关于非正常损失的规定

1993 年《增值税暂行条例》第十条将非正常损失不得抵扣的进项税额规定为“非正常损失的购进货物”和“非正常损失的在产品、产成品所耗用的购进货物或者应税劳务”。2008 年修订为“非正常损失的购进货物及相关的应税劳务”和“非正常损失的在产品、产成品所耗用的购进货物或者应税劳务”。“营改增”后,2017 年修订为“非正常损失的购进货物,以及相关的劳务和交通运输服务”和“非正常损失的在产品、产成品所耗用的购进货物(不包括固定资产)、劳务和交通运输服务”。《财政部　国家税务总局关于全面推开营业税改征增值税试点的通知》(财税〔2016〕36 号)附件 1《营业税改征增值税试点实施办法》第二十七条还包括“非正常损失的不动产,以及该不动产所耗用的购进货物、设计服务和建筑服务”和“非正常损失的不动产在建工程所耗用的购进货物、设计服务和建筑服务”。

《增值税法》第二十二条则将前述内容简化为“非正常损失项目对应的进项税额”。

二、现行税法关于非正常损失的界定

对于何为非正常损失,1993 年《增值税暂行条例实施细则》第二十一条即以排除法明确了概念并做了列举:“非正常损失,是指生产经营过程中正常损耗外的损失,包括:(一)自然灾害损失;(二)因管理不善造成货物被盗窃、发生霉烂变质等损失;(三)其他非正常损失。”

2008 年修订《增值税暂行条例实施细则》时则直接定义了几种类型,同时取消了“其他非正常损失”的规定,即“非正常损失,是指因管理

不善造成被盗、丢失、霉烂变质的损失”。该表述明确了“管理原因”是界定“非正常损失”的关键。只有管理不到位导致的货物被盗、丢失、腐烂变质才能界定为“非正常损失”。因此可以认为,非管理原因导致货物毁损,如不可抗力导致的货物毁损就不属于“非正常损失”,其进项税额是不需要转出的。

《财政部　国家税务总局关于全面推开营业税改征增值税试点的通知》(财税〔2016〕36号)附件1《营业税改征增值税试点实施办法》第二十八条则扩大了非正常损失的范围:“因管理不善造成货物被盗、丢失、霉烂变质,以及因违反法律法规造成货物或者不动产被依法没收、销毁、拆除的情形。”

因此增值税法实施条例应当统一非正常损失的界定。

三、是否属于非正常损失的争议

从现行规定上看,非正常损失只包括两种原因下发生六种损失:因管理不善(原因)造成货物被盗、丢失、霉烂变质(三种损失)和因违反法律法规(原因)造成货物或者不动产被依法没收、销毁、拆除(三种损失)。

1. 商业零售企业存货损失

根据《国家税务总局关于商业零售企业存货损失税前扣除问题的公告》第一条的规定,商业零售企业存货因零星失窃、报废、废弃、过期、破损、腐败、鼠咬、顾客退换货等正常因素形成的损失,为存货正常损失。虽然这是企业所得税的处理问题,但对于增值税在判定是否属于非正常损失方面也有一定的借鉴意义。因此被盗的前提是管理不善,实践中不能仅因被盗就不予抵扣。

2. 火灾造成的存货损失

火灾的原因有许多种,可能是客观原因,如雷电导致;可能是因管理不善；也可能是第三人导致。从严格的字面意义来看，货物因火灾被烧毁，不属于被盗、丢失、霉烂变质，因此不属于非正常损失。

四、现行税法关于非正常损失进项税额不得抵扣的规定

对于已抵扣进项税额，发生非正常损失的，应作如下处理：

1. 根据《增值税暂行条例实施细则》第二十七条、《财政部　国家税务总局关于全面推开营业税改征增值税试点的通知》（财税〔2016〕36号）附件1《营业税改征增值税试点实施办法》第三十条，已抵扣进项税额的购进货物（不含固定资产）、劳务、服务，发生非正常损失的，应当将该进项税额从当期进项税额中扣减；无法确定该进项税额的，按照当期实际成本计算应扣减的进项税额。

购进货物发生非正常损失，及其相关的加工修理修配劳务、交通运输服务已抵扣进项税额金额的，应当按照购进抵扣税额直接做进项税额转出，即进项税额转出金额 = 非正常损失购入货物的当期成本 × 税率 + 相关加工修理修配劳务成本 × 税率 + 相关交通运输服务成本 × 税率。

非正常损失的在产品、产成品所耗用的购进货物（不包括固定资产）、加工修理修配劳务和交通运输服务，如果能确定其耗用的购进货物、加工修理修配劳务和交通运输服务已抵扣金额的，应当按照购进抵扣税额直接做进项税额转出，即进项税额转出金额 = 非正常损失的在产品、产成品耗用的购入货物的当期成本 × 税率 + 耗用的购入货物相关加工修理修配劳务成本 × 税率 + 耗用的购入货物相关交通运输服务成本 × 税率。

2. 已抵扣的不动产在建工程发生非正常损失的，该不动产在建工程所耗用的购进货物、设计服务和建筑服务要做转出处理。能准确区分该不动产在建工程所耗用的购进货物，设计服务和建筑服务已抵扣进项税额金额的，应当按照购进抵扣税额直接做进项税额转出，即进项税额转

出金额 = 非正常损失不动产在建工程所耗用的购入货物的当期成本 × 税率 + 不动产在建工程所耗用的设计服务成本 × 税率 + 不动产在建工程所耗用的建筑服务成本 × 税率。

如果无法确定该不动产在建工程所耗用的购进货物,设计服务和建筑服务的,按照当期实际成本计算应扣减的进项税额。

3. 已抵扣进项税额的不动产发生非正常损失的,根据《国家税务总局关于深化增值税改革有关事项的公告》(部分失效)第六条的规定,按照下列公式计算不得抵扣的进项税额,并从当期进项税额中扣减:

不得抵扣的进项税额 = 已抵扣进项税额 × 不动产净值率

不动产净值率 = (不动产净值 ÷ 不动产原值) ×100%

《增值税法》虽未区分非正常损失涉及的应税交易类型,但只有货物和不动产(包括不动产在建工程)等有实物形态的资产可能涉及增值税上的非正常损失,服务只能依附于有形资产上。因此根据不同类型的非正常损失计算不得抵扣进项税额的政策将继续沿用。

专业提示

非正常损失不仅是增值税法中的概念,也是所得税法中的重要概念。纳税人在发生资产损失时,既涉及增值税的不得抵扣的判断,也涉及所得税申报。但需要注意的是,非正常损失在不同税种法中,概念、适用均不同,纳税人应准确区分。

此外,目前非正常损失主要有两类原因下的六种后果,是否属于非正常损失,应遵循文义解释,不应扩大解释,从而限缩纳税人权利。

关联规则

1.《增值税法》第二十二、二十六条

2.《增值税暂行条例》第十条

3.《增值税暂行条例实施细则》第二十七条

4.《财政部　国家税务总局关于全面推开营业税改征增值税试点的通知》(财税〔2016〕36号)附件1《营业税改征增值税试点实施办法》

5.《国家税务总局关于深化增值税改革有关事项的公告》(部分失效)(国家税务总局公告2019年第14号)

6.《国家税务总局关于商业零售企业存货损失税前扣除问题的公告》(国家税务总局公告2014年第3号)

62. 纳税人可以放弃税收优惠吗？有哪些注意事项？

(《增值税法》第二十七条)

一、现行关于放弃免税的规定

1. 销售货物或者应税劳务的放弃免税

《增值税暂行条例实施细则》第三十六条规定,纳税人销售货物或者应税劳务适用免税规定的,可以放弃免税,依照条例的规定缴纳增值税。放弃免税后,三十六个月内不得再申请免税。

《财政部　国家税务总局关于增值税纳税人放弃免税权有关问题的通知》则对生产和销售免征增值税货物或劳务的纳税人要求放弃免税权的情形作出规定。其第一条规定,生产和销售免征增值税货物或劳务的纳税人要求放弃免税权,应当以书面形式提交放弃免税权声明,报主管税务机关备案;纳税人自提交备案资料的次月起,按照现行有关规定计算缴纳增值税。第三条规定,纳税人一经放弃免税权,其生产销售的全部增值税应税货物或劳务均应按照适用税率征税,不得选择某一免税项目放弃免税权,也不得根据不同的销售对象选择部分货物或劳务放弃免税权。第五条规定,纳税人在免税期内购进用于免税项目的货物或者应税劳务所取得的增值税扣税凭证,一律不得抵扣。

2. "营改增"业务的放弃免税、减税

《营业税改征增值税试点实施办法》第四十八条规定:"纳税人发生应税行为适用免税、减税规定的,可以放弃免税、减税,依照该办法的规定缴纳增值税。放弃免税、减税后,三十六个月内不得再申请免税、减税。"

3. 出口货物劳务的放弃免税

根据《国家税务总局关于发布〈出口货物劳务增值税和消费税管理

办法〉的公告》和《国家税务总局关于〈出口货物劳务增值税和消费税管理办法〉有关问题的公告》的规定，适用增值税免税政策的出口货物劳务，出口企业或其他单位如果放弃免税，实行按内销货物征税的，应向主管税务机关报送《出口货物劳务放弃免税权声明表》，办理备案手续。自备案次月起执行征税政策，三十六个月内不得变更。

4. 小结

由前述规范性文件可知，纳税人一经放弃免税或减税权，其生产销售的全部增值税应税行为均应按照适用税率征税，不得选择某一免税项目放弃免税、减税权，也不得根据不同的销售对象选择部分应税行为放弃免税、减税权。同时无论是一般纳税人还是小规模纳税人，征税政策均为三十六个月不得变更。

二、《增值税法》关于放弃税收优惠的规定

《增值税法》在法律的层面明确了纳税人放弃税收优惠的权利，其第二十七条规定，纳税人可以放弃增值税优惠；放弃优惠的，在三十六个月内不得享受该项税收优惠，小规模纳税人除外。

该规定有两处变化：

1. 纳税人可以分项选择放弃或者享受税收优惠

如前所述，纳税人关于增值税优惠免税权的选择的现行规定是：纳税人一旦放弃税收优惠，其生产销售的全部增值税应税行为均应按照适用税率征税，不得选择某一项目放弃优惠。

《增值税法》使用了“放弃优惠的，在三十六个月内不得享受该项税收优惠”的描述，意味着纳税人可以分项选择放弃或者享受税收优惠。

对于分项优惠，其实早在对小规模纳税人的相关规定中已经有所突破，2023 年《国家税务总局关于增值税小规模纳税人减免增值税等政策有关征管事项的公告》第四、五条明确规定，小规模纳税人取得应税销售收入,适用月销售额10万元以下免征增值税政策的,纳税人可就该笔销售收入选择放弃免税并开具增值税专用发票。小规模纳税人取得应税销售收入,适用减按1%征收率征收增值税政策的,应按照1%征收率开具增值税发票;纳税人可就该笔销售收入选择放弃减税并开具增值税专用发票。

2. 小规模纳税人放弃优惠后再享受优惠,不受三十六个月的时间限制

小规模纳税人放弃优惠后再享受优惠不受三十六个月的时间限制,其实具有法理依据,因为无论是起征点下的免税还是其他减税优惠,给予小规模纳税人免征或减征的优惠基础在于小规模纳税人的身份,而非具体的应税项目。

因此对于小规模纳税人而言,《增值税法》的规定,赋予其特定权利,意味着其放弃分项优惠,再次享受该优惠不受三十六个月的时间限制。

专业提示

增值税税收优惠是纳税人的权利,放弃优惠也是纳税人的权利。由于增值税链条具有复杂性,因此《增值税法》沿用了三十六个月的时间限制。

但与先前制度相比,《增值税法》留下了分项放弃优惠的可能性,此外三十六个月的时间限制并不适用于小规模纳税人。

关联规则

1.《增值税法》第二十七条

2.《增值税暂行条例实施细则》(中华人民共和国财政部令第65号)第三十六条

3.《财政部　国家税务总局关于全面推开营业税改征增值税试点的通知》(财税〔2016〕36 号)附件 1《营业税改征增值税试点实施办法》第四十八条

4.《国家税务总局关于增值税小规模纳税人减免增值税等政策有关征管事项的公告》(国家税务总局公告 2023 年第 1 号)第四、五条

5.《财政部　国家税务总局关于增值税纳税人放弃免税权有关问题的通知》(财税〔2007〕127 号)第一、三、五条

6.《国家税务总局关于发布〈出口货物劳务增值税和消费税管理办法〉的公告》(国家税务总局公告 2012 年第 24 号)第十一条

7.《国家税务总局关于〈出口货物劳务增值税和消费税管理办法〉有关问题的公告》(国家税务总局公告 2013 年第 12 号)第三条

63. 如何理解增值税的起征点及其适用？

(《增值税法》第二十三条)

虽然增值税作为间接税，其税负转嫁给最终消费者，但当期的增值税额仍然给纳税人的现金流带来一定的影响，对于销售额不同的纳税人的影响则不同。而增值税规定起征点制度，一方面有利于合理区分与平衡不同纳税人之间的纳税能力，另一方面也有利于降低销售额小的这部分纳税人的遵从成本，提升税收征管效率。

一、我国增值税起征点的历史与现状

我国自 1993 年制定《增值税暂行条例》以来，即在行政法规的层面明确规定起征点制度。在营业税和增值税分立的时期里，营业税法律制度同样也规定起征点制度。

1. 起征点的适用主体范围

《增值税暂行条例》仅笼统地规定纳税人销售额未达到增值税起征点的，免征增值税，而并没有规定其适用于何种类型的纳税人。

历次公布的《增值税暂行条例实施细则》则对《增值税暂行条例》中的“纳税人”范围进行了限定，从 1993 年“增值税起征点的适用范围只限于个人”到 2008 年以来“增值税起征点的适用范围限于个人”的表述，说明起征点制度仅适用于个体工商户和自然人。而同一历史阶段的营业税起征点制度也同样仅适用于个人。

“营改增”以后，《营业税改征增值税试点实施办法》第四十九条明确规定，“个人发生应税行为的销售额未达到增值税起征点的，免征增值税”，依然将适用起征点的纳税人限定为个人，同时进一步明确“增值税起征点不适用于登记为一般纳税人的个体工商户”。

2. 制定起征点标准的立法权

由于 1993 年以来我国增值税领域的最高位阶立法为行政法规，因此起征点具体标准的制定权均被授权给财政部（国家税务总局）。

1993 年《增值税暂行条例》第十八条明确规定，“财政部规定的增值税起征点”。2008 年《增值税暂行条例》修订之后，增值税起征点标准的制定权则由“国务院财政、税务主管部门”共同行使。

3. 起征点的具体标准

起征点标准幅度在三十余年的增值税制度实践中经历了若干次调整（见表 6）。

表 6　增值税起征点规定的历史沿革

纳税情形	1993 年《增值税暂行条例实施细则》第三十二条	2008 年《增值税暂行条例实施细则》第三十七条	2011 年《增值税暂行条例实施细则》第三十七条	《财政部　国家税务总局关于全面推开营业税改征增值税试点的通知》（财税〔2016〕36 号）附件 1《营业税改征增值税试点实施办法》第四十九条
销售货物	月销售额 600 ~ 2000 元	月销售额 2000 ~ 5000 元	月销售额 5000 ~ 20,000 元	
销售劳务	月销售额 200 ~ 800 元	月销售额 1500 ~ 3000 元	月销售额 5000 ~ 20,000 元	
按次征收	每次（日）销售额 50 ~ 80 元	每次（日）销售额 150 ~ 200 元	每次（日）销售额 300 ~ 500 元	
“营改增”应税行为				按期纳税的，月销售额 5000 ~ 20,000 元（含本数）；按次纳税的，每次（日）销售额 300 ~ 500 元（含本数）

此外，各地在《增值税暂行条例实施细则》规定的幅度内可以确定本地区适用的起征点。1993 年《增值税暂行条例实施细则》明确规定："国家税务总局直属分局应在规定的幅度内，根据实际情况确定本地区适用的起征点，并报国家税务总局备案"。

2008 年之后的《增值税暂行条例实施细则》将该项职权交由财政部门和税务机关共同行使，即"省、自治区、直辖市财政厅（局）和国家税务总局应在规定的幅度内，根据实际情况确定本地区适用的起征点，并报财政部、国家税务总局备案"。《营业税改征增值税试点实施办法》也沿用了类似的表述。

二、起征点与免征销售额

由于起征点只适用于个人，为进一步扶持小微企业发展，自 2013 年以来，我国开始对增值税小规模纳税人中月销售额不超过 2 万元的企业或非企业性单位，暂免征收增值税。小规模纳税人增值税税基式减免政策成为常态。2021 年 4 月 1 日至 2022 年 12 月 31 日，这一月销售额标准一度达到 15 万元。

目前主要的政策依据是《财政部　税务总局关于增值税小规模纳税人减免增值税政策的公告》，其规定，在 2027 年 12 月 31 日之前对月销售额 10 万元以下（含本数）的增值税小规模纳税人，免征增值税。

因此，便出现了关于起征点认识的误区，认为起征点为 10 万元。对此，国家税务总局明确表示"增值税起征点，按照《中华人民共和国增值税暂行条例实施细则》和《营业税改征增值税试点实施办法》执行"①。

三、《增值税法》关于起征点的规定

《增值税法》第二十三条规定："小规模纳税人发生应税交易，销售

① 《减税降费疑难问题 50 答》，载中国政府网，https://www.gov.cn/fuwu/2019-04/16/content_5383163.htm。

额未达到起征点的，免征增值税；达到起征点的，依照本法规定全额计算缴纳增值税。前款规定的起征点标准由国务院规定，报全国人民代表大会常务委员会备案。”

首先，起征点适用范围为小规模纳税人。从《增值税法》第九条对于小规模纳税人的界定“年应征增值税销售额未超过五百万元的纳税人”以及增值税实践来看，小规模纳税人不仅包括单位和个体工商户，还包括自然人。

其次，起征点标准由国务院规定，报全国人民代表大会常务委员会备案。一方面，从现行起征点在各地的具体标准来看，各地均顶格适用标准；另一方面，近年来小规模纳税人免征销售额适用月销售额 10 万元以下的标准，可以说月销售额 10 万元已经实际发挥了起征点的作用①。因此建议国务院以行政法规的形式参照月免征销售额确定起征点标准。

专业提示

虽然起征点标准与费用扣除标准不同，但对于不超过起征点的纳税人来说，起征点制度作为一种税收豁免，无疑体现了量能课税原则。然而起征点的存在也会带来一些避税问题，如部分企业可能通过拆分业务进行税收规避，目前对此并无有效的规制手段。

关联规则

1.《增值税法》第二十三条

2.《增值税暂行条例》第十七条

---

① 2021 年 3 月 5 日，李克强在《政府工作报告》中明确提出“将小规模纳税人增值税起征点从月销售额 10 万元提高到 15 万元”。3 月 31 日，财政部、国家税务总局印发《财政部　税务总局关于明确增值税小规模纳税人免征增值税政策的公告》（财政部　税务总局公告 2021 年第 11 号）具体落实了免征月销售额标准的提高。

3.《增值税暂行条例实施细则》第三十七条

4.《财政部　国家税务总局关于全面推开营业税改征增值税试点的通知》（财税〔2016〕36 号）附件 1《营业税改征增值税试点实施办法》第四十九条

5.《财政部　税务总局关于增值税小规模纳税人减免增值税政策的公告》（财政部　税务总局公告 2023 年第 19 号）第一条

64. 如何理解免征增值税的法律后果与税务处理？

(《增值税法》第二十三条)

一、对于免征增值税政策的整体把握

1. 销售方的角度

销售货物、服务、无形资产以及不动产的纳税人，发生应税交易适用免税规定，意味着免除本环节所应缴纳的增值税，即销项税额为零。

根据《增值税暂行条例》第十、十六条的规定，首先，用于免征增值税项目的购进货物、劳务、服务、无形资产和不动产，进项税额不得从销项税额中抵扣；已抵扣进项税额的改变用途，专用于免征增值税项目的，应从当期进项税额中扣减①。其次，纳税人兼营免税、减税项目的，应当分别核算免税、减税项目的销售额；未分别核算销售额的，不得免税。前述规定也被《增值税法》第二十二、二十六条保留下来。

此外，《增值税暂行条例》第二十一条明确规定，发生应税销售行为适用免税规定的，不得开具增值税专用发票。而如果开具的是需注明税率(征收率)的普通发票，则应当在税率(征收率)栏次填写“免税”字样。《增值税法》中仅规定“增值税扣税凭证”和“增值税发票”，并未规定增值税专用发票，因此也未对免税不得开具增值税专用发票进行规定。但无论是否专门规定，“不得抵扣”规则的存在都已经排除了以专用发票进行抵扣的可能性。

那么企业是否会因为免税而必然享受到真正的少缴税款？无论从企业自身有大量进项税额的角度，还是从企业计算毛利的角度，答案都

---

① 《营改增一般纳税人进项税额抵扣操作指南(一)——基本规定、抵扣方式》，载国家税务总局北京市税务局网站 2016 年 5 月 6 日，http://beijing.chinatax.gov.cn/bjswj/c104330/201906/1c926145397344caa31c26cd1c3c93cf.shtml。

是不必然的。企业如果经过衡量认为选择适用免税优惠不符合企业整体利益考量,则可以放弃免税,只是一旦放弃,三十六个月不得再申请享受免税。《增值税法》第二十七条保留了相关规定,但增加了小规模纳税人除外。

2. 购买方的角度

销售方选择适用增值税免税优惠政策,意味着购买方无法取得增值税专用发票。以处于中间环节的批发企业销售货物免税为例,批发企业不能向零售企业开具增值税专用发票,零售企业也就不能抵扣相应的进项税额,造成税负上升,影响其从批发企业购进货物的意愿。

因此,增值税税收优惠政策更适合用于最终消费的货物和服务,而不适合中间环节的产品和服务。

二、适用增值税免税的会计处理

1. 会计科目及专栏设置

增值税一般纳税人应在“应交增值税”明细账内设置“进项税额”“销项税额抵减”“已交税金”“转出未交增值税”“减免税款”“出口抵减内销产品应纳税额”“销项税额”“出口退税”“进项税额转出”“转出多交增值税”等专栏。“销项税额抵减”专栏,记录一般纳税人按照现行增值税制度规定因扣减销售额而减少的销项税额;“减免税款”专栏,记录一般纳税人按现行增值税制度规定准予减免的增值税额;“进项税额转出”专栏,记录一般纳税人购进货物、加工修理修配劳务、服务、无形资产或不动产等发生非正常损失以及其他原因而不应从销项税额中抵扣、按规定转出的进项税额。

2. 减免增值税的账务处理

对于当期直接减免的增值税,借记“应交税费——应交增值税(减免税款)”科目,贷记损益类相关科目。

三、适用增值税免税对所得税的影响

作为企业所得税等税种的计税依据或者计税收入,显然应为不含增值税收入。因此增值税免税时如何确定不含税收入,或者说增值税免税项目的“免税销售额”是否含税,在实践中也存在争议。

例　甲制药厂(增值税一般纳税人)3月份购入生产用原材料一批,取得增值税专用发票上注明金额10万元,税额1.3万元,该材料全部用于生产免税药品20万元并全部在当月实现销售。如何计算该笔业务的应纳税所得额?

(1)如果20万元免税销售额不含税,那么直接减免的增值税为20万元×13%=2.6万元,应计入营业外收入计算企业所得税。

应纳税所得额=主营业务收入+营业外收入-原材料(含进项税金转出额)=20万元+2.6万元-10万元-1.3万元=11.3万元。

(2)如果20万元免税销售额含税,那么减免的增值税为20万元÷(1+13%)×13%≈2.3万元,因此不含税收入为20万元-2.3万元=17.7万元。

应纳税所得额=主营业务收入+营业外收入-原材料(含进项税金转出额)=17.7万元+2.3万元-10万元-1.3万元=8.7万元。

由此可见,如果将经营免税项目收到的全部价款当作不含税收入,会产生虚增纳税人利润导致无法执行的问题。因此,根据增值税计算原理和免税的计算过程,理论上免税销售仍然是含税销售,只是对该销项税予以免征,但并不能说不含销项税,即免税销售额包含增值税。

专业提示

由于特殊的抵扣机制的存在,因而增值税的免税对于适用一般计税方法的纳税人而言是否带来应纳税额的减少,需要纳税人根据不同情形予以认真分析。而对于适用简易计税方法的纳税人而言,增值税免税的

效果相当于企业所得税的免税，直接体现为应纳税额的减少。

此外，由于增值税销售额的确定对于企业所得税等税种会产生较大影响，因而纳税人应重视免税项目的账务处理。

关联规则

1.《增值税法》第二十二、二十六条

2.《增值税暂行条例》第十、十六、二十一条

3.《财政部关于印发〈增值税会计处理规定〉的通知》（财会〔2016〕22 号）

65. 如何理解与适用农业生产者销售的自产农产品免征增值税政策？

（《增值税法》第二十四条）

虽然农产品的增值税税率为9%，但在我国增值税法律制度中对于农产品的优惠政策一直存在。《增值税法》第二十四条第一款第一项明确规定“农业生产者销售的自产农产品，农业机耕、排灌、病虫害防治、植物保护、农牧保险以及相关技术培训业务，家禽、牲畜、水生动物的配种和疾病防治”免征增值税。其中“农业生产者销售的自产农产品”免征增值税自1993年《增值税暂行条例》制定以来，一直是最重要的涉农优惠政策。

一、原则规定

根据《增值税暂行条例实施细则》第三十五条的规定，农业，是指种植业、养殖业、林业、牧业、水产业。农业生产者，包括从事农业生产的单位和个人。农产品，是指初级农产品，具体范围由财政部、国家税务总局确定。

1995年6月15日，财政部、国家税务总局印发《农业产品征税范围注释》，明确了农业产品是指种植业、养殖业、林业、牧业、水产业生产的各种植物、动物的初级产品，对农业产品的征税范围进行了列明。

对于如何理解“农业生产者销售的自产农业产品”的范围，根据《农业产品征税范围注释》，应为“直接从事植物的种植、收割和动物的饲养、捕捞的单位和个人销售的注释所列的自产农业产品”。对于属于上述单位和个人销售的外购的农业产品，以及单位和个人外购农业产品生产、加工后销售的，即便属于注释所列的农业产品，也不属于免税的范围。

例1 直接从事蔬菜种植的个体工商户，销售自产的农产品给企业，符合免税条件。但如果其将蔬菜瓜果制作成蔬菜罐头进行销售，则不符合免税条件。

例2 茶农用自产的茶青再经筛分、风选、拣剔、碎块、干燥、匀堆等工序精制而成的精制茶，由于精制茶不属于茶叶征税范围，因此不符合免税条件。

二、特别政策

对于农民专业合作社销售本社成员生产的农业产品的情形，根据《财政部 国家税务总局关于农民专业合作社有关税收政策的通知》，视同农业生产者销售自产农业产品免征增值税。

对于纳税人采取“公司+农户”经营模式从事畜禽饲养，即公司与农户签订委托养殖合同，向农户提供畜禽苗、饲料、兽药及疫苗等(所有权属于公司)，农户饲养畜禽苗至成品后交付公司回收，公司将回收的成品畜禽用于销售的情形。根据《国家税务总局关于纳税人采取“公司+农户”经营模式销售畜禽有关增值税问题的公告》(国家税务总局公告2013年第8号)，在上述经营模式下，纳税人回收再销售畜禽，属于农业生产者销售自产农产品，享受免税政策。

对于制种企业在规定的生产经营模式下生产销售种子，根据《国家税务总局关于制种行业增值税有关问题的公告》，属于农业生产者销售自产农业产品，免征增值税。

三、流通环节的免税政策

根据《财政部 国家税务总局关于免征蔬菜流通环节增值税有关问题的通知》《财政部 国家税务总局关于免征部分鲜活肉蛋产品流通环节增值税政策的通知》，对从事蔬菜批发、零售的纳税人销售的蔬菜，从事农产品批发、零售的纳税人销售的部分鲜活肉蛋产品，免征增值税。

四、购进农产品的进项税额抵扣

由于增值税抵扣机制的存在，免税项目不得开具增值税专用发票，因此为了确保涉农优惠的落实，允许购买方直接向农业生产者购进农产品，其购买方可以凭借农产品销售发票或农产品收购发票进行抵扣。《财政部　税务总局关于简并增值税税率有关政策的通知》《财政部　税务总局　海关总署关于深化增值税改革有关政策的公告》对相关事项予以明确。

1. 向农业生产者购进农产品

购进农产品用于生产9%税率的货物，以农产品销售发票或收购发票注明的买价，按9%抵扣进项税额；若用于生产销售或委托加工13%税率的货物，可按10%抵扣进项税额。

2. 购进流通环节征税的农产品

若销售方是一般纳税人，购买方可凭一般纳税人开具的增值税专用发票进行抵扣。若销售方是小规模纳税人，购买方可凭小规模纳税人代开或自开3%或1%征收率的增值税专用发票进行抵扣，其中，取得3%征收率的增值税专用发票按照9%或10%抵扣进项税额，取得1%征收率的增值税专用发票按照1%抵扣进项税额。

3. 购进流通环节免税的农产品

纳税人从批发、零售环节购进适用免征增值税政策的蔬菜、部分鲜活肉蛋而取得的普通发票，不得作为计算抵扣进项税额的凭证。

专业提示

农产品增值税优惠政策在《增值税法》中的规定看似简单，实际上也涉及许多复杂问题。从整体视角看，免征政策能否实现税收优惠的初衷，不仅仅应考虑农业生产者自身的优惠项目和免征范围，还应当关注农业产品的流通环节以及下游产业，即农业产品的批发、零售经营者，以及下游产业经营者将如何受到该免征增值税的影响,从而更好地适用农业产品免税政策。

关联规则

1.《增值税法》第二十四条

2.《增值税暂行条例》第十五条

3.《增值税暂行条例实施细则》第三十五条

4.《财政部　国家税务总局关于印发〈农业产品征税范围注释〉的通知》(财税字〔1995〕52 号)第一、二条

5.《财政部　国家税务总局关于农民专业合作社有关税收政策的通知》(财税〔2008〕81 号)第一条

6.《国家税务总局关于纳税人采取“公司 + 农户”经营模式销售畜禽有关增值税问题的公告》(国家税务总局公告 2013 年第 8 号)

7.《国家税务总局关于制种行业增值税有关问题的公告》(国家税务总局公告 2010 年第 17 号)

8.《财政部　国家税务总局关于免征蔬菜流通环节增值税有关问题的通知》(财税〔2011〕137 号)第一条

9.《财政部　国家税务总局关于免征部分鲜活肉蛋产品流通环节增值税政策的通知》(财税〔2012〕75 号)第一条

10.《财政部　税务总局关于简并增值税税率有关政策的通知》(财税〔2017〕37 号)

11.《财政部　税务总局　海关总署关于深化增值税改革有关政策的公告》(财政部　税务总局　海关总署公告 2019 年第 39 号)

66. 如何理解与适用农业服务免征增值税政策?

(《增值税法》第二十四条)

一、农业服务免征增值税政策概述

《增值税法》第二十四条第一款第一项明确规定"农业生产者销售的自产农产品,农业机耕、排灌、病虫害防治、植物保护、农牧保险以及相关技术培训业务,家禽、牲畜、水生动物的配种和疾病防治"免征增值税。其中除"农业生产者销售的自产农产品"外,关于农业服务的免税规定则源自《营业税暂行条例》(已失效)第八条,后为《营业税改征增值税试点过渡政策的规定》保留下来。

对于农业服务的具体项目,《营业税暂行条例实施细则》第二十二条对于涉农的营业税优惠项目进行了具体解释。相关界定也在《营业税改征增值税试点过渡政策的规定》中继续沿用。

二、农业机耕、排灌、病虫害防治和植物保护服务

1. 农业机耕

农业机耕,是指在农业、林业、牧业中使用农业机械进行耕作(包括耕耘、种植、收割、脱粒、植物保护等)的业务。

《农业机械化促进法》第一条明确了立法目的,即"鼓励、扶持农民和农业生产经营组织使用先进适用的农业机械,促进农业机械化,建设现代农业"。

第三条则规定了各级人民政府的相关职责,"县级以上人民政府应当把推进农业机械化纳入国民经济和社会发展计划,采取财政支持和实施国家规定的税收优惠政策以及金融扶持等措施,逐步提高对农业机械化的资金投入,充分发挥市场机制的作用,按照因地制宜、经济有效、保障安全、保护环境的原则,促进农业机械化的发展"。

第二十八条明确规定"从事农业机械生产作业服务的收入,按照国家规定给予税收优惠",而农业机耕免征增值税缘于使用农业机械进行耕作,故此举有利于实现农业机械化,从而促进农业现代化发展。

2. 排灌

排灌,是指对农田进行灌溉或者排涝的业务。

《土地管理法》第三十六条明确规定,各级人民政府应当采取措施,引导因地制宜轮作休耕,改良土壤,提高地力,维护排灌工程设施,防止土地荒漠化、盐渍化、水土流失和土壤污染。

2024 年《中共中央办公厅　国务院办公厅关于加强耕地保护提升耕地质量完善占补平衡的意见》明确提出加强耕地灌排保障体系建设、全力提升耕地质量。

对农田进行灌溉或者排涝,有利于合理利用土地,切实保护耕地。因此排灌业务具有增值税免税的正当性。

3. 病虫害防治和植物保护

目前,我国关于病虫害防治和植物保护的基础性法律,主要有《农作物病虫害防治条例》《森林病虫害防治条例》《野生植物保护条例》。中共中央、国务院印发《乡村全面振兴规划(2024—2027 年)》明确提出"实施动植物保护工程,健全农作物病虫害防治和动物防疫体系"。《中华人民共和国国民经济和社会发展第十四个五年规划和 2035 年远景目标纲要》也将"加强动物防疫和农作物病虫害防治"作为增强农业综合生产能力的重要举措。

病虫害防治,是指从事农业、林业、牧业、渔业的病虫害测报和防治的业务。例如,纳税人通过无人机喷洒农药用于农业、林业、牧业、渔业的病虫害测报和防治的业务的,可按照上述规定免征增值税。

而对于植物保护,目前并没有明确的解释。植物保护被认为是为使植物在生长期免受危害所采取的各种保护性措施,如除草和防治病虫害等,以此保护农作物的生长发育。植物保护不同于植物养护,《国家税务总局关于进一步明确营改增有关征管问题的公告》明确指出,纳税人提供植物养护服务的,按照"其他生活服务"缴纳增值税。

三、农牧保险服务

根据《营业税改征增值税试点过渡政策的规定》,农牧保险是指为种植业、养殖业、牧业种植和饲养的动植物提供保险的业务。

而根据《农业保险条例》的规定,农业保险,是指保险机构根据农业保险合同,对被保险人在种植业、林业、畜牧业和渔业生产中因保险标的遭受约定的自然灾害、意外事故、疫病、疾病等保险事故所造成的财产损失,承担赔偿保险金责任的保险活动。

由此可见《农业保险条例》中对农业保险的界定更加符合免征增值税政策的立法目的。因此,如果后续增值税实施条例制定时未明确相关内容,那么可以参照《农业保险条例》的相关概念。

此外,需要明确的是,《农业保险条例》中的涉农保险不属于免税范围。

四、相关技术培训

相关技术培训,是指与农业机耕、排灌、病虫害防治、植物保护业务相关以及为使农民获得农牧保险知识的技术培训业务。

五、动物配种与疾病防治

家禽、牲畜、水生动物的配种和疾病防治业务,包括与该项服务有关的提供药品和医疗用具的业务。

对于动物诊疗机构提供的动物疾病预防、诊断、治疗和动物绝育手术等动物诊疗服务,根据《国家税务总局关于取消增值税扣税凭证认证确认期限等增值税征管问题的公告》,属于"家禽、牲畜、水生动物的配种和疾病防治”。

动物诊疗机构，是指依照《动物诊疗机构管理办法》规定，取得动物诊疗许可证，并在规定的诊疗活动范围内开展动物诊疗活动的机构。

因此，如果宠物医院提供的宠物医疗服务符合动物诊疗机构提供的动物疾病预防、诊断、治疗和动物绝育手术等动物诊疗服务的条件，可以免征增值税。如果不属于上述情形，如销售动物食品和用品，提供动物清洁、美容、代理看护等服务，则应按照对生活服务的规定缴纳增值税。

专业提示

近年来，党中央、国务院出台了一系列税费支持政策，持续巩固拓展脱贫攻坚成果、促进脱贫攻坚与乡村振兴有效衔接。为进一步落实党中央、国务院决策部署，国家税务总局按照享受主体、优惠内容、享受条件、政策依据等编写了《支持乡村振兴税费优惠政策指引》。农业服务的免征增值税优惠，业务内容较多、涉及范围较广，纳税人在判断是否符合免税条件时，应当予以综合考量。如植树造林（园林绿化），根据《销售服务、无形资产、不动产注释》属于其他建筑服务，虽然不属于植物保护，但可以按照农业机耕有关规定享受免征增值税政策。

关联规则

1.《增值税法》第二十四条

2.《财政部　国家税务总局关于全面推开营业税改征增值税试点的通知》（财税〔2016〕36 号）附件 3《营业税改征增值税试点过渡政策的规定》第一条

3.《中共中央办公厅　国务院办公厅关于加强耕地保护提升耕地质量完善占补平衡的意见》

4.《支持乡村振兴税费优惠政策指引》（国家税务总局 2022 年 5 月发

布)附件1《支持乡村振兴税费优惠政策指引汇编》

5.《国家税务总局关于进一步明确营改增有关征管问题的公告》(国家税务总局公告2017年第11号)第五条

6.《国家税务总局关于取消增值税扣税凭证认证确认期限等增值税征管问题的公告》(国家税务总局公告2019年第45号)第五条

7.《农业机械化促进法》第一、三、二十八条

8.《土地管理法》第三十六条

9.《农业保险条例》第二条

67. 如何理解与适用医疗机构提供医疗服务的免征增值税政策?

(《增值税法》第二十四条)

《增值税法》第二十四条第一款第二项明确规定“医疗机构提供的医疗服务”免征增值税。对该免征项目的规定源自《营业税暂行条例》(已失效)第八条“医院、诊所和其他医疗机构提供的医疗服务”。“营改增”后,《营业税改征增值税试点过渡政策的规定》则将表述简化为“医疗机构提供的医疗服务”。

一、如何理解医疗机构的范围

1. 一般规定

根据《营业税改征增值税试点过渡政策的规定》,医疗机构,是指依据国务院《医疗机构管理条例》及原卫生部《医疗机构管理条例实施细则》的规定,经登记取得医疗机构执业许可证的机构,以及军队、武警部队各级各类医疗机构。具体包括:各级各类医院、门诊部(所)、社区卫生服务中心(站)、急救中心(站)、城乡卫生院、护理院(所)、疗养院、临床检验中心,各级政府及有关部门举办的卫生防疫站(疾病控制中心)、各种专科疾病防治站(所),各级政府举办的妇幼保健所(站)、母婴保健机构、儿童保健机构,各级政府举办的血站(血液中心)等医疗机构。

2. 营利性医疗机构的地位

一直以来,我国坚持非营利性医疗机构为主体、营利性医疗机构为补充,公立医疗机构为主导、非公立医疗机构共同发展的办医原则。2016年,习近平总书记在全国卫生与健康大会上指出,“在基本医疗卫生服务领域,政府要有所为,坚持政府主导,落实领导责任、保障责任、管理责任、监督责任，同时适当引入竞争机制，鼓励社会力量兴办非营利性医疗机构。在非基本医疗卫生服务领域，市场要有活力，鼓励社会力量提供服务，满足群众多样化、差异化、个性化健康需求”。① 由此可见，社会办医作为医疗卫生服务体系的重要组成部分，是满足不同人群医疗卫生服务需求并为全社会提供更多医疗服务供给的重要力量。

3. 营利性医疗机构可否作为免税主体

2010 年《国务院办公厅转发发展改革委卫生部等部门关于进一步鼓励和引导社会资本举办医疗机构意见的通知》指出，“营利性医疗机构按国家规定缴纳企业所得税，提供的医疗服务实行自主定价，免征营业税”。此后 2015 年《国务院办公厅印发关于促进社会办医加快发展若干政策措施的通知》规定，“对社会办医疗机构提供的医疗服务，免征营业税”。2017 年《国务院办公厅关于支持社会力量提供多层次多样化医疗服务的意见》明确指出，对社会办医疗机构提供的医疗服务按规定免征增值税。

由此可见，在“营改增”后，营利性医疗机构的免征优惠得到延续。

4. 行业管理中的医疗机构范围

从行业管理的角度审视，《医疗机构管理条例》第二条对医疗机构的界定，“从事疾病诊断、治疗活动的医院、卫生院、疗养院、门诊部、诊所、卫生所（室）以及急救站等医疗机构”更为全面。而《医疗机构管理条例实施细则》第三条则对医疗机构作了更细致的类别化列举。同时避免了非营利性和营利性医疗机构之争。

二、如何理解医疗服务？

医疗服务，是指医疗机构按照不高于地（市）级以上价格主管部门

① 《正确把握推进健康中国建设的重大问题》（2016 年 8 月 19 日），载《习近平著作选读》第一卷，人民出版社 2023 年版，第 503 ~ 504 页。

会同同级卫生主管部门及其他相关部门制定的医疗服务指导价格(包括政府指导价和按照规定由供需双方协商确定的价格等)为就医者提供《全国医疗服务价格项目规范》所列的各项服务,以及医疗机构向社会提供卫生防疫、卫生检疫的服务。

需要指出的是,《销售服务、无形资产、不动产注释》中对于医疗服务的界定,包括"提供医学检查、诊断、治疗、康复、预防、保健、接生、计划生育、防疫服务等方面的服务,以及与这些服务有关的提供药品、医用材料器具、救护车、病房住宿和伙食的业务"。但并不是所有的医疗服务均免征增值税,而应以《全国医疗服务价格项目规范》所列的各项医疗服务为免税范围,即"综合医疗服务、实验室诊断、病理学诊断、影像学诊断、临床诊断、临床物理治疗、临床非手术治疗、临床手术治疗、临床辅助操作、中医和民族医疗服务"。

由此可见,免征增值税的医疗服务的范围认定,核心在于价格标准。

根据《财政部　税务总局关于延续实施医疗服务免征增值税等政策的公告》,自 2019 年 2 月 1 日至 2027 年 12 月 31 日,医疗机构接受其他医疗机构委托,按照不高于地(市)级以上价格主管部门会同同级卫生主管部门及其他相关部门制定的医疗服务指导价格(包括政府指导价和按照规定由供需双方协商确定的价格等),提供《全国医疗服务价格项目规范》所列的各项服务,免征增值税。

此外,对于互联网医院,如符合"按照医疗服务指导价格为患者提供《全国医疗服务价格项目规范》所列的各项服务",免征增值税。①

---

① 《对十三届全国人大四次会议第 6902 号建议的答复》,载国家卫生健康委网站 2022 年 2 月 9 日,http://www.nhc.gov.cn/wjw/jiany/202202/2c43d83f5d8043a1a23661bba2ebe64f.shtml。

三、医疗服务价格改革试点

2019 年《国家医疗保障局关于印发医疗保障标准化工作指导意见的通知》明确提出加强重点领域标准化工作，包括医疗服务项目与价格规范、医疗服务价格监测规范等。各地医疗保障局也逐步将医疗服务价格项目进行全面规范，统一编码、统一列入目录并予以公布。而这些也构成了医疗机构医疗服务免征增值税的基础。

2021 年《深化医疗服务价格改革试点方案》明确提出建立科学确定、动态调整的医疗服务价格形成机制，持续优化医疗服务价格结构。提出建立规范有序的价格分类形成机制，具体内容为：通用型医疗服务的政府指导价围绕统一基准浮动、复杂型医疗服务的政府指导价引入公立医疗机构参与形成、特需服务和试行期内新增项目实行市场调节价。

专业提示

判断医疗机构的医疗服务是否免征增值税，主要有三个标准：一是医疗机构的判定，二是属于免税范围内的医疗服务的判定，三是价格标准的判定。而能否享受免征待遇与医疗机构营利性与否并无直接联系。

关联规则

1.《增值税法》第二十四条

2.《医疗机构管理条例》(中华人民共和国国务院令第 752 号)第二条

3.《财政部　国家税务总局关于全面推开营业税改征增值税试点的通知》(财税〔2016〕36 号)附件 3《营业税改征增值税试点过渡政策的规定》第一条

4.《财政部　税务总局关于延续实施医疗服务免征增值税等政策的公告》(财政部　税务总局公告 2023 年第 68 号)第一条

5.《国家医保局　国家卫生健康委　国家发展改革委　财政部　人力

资源社会保障部　市场监管总局　国家中医药局　国家药监局关于印发〈深化医疗服务价格改革试点方案〉的通知》(医保发〔2021〕41 号)第四条

6.《国务院办公厅关于支持社会力量提供多层次多样化医疗服务的意见》(国办发〔2017〕44 号)第四条

7.《国家医疗保障局关于印发医疗保障标准化工作指导意见的通知》(医保发〔2019〕39 号)第三条

8.《国务院办公厅印发关于促进社会办医加快发展若干政策措施的通知》(国办发〔2015〕45 号)第四条

9.《国务院办公厅转发发展改革委卫生部等部门关于进一步鼓励和引导社会资本举办医疗机构意见的通知》(国办发〔2010〕58 号)第二条

10.《医疗机构管理条例实施细则》第三条

68.如何理解与适用古旧图书和出版物的增值税优惠政策?

(《增值税法》第二十四条)

一、古旧图书的免征增值税

《增值税法》第二十四条第一款第三项明确规定“古旧图书”免征增值税。对该免征项目的规定源自《增值税暂行条例》第十五条。

1.如何理解古旧图书

《增值税暂行条例实施细则》第三十五条将古旧图书界定为“向社会收购的古书和旧书”。一般来说,古书指的多是古老罕见、有文物价值的书(珍本或善本);旧书则是新中国成立后出版的普通二手书,或长期存滞的特价书。可以说,古旧图书是经过大浪淘沙,在不断修订和再版中保留下来的文化传承的重要载体,集中体现着版本价值、收藏价值,在发掘、保护、传播、积累中国传统文化上,也发挥着独特作用。

2.如何适用免征规定

古旧图书作为图书的一种,本应适用9%的增值税税率。但由于古旧图书具有独特的文化价值,因此对于从事古旧图书收购的纳税人来说,其销售向社会收购的古旧图书,可以免征增值税。该政策有利于古旧图书行业的发展。

对于个人来说,销售家传的或自己购买收藏的古旧图书,虽不符合“向社会收购的古书和旧书”的描述,但属于“自然人销售自己使用过的物品”,也可以享受免征增值税。

二、出版物的增值税优惠政策

1.优惠对象和执行期限

“出版物”,是指根据国务院出版行政主管部门的有关规定出版的图书、报纸、期刊、音像制品和电子出版物。上述图书、报纸和期刊,包括随同图书、报纸、期刊销售并难以分离的光盘、软盘和磁带等信息载体。

出版物的销售,包括出版、批发、零售环节。目前,不同环节适用不同的增值税优惠政策。

根据《财政部　税务总局关于延续实施宣传文化增值税优惠政策的公告》的规定,相关优惠政策继续执行至 2027 年 12 月 31 日。

2. 对部分出版物在出版环节实行增值税 100% 先征后退

根据《财政部　税务总局关于延续实施宣传文化增值税优惠政策的公告》第一条的规定,对于下列出版物在出版环节执行增值税 100% 先征后退的政策:

(1)中国共产党和各民主党派的各级组织的机关报纸和机关期刊,各级人大、政协、政府、工会、共青团、妇联、残联、科协的机关报纸和机关期刊,新华社的机关报纸和机关期刊,军事部门的机关报纸和机关期刊。上述各级组织不含其所属部门。机关报纸和机关期刊增值税先征后退范围掌握在一个单位一份报纸和一份期刊以内。

(2)专为少年儿童出版发行的报纸和期刊,中小学的学生教科书。

其中“专为少年儿童出版发行的报纸和期刊”是指以初中及初中以下少年儿童为主要对象的报纸和期刊,“中小学的学生教科书”是指普通中小学学生教科书①和中等职业教育教科书②。

① 普通中小学学生教科书是指根据中小学国家课程方案和课程标准编写的,经国务院教育行政部门审定或省级教育行政部门审定的,由取得国务院出版行政主管部门批准的教科书出版、发行资质的单位提供的中小学学生上课使用的正式教科书,具体操作时按国务院和省级教育行政部门每年下达的“中小学教学用书目录”中所列“教科书”的范围掌握。

② 中等职业教育教科书是指按国家规定设置标准和审批程序批准成立并在教育行政部门备案的中等职业学校,以及在人力资源社会保障行政部门备案的技工学校学生使用的教科书,具体操作时按国务院和省级教育、人力资源社会保障行政部门发布的教学用书目录认定。中小学的学生教科书不包括各种形式的教学参考书、图册、读本、课外读物、练习册以及其他各类教辅材料。

（3）专为老年人出版发行的报纸和期刊。

（4）少数民族文字出版物。

（5）盲文图书和盲文期刊。

（6）经批准在内蒙古、广西、西藏、宁夏、新疆五个自治区内注册的出版单位出版的出版物。

（7）列入该公告附件1的图书、报纸和期刊。①

3. 对部分出版物在出版环节实行增值税50%先征后退

根据《财政部　税务总局关于延续实施宣传文化增值税优惠政策的公告》第一条的规定，对下列出版物在出版环节执行增值税50%先征后退的政策：（1）各类图书、期刊、音像制品、电子出版物，但执行增值税100%先征后退的出版物除外。（2）列入该公告附件2的报纸。②

4. 图书批发、零售免征增值税

根据《财政部　税务总局关于延续实施宣传文化增值税优惠政策的

---

① 包括：（1）《半月谈》（CN11－1271/D）和《半月谈内部版》（CN11－1599/D）。（2）新华通讯社的刊号为CN11－1363/D、CN11－4165/D、CN11－4166/D、CN11－4164/D、CN11－4139/D和CN11－4140/D的期刊。（3）《法制日报》（现为《法治日报》）（CN11－0080）。（4）《检察日报》（CN11－0187）。（5）《人民法院报》（CN11－0194）。（6）《中国日报》（CN11－0091）。（7）《中国纪检监察报》（CN11－0176）。（8）《光明日报》（CN11－0026）。（9）《经济日报》（CN11－0014）。（10）《农民日报》（CN11－0055）。（11）《人民公安报》（CN11－0090）。（12）《中国妇女》[CN11－1245/C，CN11－1704/C（英文）]。（13）《长安》（CN11－3295/D）。（14）《中国火炬》（CN11－3316/C）。（15）《中国纪检监察》（CN10－1269/D）。（16）《环球时报》[CN11－0215，CN11－0272（英文版）]。（17）《中共中央办公厅通讯》（CN11－4129/D）。（18）《科技日报》（CN11－0078）。（19）国务院侨务办公室组织编写的背面印有"本书国务院侨办推展海外华文教育免费赠送"字样的华文教材（含多媒体教材）。

② 共两大类十三小类。第一综合类报纸，包括：国际时政类报纸、外宣类报纸和其他类报纸。第二行业专业类报纸，包括：经济类报纸、工业产业类报纸、农业类报纸、文化艺术类报纸、法制公安类报纸、科技类报纸、教育类报纸、新闻出版类报纸、信息技术类报纸、其他类报纸。

公告》第二条的规定,图书批发、零售环节免征增值税。

可享受增值税免税政策的图书,是指由国家新闻出版署批准的出版单位出版,采用国际标准书号(ISBN)编序的书籍以及图片,不包括报纸、期刊、音像制品或电子出版物等。

三、图书资料的进口免税

根据《财政部　海关总署　税务总局关于"十四五"期间支持科技创新进口税收政策的通知》,对出版物进口单位为科研院所、学校、党校(行政学院)、图书馆进口用于科研、教学的图书、资料等,免征进口环节增值税。

专业提示

由于一般纳税人适用增值税免税政策,销售方不得抵扣进项税额、购买方也无购进的进项税额。因此对于图书的免税政策,涵盖了批发和零售两个环节,这样既不增加免税企业的负担,也真正让最终消费者享受到了免税的利好。

先征后退不是免税,而是在增值税正常缴纳之后的退库。因此,部分出版物在出版环节的先征后退不影响增值税计算抵扣链条的完整性,可以按规定开具增值税专用发票,正常计算销项税额,购买方也可以按规定抵扣进项税额。

关联规则

1.《增值税法》第二十四条

2.《增值税暂行条例》(中华人民共和国国务院令第 691 号)第十五条

3.《增值税暂行条例实施细则》(中华人民共和国财政部令第 65 号)第三十五条

4.《财政部　税务总局关于延续实施宣传文化增值税优惠政策的公告》

(财政部　税务总局公告 2023 年第 60 号)第一、二、七条

5.《财政部　海关总署　税务总局关于“十四五”期间支持科技创新进口税收政策的通知》(财关税〔2021〕23 号)第二条

69. 如何理解与适用直接用于科学研究、科学试验和教学的进口仪器、设备免征增值税?

(《增值税法》第二十四条)

《增值税法》第二十四条第一款第四项明确规定“直接用于科学研究、科学试验和教学的进口仪器、设备”免征增值税。对该免征项目的规定源自《增值税暂行条例》第十五条。

一、进口主体范围

无论是《增值税暂行条例》还是《增值税暂行条例实施细则》均未对该项免征项目进行进一步解释。

2021 年之前该免征项目的执行依据主要是 2007 年财政部、海关总署、国家税务总局制定的《科学研究和教学用品免征进口税收规定》。一般认为,从事科学研究和教学的主体主要是“科学研究机构和学校”,包括:(1)国务院部委、直属机构和省、自治区、直辖市、计划单列市所属专门从事科学研究工作的各类科研院所;(2)国家承认学历的实施专科及以上高等学历教育的高等学校;(3)财政部会同国务院有关部门核定的其他科学研究机构和学校。

随着支持科技创新的进口税收政策的不断深化,可以享受免税进口科学研究、科技开发和教学用品的主体还包括科技类民办非企业单位、国家中小企业公共服务示范平台(技术类)以及外资研发中心。

随着 2021 年《财政部　海关总署　税务总局关于“十四五”期间支持科技创新进口税收政策的通知》的发布,进口单位的范围扩大,并将此前的相关主体涵盖在内,统称为“科学研究机构、技术开发机构、学校、党校(行政学院)、图书馆”,具体包括:(1)从事科学研究工作的中央级、省级、地市级科研院所(含其具有独立法人资格的图书馆、研究生院)。

(2)国家实验室、国家重点实验室、企业国家重点实验室、国家产业创新中心、国家技术创新中心、国家制造业创新中心、国家临床医学研究中心、国家工程研究中心、国家工程技术研究中心、国家企业技术中心、国家中小企业公共服务示范平台(技术类)。(3)科技体制改革过程中转制为企业和进入企业的主要从事科学研究和技术开发工作的机构。(4)科技部[①]会同民政部核定或者省级科技主管部门会同省级民政、财政、税务部门和社会研发机构所在地直属海关核定的科技类民办非企业单位性质的社会研发机构;省级科技主管部门会同省级财政、税务部门和社会研发机构所在地直属海关核定的事业单位性质的社会研发机构。(5)省级商务主管部门会同省级财政、税务部门和外资研发中心所在地直属海关核定的外资研发中心。(6)国家承认学历的实施专科及以上高等学历教育的高等学校及其具有独立法人资格的分校、异地办学机构。(7)县级及以上党校(行政学院)。(8)地市级及以上公共图书馆。

同时,根据财政部等十一部门发布的《关于"十四五"期间支持科技创新进口税收政策管理办法的通知》,不同的主管机关分别核定不同类型的免税主体。例如:教育部核定国家承认学历的实施专科及以上高等学历教育的高等学校及其具有独立法人资格的分校、异地办学机构名单;中央宣传部核定具有出版物进口许可的出版物进口单位名单;等等。由此可见,享受税收优惠政策的进口单位实行名单管理。

二、进口仪器或设备的范围

进口仪器或设备的范围是免税政策实施的基础,因此其范围关系着免税政策的目的能否实现、功能能否发挥。

---

① 原文为科技部,指科学技术部。

首先，进口免税的仪器、设备应是科学研究机构、技术开发机构、学校、党校(行政学院)、图书馆进口的国内不能生产或性能不能满足需求的科学研究、科技开发和教学用品。

其次，进口免税的仪器、设备的范围实行清单管理。免税进口商品清单由财政部、海关总署、税务总局征求有关部门意见后制定印发，并实行动态调整。2021 年 10 月 29 日，财政部、海关总署、税务总局联合印发了《关于"十四五"期间进口科学研究、科技开发和教学用品免税清单(第一批)的通知》，公布了"十四五"期间支持科技创新进口税收政策项下第一批免税进口商品清单。该免税清单延续了"十三五"支持科技创新进口税收政策的免税进口商品清单管理模式，保持了政策的连续性、稳定性、可持续性。同时，该免税清单对"十三五"免税清单进行了调整和完善，综合考虑了国内生产实际和进口需求，以更好适应科技创新的新需求并支持交叉学科发展。

三、进口免税的管理

享受政策的科学研究机构、技术开发机构、学校、党校(行政学院)、图书馆等进口单位进口免税商品清单内所列商品，应向其主管海关办理减免税审核确认手续。

无论是《增值税暂行条例》还是《增值税法》均要求进口仪器、设备"直接用于科学研究、科学试验和教学"。因此，在海关监管年限内，科学研究机构、技术开发机构、学校、党校(行政学院)、图书馆免税进口用品，未经海关审核同意，不得擅自转让、抵押、移作他用或进行其他处置。经主管海关审核同意并办理相关手续后，科学研究机构、技术开发机构、学校、党校(行政学院)、图书馆可将免税进口用品用于其他单位的科学研究、科技开发和教学活动，但一般不得移出本单位。

享受政策的上述进口单位申请只免征进口关税和进口环节消费税，

自愿放弃免征进口环节增值税的，主管海关可以受理，并按规定为其办理减免税审核确认手续。但免税进口单位在主动放弃免征进口环节增值税后的三十六个月内，如果再次申请免征进口环节增值税，主管海关不予受理。

专业提示

直接用于科学研究、科学试验和教学的进口仪器、设备免征增值税制度由来已久。作为支持科技创新进口税收政策的组成部分，这一制度的适用具有重要意义。在清单上的进口单位，发生名称、经营范围或业务范围变更等情形的，需要确认能否继续享受税收优惠政策，如果停止享受政策，进口单位在停止享受政策之日（含）后，应向海关申报进口并已享受政策的有关科学研究、科技开发和教学用品，并补缴相关税款。

关联规则

1.《增值税法》第二十四条

2.《增值税暂行条例》第十五条

3.《增值税暂行条例实施细则》第三十五条

4.《财政部　海关总署　税务总局关于“十四五”期间支持科技创新进口税收政策的通知》（财关税〔2021〕23号）第三条

5.《财政部　中央宣传部　国家发展改革委　教育部　科技部　工业和信息化部　民政部　商务部　文化和旅游部　海关总署　税务总局关于“十四五”期间支持科技创新进口税收政策管理办法的通知》（财关税〔2021〕24号）第三、五条

6.《科技部　财政部　海关总署　税务总局关于印发〈科研院所等科研机构免税进口科学研究、科技开发和教学用品管理细则〉的通知》（国科发政

〔2021〕270 号）

7.《科学研究和教学用品免征进口税收规定》第三条

8.《财政部　海关总署　税务总局关于“十四五”期间进口科学研究、科学开发和教学用品免税清单（第一批）的通知》

70. 如何理解与适用残疾人个人提供的服务免征增值税？残疾人就业创业还有哪些增值税优惠政策？

(《增值税法》第二十四条)

一、如何理解残疾人个人提供的服务

1. 基本制度

《增值税法》第二十四条第一款第六项明确规定“残疾人个人提供的服务”免征增值税。该免征项目的规定源自《营业税暂行条例》(已失效)第八条“残疾人员个人提供的劳务”,《营业税暂行条例实施细则》(已失效)将其界定为“残疾人员个人提供的劳务,是指残疾人员本人为社会提供的劳务”。

“营改增”后,根据《财政部　国家税务总局关于全面推开营业税改征增值税试点的通知》(财税〔2016〕36 号)附件 3《营业税改征增值税试点过渡政策的规定》以及《财政部　国家税务总局关于促进残疾人就业增值税优惠政策的通知》第八条的规定,残疾人个人提供的加工、修理修配劳务,以及残疾人员本人为社会提供的服务,免征增值税。

2. 残疾人个人的范围

根据《残疾人保障法》的规定,残疾人是指在心理、生理、人体结构上,某种组织、功能丧失或者不正常,全部或者部分丧失以正常方式从事某种活动能力的人。残疾人包括视力残疾、听力残疾、言语残疾、肢体残疾、智力残疾、精神残疾、多重残疾和其他残疾的人。残疾人根据《残疾人证管理办法》的规定申请残疾人证。

由于增值税法律制度中的个人包括个体工商户和其他个人,同时提供服务的个人应具有民事行为能力,因此《财政部　国家税务总局关于促进残疾人就业增值税优惠政策的通知》对残疾人进行了特别界定，即“残疾人个人，是指自然人”，“残疾人，是指法定劳动年龄内，持有《中华人民共和国残疾人证》或者《中华人民共和国残疾军人证（1至8级）》的自然人，包括具有劳动条件和劳动意愿的精神残疾人”。

3. 服务的范围

“营改增”后，残疾人个人提供的服务，既包括原营业税应税服务，也包括加工、修理修配劳务。增值税立法后，对服务不应再作狭义的理解。

《关于扶持残疾人自主就业创业的意见》提出了残疾人灵活就业的概念，即残疾人从事非全日制、临时性和弹性工作等实现就业。包括从事家庭副业、家政服务、修理装配、便民理发、绿化保洁等，以及经人力资源社会保障部门认定的其他灵活就业。但不应认为只有经认定的灵活就业才符合免征增值税的条件。

二、残疾人就业相关增值税优惠政策

《增值税法》对残疾人个人提供的服务予以免征增值税，适用该政策的纳税人不包括安置残疾人就业的单位和个体工商户。因此对于这部分纳税人，出于鼓励安置残疾人就业的目的，规定了相关的优惠政策。

1. 即征即退政策

根据《财政部　国家税务总局关于促进残疾人就业增值税优惠政策的通知》和《促进残疾人就业增值税优惠政策管理办法》规定，对安置残疾人的单位和个体工商户，由税务机关按纳税人安置残疾人的人数，限额即征即退增值税。每月可退还的增值税具体限额，由县级以上税务机关根据纳税人所在区县（含县级市、旗）适用的经省（含自治区、直辖市、计划单列市）人民政府批准的月最低工资标准的4倍确定。

2. 享受优惠政策的一般条件

（1）纳税人（除盲人按摩机构外）月安置的残疾人占在职职工人数

的比例不低于25%(含25%),并且安置的残疾人人数不少于10人(含10人);盲人按摩机构月安置的残疾人占在职职工人数的比例不低于25%(含25%),并且安置的残疾人人数不少于5人(含5人)。

(2)依法与安置的每位残疾人签订了一年以上(含一年)的劳动合同或服务协议。

(3)为安置的每位残疾人按月足额缴纳了基本养老保险、基本医疗保险、失业保险、工伤保险和生育保险等社会保险。

(4)通过银行等金融机构向安置的每位残疾人,按月支付了不低于纳税人所在区县适用的经省人民政府批准的月最低工资标准的工资。

3. 特殊教育校办企业

对安置残疾人的特殊教育学校举办的企业,由税务机关按纳税人安置残疾人的人数,限额即征即退增值税。其中,特殊教育学校举办的企业,是指特殊教育学校主要为在校学生提供实习场所,并由学校出资自办、由学校负责经营管理、经营收入全部归学校所有的企业。具体适用条件也应满足前述关于残疾人人数与比例的要求。

在计算残疾人人数时可将在企业上岗工作的特殊教育学校的全日制在校学生计算在内,在计算企业在职职工人数时也要将上述学生计算在内。

4. 限额即征即退的具体实施

符合条件的纳税人按照纳税期限向主管税务机关申请退还增值税,一个纳税期已交增值税额不足以退还的,可从本纳税年度以前纳税期已交增值税扣除已退增值税的余额中退还,仍不足退还的可结转本纳税年度以后纳税期退还,但不得结转以后年度退还。纳税期限不为按月的,只能对其符合条件的月份退还增值税。

专业提示

自主创业、灵活就业是残疾人实现就业的主渠道之一。无论是免征增值税还是即征即退，均属于《增值税法》"鼓励创新创业就业"优惠政策的重要内容，也有利于保障残疾人的劳动权利。残疾人证是残疾人身份证明的前提，对于安置残疾人就业的纳税人而言，劳动法合规也是适用即征即退政策和计算即征即退限额的基础。

关联规则

1.《增值税法》第二十四条

2.《残疾人保障法》第二条

3.《财政部　国家税务总局关于全面推开营业税改征增值税试点的通知》（财税〔2016〕36号）附件3《营业税改征增值税试点过渡政策的规定》第一条

4.《财政部　国家税务总局关于促进残疾人就业增值税优惠政策的通知》（财税〔2016〕52号）第八条

5.《国家税务总局关于发布〈促进残疾人就业增值税优惠政策管理办法〉的公告》（国家税务总局公告2016年第33号）第九条

6.《关于扶持残疾人自主就业创业的意见》（残联发〔2018〕6号）第一条

71. 如何理解与适用育养服务、婚姻介绍服务、殡葬服务的免征增值税？

（《增值税法》第二十四条）

《增值税法》第二十四条第一款第七项明确规定“托儿所、幼儿园、养老机构、残疾人服务机构提供的育养服务，婚姻介绍服务，殡葬服务”免征增值税。对该免征项目的规定源自《营业税暂行条例》（已失效）第八条第一款第一项。

“营改增”后，《财政部　国家税务总局关于全面推开营业税改征增值税试点的通知》（财税〔2016〕36号）附件3《营业税改征增值税试点过渡政策的规定》第一条第一至五项平移了前述优惠政策，分别对托儿所、幼儿园提供的保育和教育服务，养老机构提供的养老服务，残疾人福利机构提供的育养服务，婚姻介绍服务和殡葬服务免征增值税。

一、如何理解与适用养育服务免征增值税

1. 托儿所、幼儿园

根据《财政部　国家税务总局关于全面推开营业税改征增值税试点的通知》（财税〔2016〕36号）附件3《营业税改征增值税试点过渡政策的规定》，托儿所、幼儿园，是指经县级以上教育部门审批成立、取得办园许可证的实施0～6岁学前教育的机构，包括公办和民办的托儿所、幼儿园、学前班、幼儿班、保育院、幼儿院。

公办托儿所、幼儿园免征增值税的收入，是指在省级财政部门和价格主管部门审核报省级人民政府批准的收费标准以内收取的教育费、保育费。

民办托儿所、幼儿园免征增值税的收入，是指在报经当地有关部门备案并公示的收费标准范围内收取的教育费、保育费。

超过规定收费标准的收费,以开办实验班、特色班和兴趣班等为由另外收取的费用以及与幼儿入园挂钩的赞助费、支教费等超过规定范围的收入,不属于免征增值税的收入。

此外,根据财政部等六部门印发的《关于养老、托育、家政等社区家庭服务业税费优惠政策的公告》,提供社区托育服务取得的收入,免征增值税。为社区提供托育服务的机构,是指在社区依托固定场所设施,采取全日托、半日托、计时托、临时托等方式,为社区居民提供托育服务的企业、事业单位和社会组织。社区托育服务,是指为三周岁(含)以下婴幼儿提供的照料、看护、膳食、保育等服务。

2. 养老机构

根据《关于明确养老机构免征增值税等政策的通知》(财税〔2019〕20号),养老机构包括依照《老年人权益保障法》依法办理登记,并向民政部门备案的为老年人提供集中居住和照料服务的各类养老机构。包括营利性养老机构和非营利性养老机构。设立营利性养老机构,应当在市场监督管理部门办理登记;设立非营利性养老机构,应当依法办理相应的登记。

对于养老机构提供的养老服务免征增值税。根据《财政部　国家税务总局关于全面推开营业税改征增值税试点的通知》(财税〔2016〕36号)附件3《营业税改征增值税试点过渡政策的规定》,养老服务,是指养老机构按照民政部《养老机构管理办法》的规定,为收住的老年人提供的生活照料、康复护理、精神慰藉、文化娱乐等服务。

此外,根据《关于养老、托育、家政等社区家庭服务业税费优惠政策的公告》,提供社区养老服务取得的收入,免征增值税。为社区提供养老服务的机构,是指在社区依托固定场所设施,采取全托、日托、上门等方式,为社区居民提供养老服务的企业、事业单位和社会组织。社区养老服务是指为老年人提供的生活照料、康复护理、助餐助行、紧急救援、精神慰藉等服务。

3. 残疾人服务机构

根据《残疾人服务机构管理办法》第二条的规定，残疾人服务机构是指国家、社会和个人举办的，依法登记的专门为残疾人提供供养、托养、照料、康复、辅助性就业等相关服务的机构。第十条明确规定，残疾人服务机构应当依照其登记类型、业务性质、设施设备条件、管理水平、服务质量、护理等级等因素确定服务项目的收费标准，应遵守国家和地方政府价格管理有关规定。

二、如何理解与适用婚姻介绍服务免征增值税

婚姻介绍服务属于“经纪代理服务”，主要是通过专业的婚姻介绍机构，帮助单身人士寻找合适的伴侣，提供婚姻咨询和婚姻匹配等服务。这种服务的本质是为了促进社会的婚姻和家庭稳定，鼓励人们建立健康、稳定的婚姻关系。其对于社会和谐和家庭稳定的意义，也是适用免征增值税的法理依据。

一般认为，免征增值税的应为婚介服务收入而不包括与婚介有关的其他服务行为的收入。从商业模式的角度来看，婚姻介绍所主要通过收取会员费、提供个性化服务收费以及与相关企业合作等方式获取收益。会员费是其常见的收入来源之一，那么会员费是否属于免税范畴？如果收取会员费用于提供婚姻介绍服务，那么其应属于免税范畴。婚姻介绍服务的范畴较广，提供约会活动、情感指导、相亲指导等均属于婚姻介绍服务范畴，并且财政税务主管部门并未对适用的具体情形予以解释，因此婚姻中介机构日常经营中的免税收入建议与主管税务机关沟通后确定。

三、如何理解与适用殡葬服务免征增值税

殡葬服务是面向全社会的特殊公共服务，具有很强的社会公益性，而给予其增值税免征即政府承担社会责任的重要体现。

根据《财政部　国家税务总局关于全面推开营业税改征增值税试点的通知》（财税〔2016〕36号）附件3《营业税改征增值税试点过渡政策的规定》，殡葬服务，是指收费标准由各地价格主管部门会同有关部门核定，或者实行政府指导价管理的遗体接运（含抬尸、消毒）、遗体整容、遗体防腐、存放（含冷藏）、火化、骨灰寄存、吊唁设施设备租赁、墓穴租赁及管理等服务。

对以上规定可以从两方面进行理解：第一，只有收费标准由价格主管部门会同有关部门核定或者实行政府指导价管理的殡葬服务才可以享受免征增值税。第二，必须为殡葬服务。殡葬机构出租墓穴收取标准以内的管理费，则属于免增值税的殡葬服务；销售墓穴，则属于销售不动产，不得享受殡葬服务增值税的免征。

专业提示

虽然前述服务均适用免征增值税的规定，但对于免征增值税的收入，不同主体提供的服务所适用的收入的范围存在差异，核心区别在于该服务是否完全由市场定价，以及收入是否应在标准范围内。因此纳税人销售相关服务应比照上述条件判断能否适用免税。

实践中，育养服务和婚姻介绍服务往往采用预收费制度，因此纳税人应按照各自的纳税义务发生时间，进行免税申报。

关联规则

1.《增值税法》第二十四条

2.《财政部　国家税务总局关于全面推开营业税改征增值税试点的通知》（财税〔2016〕36号）附件3《营业税改征增值税试点过渡政策的规定》第一条

3.《关于明确养老机构免征增值税等政策的通知》(财税〔2019〕20 号)第一条

4.《养老机构管理办法》第二条

5.《民政部、人力资源社会保障部、卫生计生委、中国残联关于印发〈残疾人服务机构管理办法〉的通知》(民发〔2018〕31 号)第二条

6.《关于养老、托育、家政等社区家庭服务业税费优惠政策的公告》(财政部公告 2019 年第 76 号)第一、三条

72. 如何理解与适用学校提供的学历教育服务、学生勤工俭学提供的服务免征增值税？

（《增值税法》第二十四条）

《增值税法》第二十四条第一款第八项明确规定“学校提供的学历教育服务，学生勤工俭学提供的服务”免征增值税。对该免征项目的规定源自《营业税暂行条例》（已失效）第八条第一款第四项。“营改增”后，《营业税改征增值税试点过渡政策的规定》第一条第八、九项平移了前述政策。

一、如何理解与适用学校提供的学历教育服务免征增值税

1. 如何理解学历教育

根据《财政部　国家税务总局关于全面推开营业税改征增值税试点的通知》（财税〔2016〕36号）附件3《营业税改征增值税试点过渡政策的规定》，学历教育，是指受教育者经过国家教育考试或者国家规定的其他入学方式，进入国家有关部门批准的学校或者其他教育机构学习，获得国家承认的学历证书的教育形式。

具体包括：（1）初等教育：普通小学、成人小学。（2）初级中等教育：普通初中、职业初中、成人初中。（3）高级中等教育：普通高中、成人高中和中等职业学校（包括普通中专、成人中专、职业高中、技工学校）。（4）高等教育：普通本专科、成人本专科、网络本专科、研究生（博士、硕士）、高等教育自学考试、高等教育学历文凭考试。

2. 提供学历教育的学校范围

从事学历教育的学校，是指：（1）普通学校。（2）经地（市）级以上人民政府或者同级政府的教育行政部门批准成立、国家承认其学员学历的各类学校。（3）经省级及以上人力资源社会保障行政部门批准成立的技工学校、高级技工学校。(4)经省级人民政府批准成立的技师学院。上述学校均包括符合规定的从事学历教育的民办学校,但不包括职业培训机构等国家不承认学历的教育机构。

3. 提供教育服务免征增值税的收入范围

提供教育服务免征增值税的收入是指对列入规定招生计划的在籍学生提供学历教育服务取得的收入,具体包括:经有关部门审核批准并按规定标准收取的学费、住宿费、课本费、作业本费、考试报名费收入,以及学校食堂提供餐饮服务取得的伙食费收入。学校食堂是指依照《学校食品安全与营养健康管理规定》(教育部、国家市场监督管理总局、国家卫生健康委员会令第45号)管理的学校食堂。除此之外的收入,包括学校以各种名义收取的赞助费、择校费等,不属于免征增值税的范围。

《学校食堂与学生集体用餐卫生管理规定》(已失效)第三十五条将食堂界定为"学校自办食堂、承包食堂和高校后勤社会化后专门为学生提供就餐服务的实体"。该部门规章自2019年4月1日起失效,为《学校食品安全与营养健康管理规定》所取代。而《学校食品安全与营养健康管理规定》第六十二条将学校食堂界定为,"学校为学生和教职工提供就餐服务,具有相对独立的原料存放、食品加工制作、食品供应及就餐空间的餐饮服务提供者"。区别于"供餐单位",即根据订购要求,集中加工、分送食品但不提供就餐场所的食品经营者。

因此,学校食堂自营或外包、委托等向师生提供的餐饮服务可以免征增值税,外部订餐供餐单位、校内外其他食品经营者不属于可以免征增值税的学校食堂。

二、如何理解与适用学生勤工俭学免征增值税

1. 什么是勤工俭学

在校学生通过实习取得劳务报酬,通常有以下形式:职业学校学生

实习、勤工助学、校外兼职、毕业实习(就业实习)。其中,前两者体现了学校的组织管理,后两者主要是学生的个人行为。从免征增值税的角度看,上述形式并无实质差异,都体现为学生从事有酬劳动,用以助学。

2. 取得实习报酬的增值税问题

根据《关于贯彻执行〈中华人民共和国劳动法〉若干问题的意见》,在校生利用业余时间勤工助学,不视为就业,未建立劳动关系,可以不签订劳动合同。因此,不属于"员工为受雇单位或者雇主提供取得工资、薪金的服务",即不属于不征收增值税项目。但由于该收入为学生勤工俭学报酬,应免征增值税。

专业提示

无论是学校提供的学历教育服务,还是学生勤工俭学提供的服务,都已实施多年。但是随着社会力量办学的发展、高校后勤社会化改革的推进等,相关政策所规范的对象都发生了一定的调整和变化,对于相关基础概念的界定也产生了变化。因此纳税人既要把握《增值税法》规范的文义解释,也要了解特定规则的历史,从而理解相关规则的立法目的,确保准确适用免征增值税政策。

关联规则

1.《增值税法》第二十四条

2.《财政部　国家税务总局关于全面推开营业税改征增值税试点的通知》(财税〔2016〕36 号)附件 3《营业税改征增值税试点过渡政策的规定》

3.《学校食品安全与营养健康管理规定》(教育部、国家市场监督管理总局、国家卫生健康委员会令第 45 号)第六十二条

4.《教育部　财政部关于印发〈高等学校勤工助学管理办法(2018 年修订)〉的通知》(教财〔2018〕12 号)

5.《教育部等八部门关于印发〈职业学校学生实习管理规定〉的通知》(教职成〔2021〕4 号)

6. 劳动部关于印发《关于贯彻执行〈中华人民共和国劳动法〉若干问题的意见》的通知(劳部发〔1995〕309 号)

73. 如何理解与适用文化、宗教活动的门票收入免征增值税？

（《增值税法》第二十四条）

《增值税法》第二十四条第一款第九项明确规定“纪念馆、博物馆、文化馆、文物保护单位管理机构、美术馆、展览馆、书画院、图书馆举办文化活动的门票收入，宗教场所举办文化、宗教活动的门票收入”免征增值税。

对该免征项目的规定源自《营业税暂行条例》（已失效）第八条第一款第六项。“营改增”后，《财政部　国家税务总局关于全面推开营业税改征增值税试点的通知》（财税〔2016〕36号）附件3《营业税改征增值税试点过渡政策的规定》第一条第十一、十二项平移了前述政策，表述略有不同。

一、免征政策适用的主体范围

1. 文化场所

《营业税暂行条例实施细则》（已失效）第二十二条明确了纪念馆、博物馆、文化馆、文物保护单位管理机构、美术馆、展览馆、书画院、图书馆举办文化活动，是指这些单位在自己的场所举办的属于文化体育业税目征税范围的文化活动。

首先，上述单位必须在自己的场所举办，同时该文化活动属于文化体育业税目征税范围。

其次，优惠主体是否包括营利性单位。由于该项优惠立法之时，提供此类文化活动的主体基本上均为非营利性或国有机构，因此不存在需要强调营利性机构能否享受优惠的问题，导致实践中曾经一度对于适用主体是否包含营利性机构存在争议。2010年国务院发布《关于鼓励和引导民间投资健康发展的若干意见》,明确提出“鼓励民间资本参与发展文化、旅游和体育产业”。《国家文物局　民政部　财政部　国土资源部　住房和城乡建设部　文化部　国家税务总局关于促进民办博物馆发展的意见》明确指出,民办博物馆在接收捐赠、门票收入、非营利性收入等方面,可按照现行税法规定享受有关优惠政策。因此,明确该项免征政策可以适用于民间资本投资的主体,有利于鼓励和引导民间资本进入社会事业领域。

《国家税务总局福建省税务局关于省政协十二届四次会议20212170号提案的协办意见》则明确指出:“根据《财政部　国家税务总局关于全面推开营业税改征增值税试点的通知》(财税〔2016〕36号)附件3营业税改征增值税试点过渡政策的规定,纪念馆、博物馆、文化馆、文物保护单位管理机构、美术馆、展览馆、书画院、图书馆在自己的场所提供文化体育服务取得的第一道门票收入免征增值税。该项免征增值税政策国有博物馆和非国有博物馆均可同等享受,没有区别。”

由此可见,享受免征的文化场所不再受所有制或者营利与否的限制。

2.宗教场所

何为宗教场所?根据《宗教事务条例》,宗教活动场所包括寺观教堂(寺院、宫观、清真寺、教堂)和其他固定宗教活动处所。

尚不具备条件申请设立宗教活动场所的,可以向县级人民政府宗教事务部门申请指定宗教临时活动地点,但宗教临时活动地点不属于宗教活动场所。

宗教活动场所举办文化、宗教活动,应以《宗教活动场所登记证》为前提。对于经批准在宗教活动场所外举行的大型宗教活动能否享受本项优惠的问题,应参考对于博物馆等文化场所“自己的场所举办”这一要求,认为不属于本项优惠的适用范围。

二、免征政策适用的门票收入范围

1. 文化场所的门票收入

对于博物馆等文化场所的门票收入,现行政策要求为“销售第一道门票的收入”。

以博物馆为例,根据《博物馆条例》第三十三条的规定,国家鼓励博物馆向公众免费开放。县级以上人民政府应当对向公众免费开放的博物馆给予必要的经费支持。因此,目前很多博物馆已经取消了第一道门票,那么对于第一道门票免费,第二道门票收入是否可以享受免征增值税优惠？由于多数情形下,第一道门票对应的是文化场所基本陈设,第二道门票通常指向的是与其他机构合作举办的活动。因而从优惠的目的来看,即使不收取第一道门票,进入文化场所之后再行收取的(第二道)门票也不能享受免征增值税优惠。

2. 宗教场所的门票收入

对于宗教场所举办文化、宗教活动的门票收入则要求仅为“寺院、宫观、清真寺和教堂举办文化、宗教活动销售门票的收入”。

根据《宗教活动场所财务管理办法》,宗教活动场所的收入包括下列类型:(1)提供宗教服务的收入和出售宗教活动场所门票的收入;(2)按照国家有关规定接受境内外组织和个人捐赠的收入;(3)经销宗教用品、宗教艺术品和宗教出版物,出租宗教活动场所资产取得的收入;(4)政府补助取得的收入;(5)其他合法收入。

因此只有出售宗教活动场所门票的收入才属于本条规定的免征增值税项目。

三、科普活动的免征增值税

根据《财政部　税务总局关于延续实施宣传文化增值税优惠政策的

公告》,2027 年 12 月 31 日前,对科普单位的门票收入,以及县级及以上党政部门和科协开展科普活动的门票收入免征增值税。其中,“科普单位”,是指科技馆、自然博物馆,对公众开放的天文馆(站、台)、气象台(站)、地震台(站),以及高等院校、科研机构对公众开放的科普基地。“科普活动”,是指利用各种传媒以浅显的、让公众易于理解、接受和参与的方式,向普通大众介绍自然科学和社会科学知识,推广科学技术的应用,倡导科学方法,传播科学思想,弘扬科学精神的活动。

专业提示

文化事业、文化产业是满足人民美好生活需要、推动高质量发展的重要支撑。《“十四五”文化和旅游发展规划》明确提出健全基层公共文化设施网络、建设基层公共文化设施、建设博物馆纪念馆等。《增值税法》的该项免征优惠正是贯彻落实“十四五”规划的重要抓手。

文化、宗教活动免征增值税政策的实施,一方面需要明确享受优惠政策的主体范围,不区分资本性质平等享受税收优惠;另一方面应区分活动收入的类型和门票收入的类型,分别核算。

关联规则

1.《增值税法》第二十四条

2.《财政部　国家税务总局关于全面推开营业税改征增值税试点的通知》(财税〔2016〕36 号)附件 3《营业税改征增值税试点过渡政策的规定》

3.《国务院关于鼓励和引导民间投资健康发展的若干意见》(国发〔2010〕13 号)

4.《博物馆条例》(中华人民共和国国务院令第 659 号)第三十三条

5.《宗教事务条例》(中华人民共和国国务院令第 686 号)第十九、三十五条

6.《宗教活动场所财务管理办法》（国家宗教事务局令第18号）第二十三条

7.《国家文物局　民政部　财政部　国土资源部　住房和城乡建设部　文化部　国家税务总局关于促进民办博物馆发展的意见》（文物博发〔2010〕11号）

8.《财政部　税务总局关于延续实施宣传文化增值税优惠政策的公告》（财政部　税务总局公告2023年第60号）第三、七条

9.《国家税务总局福建省税务局关于省政协十二届四次会议20212170号提案的协办意见》（闽税函〔2021〕67号）第一条

74. 我国现行支持小微企业发展的增值税优惠政策有哪些？

(《增值税法》第二十五条)

《增值税法》第二十五条规定“根据国民经济和社会发展的需要，国务院对支持小微企业发展……等情形可以制定增值税专项优惠政策，报全国人民代表大会常务委员会备案”。

一、起征点和免征销售额

《增值税法》第二十三条规定：“小规模纳税人发生应税交易，销售额未达到起征点的，免征增值税；达到起征点的，依照本法规定全额计算缴纳增值税。前款规定的起征点标准由国务院规定，报全国人民代表大会常务委员会备案。”增值税起征点的适用范围限于个人，个人包括个体工商户和其他个人。

根据《财政部　税务总局关于明确增值税小规模纳税人减免增值税等政策的公告》(财政部　税务总局关于增值税小规模纳税人减免增值税政策的公告)，自 2023 年 1 月 1 日至 2027 年 12 月 31 日，对月销售额 10 万元以下(含本数)的增值税小规模纳税人免征增值税。

二、小型企业、微型企业和个体工商户融资免征增值税政策

关于金融机构向小型企业、微型企业和个体工商户发放贷款的利息收入。根据《财政部　税务总局关于金融机构小微企业贷款利息收入免征增值税政策的公告》，2027 年 12 月 31 日前，对金融机构向小型企业、微型企业和个体工商户发放小额贷款取得的利息收入，免征增值税。其中，小额贷款，是指单户授信小于 1000 万元(含本数)的小型企业、微型企业或个体工商户贷款；没有授信额度的，是指单户贷款合同金额且贷款余额在 1000 万元(含本数)以下的贷款。

金融机构可以选择以下两种方法之一适用免征增值税:

(1)对金融机构向小型企业、微型企业和个体工商户发放的,利率水平不高于全国银行间同业拆借中心公布的贷款市场报价利率150%(含本数)的单笔小额贷款取得的利息收入,免征增值税;高于全国银行间同业拆借中心公布的贷款市场报价利率150%的单笔小额贷款取得的利息收入,按照现行政策规定缴纳增值税。

(2)对金融机构向小型企业、微型企业和个体工商户发放单笔小额贷款取得的利息收入中,不高于该笔贷款按照全国银行间同业拆借中心公布的贷款市场报价利率150%(含本数)计算的利息收入部分,免征增值税;超过部分按照现行政策规定缴纳增值税。

此外,根据《财政部　税务总局关于支持小微企业融资有关税收政策的公告》,金融机构向小型企业、微型企业及个体工商户发放单户授信小于100万元(含本数),或者没有授信额度,单户贷款合同金额且贷款余额在100万元(含本数)以下的贷款取得的利息收入,免征增值税。

三、农户融资免征增值税政策

农户,是指长期(一年以上)居住在乡镇(不包括城关镇)行政管理区域内的住户,还包括长期居住在城关镇所辖行政村范围内的住户和户口不在本地而在本地居住一年以上的住户、国有农场的职工。位于乡镇(不包括城关镇)行政管理区域内和在城关镇所辖行政村范围内的国有经济的机关、团体、学校、企事业单位的集体户;有本地户口,但举家外出谋生一年以上的住户,无论是否保留承包耕地均不属于农户。农户以户为统计单位,既可以从事农业生产经营,也可以从事非农业生产经营。

1. 金融机构向农户发放贷款的利息收入

根据《财政部　税务总局关于延续实施金融机构农户贷款利息收入免征增值税政策的公告》,金融机构向农户发放单户授信小于100万元

(含本数),或者没有授信额度,单户贷款合同金额且贷款余额在100万元(含本数)以下的贷款取得的利息收入,免征增值税。

农户贷款的判定应以贷款发放时的借款人是否属于农户为准。

2. 小额贷款公司取得的农户小额贷款利息收入免征增值税政策

根据《财政部　税务总局关于延续实施小额贷款公司有关税收优惠政策的公告》,对经省级地方金融监督管理部门批准成立的小额贷款公司取得的农户小额贷款利息收入,免征增值税。本政策适用于单笔且该农户贷款余额总额在10万元(含本数)以下的贷款。

农户贷款的判定应以贷款发放时的承贷主体是否属于农户为准。

四、融资担保及再担保业务免征增值税政策

根据《关于延续执行农户、小微企业和个体工商户融资担保增值税政策的公告》,2027年12月31日前,纳税人为农户、小型企业、微型企业及个体工商户借款、发行债券提供融资担保取得的担保费收入,以及为原担保提供再担保取得的再担保费收入,免征增值税。

农户担保、再担保的判定应以原担保生效时的被担保人是否属于农户为准。

五、小微企业增值税期末留抵退税

为支持小微企业发展,国家出台政策加大小微企业增值税期末留抵退税政策力度,将先进制造业按月全额退还增值税增量留抵税额政策范围扩大至符合条件的小微企业(含个体工商户,本问下同),并一次性退还小微企业存量留抵税额。

根据《财政部　税务总局关于进一步加大增值税期末留抵退税政策实施力度的公告》,符合条件的小微企业,可以自2022年4月纳税申报期起向主管税务机关申请退还增量留抵税额。符合条件的微型企业,可以自2022年4月纳税申报期起向主管税务机关申请一次性退还存量留抵税额;符合条件的小型企业,可以自 2022 年 5 月纳税申报期起向主管税务机关申请一次性退还存量留抵税额。

专业提示

增值税中的小微企业是小型企业与微型企业的简称,不同于企业所得税的小型微利企业,因此对于增值税小微企业的判断应以《工业和信息化部、国家统计局、国家发展和改革委员会、财政部关于印发中小企业划型标准规定的通知》(工信部联企业〔2011〕300 号)为准。同时对于小微企业的范围的理解,从目前政策适用对象来看,个体工商户、农户也被涵盖在广义的小微企业的范畴中。

无论是金融机构还是小额贷款公司,提供相应的贷款服务或担保服务并取得符合条件的利息收入、融资担保费和再担保费收入,可以享受免征增值税。纳税人应将相关免税证明材料留存备查,单独核算符合免税条件的小额贷款利息收入、融资担保费和再担保费收入,按现行规定向主管税务机构办理纳税申报;未单独核算的,不得免征增值税。

关联规则

1.《增值税法》第二十三、二十五条

2.《财政部　税务总局关于明确增值税小规模纳税人减免增值税等政策的公告》(财政部　税务总局公告 2023 年第 1 号)第一条

3.《财政部　税务总局关于支持小微企业融资有关税收政策的公告》(财政部　税务总局公告 2023 年第 13 号)第一、四条

4.《财政部　税务总局关于金融机构小微企业贷款利息收入免征增值税政策的公告》(财政部　税务总局公告 2023 年第 16 号)第一、四、七条

5.《财政部　税务总局关于延续执行农户、小微企业和个体工商户融资担保增值税政策的公告》(财政部　税务总局公告 2023 年第 18 号)第一、

二、三条

6.《财政部　税务总局关于延续实施金融机构农户贷款利息收入免征增值税政策的公告》(财政部　税务总局公告 2023 年第 67 号)第一、二、三条

7.《财政部　税务总局关于延续实施小额贷款公司有关税收优惠政策的公告》(财政部　税务总局公告 2023 年第 54 号)第一、四条

8.《财政部　税务总局关于进一步加大增值税期末留抵退税政策实施力度的公告》(财政部　税务总局公告 2022 年第 14 号)第一条

9.《财政部　税务总局关于增值税小规模纳税人减免增值税政策的公告》(财政部　税务总局公告 2023 年第 19 号)第一条

75. 我国现行扶持重点产业的增值税优惠政策有哪些?

(《增值税法》第二十五条)

《增值税法》第二十五条规定,"根据国民经济和社会发展的需要,国务院对……扶持重点产业……等情形可以制定增值税专项优惠政策,报全国人民代表大会常务委员会备案"。

科技为强国之本,大力发展科技是我国一直以来坚持的战略方针。在当前形势下,加大支持科技创新发展的力度更具有重大意义。近年来,国家层面出台及延续了一系列支持科技创新发展的增值税优惠政策,现行的行业性增值税优惠政策主要集中在代表科技创新的先进制造业以及延伸的服务领域,主要的优惠措施包括免征减征、留抵退税、即征即退和加计抵减。

一、软件产品增值税即征即退政策

根据《财政部　国家税务总局关于软件产品增值税政策的通知》,增值税一般纳税人销售其自行开发生产的软件产品,按现行税率征收增值税后,对其增值税实际税负超过3%的部分实行即征即退政策。

增值税一般纳税人将进口软件产品进行本地化改造后对外销售,其销售的软件产品可享受前述增值税即征即退政策。本地化改造,是指对进口软件产品进行重新设计、改进、转换等,单纯对进口软件产品进行汉字化处理不包括在内。

二、特定行业的增值税加计抵减政策

1. 集成电路企业

根据《财政部　税务总局关于集成电路企业增值税加计抵减政策的通知》,自2023年1月1日至2027年12月31日,允许集成电路设计、生产、封测、装备、材料企业,按照当期可抵扣进项税额加计15%抵减应纳增值税税额。对适用加计抵减政策的上述集成电路企业采取清单管理。

2. 工业母机企业

根据《财政部　税务总局关于工业母机企业增值税加计抵减政策的通知》，自2023年1月1日至2027年12月31日，对生产销售先进工业母机主机、关键功能部件、数控系统的增值税一般纳税人，允许按当期可抵扣进项税额加计15%抵减企业应纳增值税税额。对适用加计抵减政策的工业母机企业采取清单管理。

3. 先进制造业企业

根据《财政部　税务总局关于先进制造业企业增值税加计抵减政策的公告》，自2023年1月1日至2027年12月31日，允许先进制造业企业按照当期可抵扣进项税额加计5%抵减应纳增值税税额。

先进制造业企业是指高新技术企业（含所属的非法人分支机构）中的制造业一般纳税人。高新技术企业是指按照《科技部　财政部　国家税务总局关于修订印发〈高新技术企业认定管理办法〉的通知》（国科发火〔2016〕32号）规定认定的高新技术企业。对适用加计抵减政策的先进制造业企业采取清单管理。先进制造业企业具体名单，由各省、自治区、直辖市、计划单列市工业和信息化部门会同同级科技、财政、税务部门确定。

4. 加计抵减政策的计算

此处的加计抵减政策与此前服务业过渡性的加计抵减不同，是在企业足额抵扣进项税的基础上给予额外的进项抵扣。

例　甲公司是一家研发生产企业，属于“工业母机企业”，于2024年1月1日开始适用增值税加计抵减政策。

2024年1月，甲公司对外销售金属切削机，取得不含增值税的销售额1000万元，购进原材料，发生进项税额200万元。

当期加计抵减前的应纳增值税税额 = 1000 × 13% - 200 = -70 万元。

当期应计提的加计抵减额 = 200 × 15% = 30 万元，当期可以抵减的加计抵减额 = 0 + 30 - 0 = 30 万元。[①] 经计算，甲公司形成期末留抵税额 70 万元，加计抵减前的应纳增值税税额为 0。

2024 年 2 月，甲公司取得不含增值税的销售额 1000 万元，未发生其他进项。同时因保管不善，1 月购进的原材料有一半丢失。因此一方面需要作进项税转出，另一方面因为丢失的原材料对应的进项税额已计提加计抵减额，还要当期调减这部分加计抵减额。

当期加计抵减前的应纳增值税税额 = 1000 × 13% - 70 + 200 ÷ 2 = 160 万元。

当期应调减的加计抵减额 = (200 ÷ 2) × 15% = 15 万元。

当期可以抵减的加计抵减额 = 30 - 15 = 15 万元。由于 1 月已经计提加计抵减额，因此 2 月应调减加计抵减。

当期实际的应纳增值税税额 = 当期加计抵减前的应纳增值税税额 - 当期可以抵减的加计抵减额 = 160 - 15 = 145 万元。

三、民用航空发动机和民用飞机增值税政策

根据《财政部　税务总局关于民用航空发动机和民用飞机税收政策的公告》，以下政策执行期限自 2023 年 8 月 18 日至 2027 年 12 月 31 日。

增值税留抵退税：(1) 对纳税人从事大型民用客机发动机、中大功率民用涡轴涡桨发动机研制项目而形成的增值税期末留抵税额予以退

① 根据《财政部　税务总局　海关总署关于深化增值税改革有关政策的公告》第 7 条第(三)项规定，适用加计抵减政策的纳税人，抵减的应纳税额等于零的，当期可抵减加计抵减额全部结转下期抵减。所以，当期可以抵减的加计抵减额 30 万元，应当全部结转入下期进行加计抵减。

还。(2)对纳税人因生产销售新支线飞机和空载重量大于25吨的民用喷气式飞机而形成的增值税期末留抵税额予以退还。(3)对纳税人从事空载重量大于45吨的民用客机研制项目而形成的增值税期末留抵税额予以退还。

增值税减征:对纳税人生产销售新支线飞机和空载重量大于25吨的民用喷气式飞机暂减按5%征收增值税。

四、科技企业孵化器、大学科技园和众创空间税收优惠政策

根据《财政部　税务总局　科技部　教育部关于继续实施科技企业孵化器、大学科技园和众创空间有关税收政策的公告》,自2019年1月1日至2027年12月31日,对国家级、省级科技企业孵化器、国家备案众创空间和大学科技园向在孵对象提供孵化服务取得的收入,免征增值税。

五、研发机构采购国产设备全额退还增值税

根据《财政部　商务部　税务总局关于研发机构采购设备增值税政策的公告》,2027年12月31日之前,对内资研发机构和外资研发中心采购国产设备全额退还增值税。

退税主体包括主管部门核定的科技体制改革过程中转制为企业和进入企业的主要从事科学研究和技术开发工作的机构、国家工程研究中心、企业技术中心、国家重点实验室和国家工程技术研究中心、从事科学研究工作的各类科研院所、科技类民办非企业单位、国家中小企业公共服务示范平台、国家承认学历的高等学校等机构。

对于外资研发中心,前述公告明确了申请采购国产设备退税资格的条件及具体审核认定办法。其中对于专职研究与试验发展人员的最低人数要求从之前的150人降至80人,进一步放宽了条件限制。

专业提示

科技是第一生产力,对于推动科技发展的企业和机构,国家在税收政策上一直给予强有力的支持。增值税的优惠政策对科技相关企业和机构减少现金流压力、提高盈利能力有着积极的作用。许多优惠政策执行期一直到2027年年末,也给予政策在稳定性方面的保障。企业应该对自身业务进行梳理,如果有技术含量较高的业务则应充分评估可能适用的优惠政策,并进一步在技术领域开拓创新,不断助力科技强国建设。

关联规则

1.《增值税法》第二十五条

2.《财政部　国家税务总局关于软件产品增值税政策的通知》(财税〔2011〕100号)第一条

3.《财政部　税务总局　海关总署关于深化增值税改革的公告》(财政部　税务总局　海关总署公告2019年第39号)

4.《财政部　税务总局关于集成电路企业增值税加计抵减政策的通知》(财税〔2023〕17号)第一条

5.《财政部　税务总局关于工业母机企业增值税加计抵减政策的通知》(财税〔2023〕25号)第一、二条

6.《财政部　税务总局关于先进制造业企业增值税加计抵减政策的公告》(财政部　税务总局公告2023年第43号)第一条

7.《财政部　税务总局关于民用航空发动机和民用飞机税收政策的公告》(财政部　税务总局公告2023年第27号)第一、二、三条

8.《财政部　税务总局　科技部　教育部关于继续实施科技企业孵化器、大学科技园和众创空间有关税收政策的公告》(财政部　税务总局　科技部　教育部公告2023年第42号)第一、四条

9.《财政部　商务部　税务总局关于研发机构采购设备增值税政策的公告》(财政部　商务部　税务总局公告2023年第41号)第一、二条

76. 我国现行鼓励创新创业就业的增值税优惠政策有哪些?

(《增值税法》第二十五条)

《增值税法》第二十五条规定“根据国民经济和社会发展的需要,国务院对……鼓励创新创业就业……等情形可以制定增值税专项优惠政策,报全国人民代表大会常务委员会备案”。

一、自主就业退役士兵创业就业优惠政策

1. 自主就业退役士兵从事个体经营的扣减税额优惠

根据《财政部　税务总局　退役军人事务部关于进一步扶持自主就业退役士兵创业就业有关税收政策的公告》,自2023年1月1日至2027年12月31日,自主就业退役士兵从事个体经营的,自办理个体工商户登记当月起,在三年(三十六个月)内按每户每年20,000元为限额依次扣减其当年实际应缴纳的增值税、城市维护建设税、教育费附加、地方教育附加和个人所得税。限额标准最高可上浮20%,各省、自治区、直辖市人民政府可根据本地区实际情况在此幅度内确定具体限额标准。许多省、自治区、直辖市均顶格执行扣除标准,即自主就业退役士兵从事个体经营扣除限额标准每户每年24,000元,如北京市。

2. 企业招用自主就业退役士兵的扣减税额优惠

根据《财政部　税务总局　退役军人事务部关于进一步扶持自主就业退役士兵创业就业有关税收政策的公告》,自2023年1月1日至2027年12月31日,企业招用自主就业退役士兵,与其签订一年以上期限劳动合同并依法缴纳社会保险费的,自签订劳动合同并缴纳社会保险当月起,在三年内按实际招用人数予以定额依次扣减增值税、城市维护建设税、教育费附加、地方教育附加和企业所得税优惠。定额标准为每人每年6000元,最高可上浮50%,各省、自治区、直辖市人民政府可根据本地区实际情况在此幅度内确定具体定额标准。许多省、自治区、直辖市均顶格执行扣除标准,即企业招用自主就业退役士兵的扣除定额标准为每人每年9000元,如北京市。

二、重点群体创业就业优惠政策

1. 重点群体的范围

(1)纳入全国防止返贫监测和衔接推进乡村振兴信息系统的脱贫人口。

(2)在人力资源社会保障部门公共就业服务机构登记失业半年以上的人员。

(3)零就业家庭、享受城市居民最低生活保障家庭劳动年龄内的登记失业人员。

(4)毕业年度内高校毕业生。高校毕业生是指实施高等学历教育的普通高等学校、成人高等学校应届毕业的学生;毕业年度是指毕业所在自然年,即1月1日至12月31日。

2. 重点群体从事个体经营的扣减税额优惠

根据《财政部 税务总局 人力资源社会保障部 农业农村部关于进一步支持重点群体创业就业有关税收政策的公告》,自2023年1月1日至2027年12月31日,重点群体从事个体经营的,自办理个体工商户登记当月起,在三年(三十六个月)内按每户每年20,000元为限额依次扣减其当年实际应缴纳的增值税、城市维护建设税、教育费附加、地方教育附加和个人所得税。限额标准最高可上浮20%,各省、自治区、直辖市人民政府可根据本地区实际情况在此幅度内确定具体限额标准。许多省、自治区、直辖市均顶格执行扣除标准,即重点群体从事个体经营扣除限额标准每户每年24,000元,如北京市。

3. 企业招用重点群体人员的扣减税额优惠

根据《财政部　税务总局　人力资源社会保障部　农业农村部关于进一步支持重点群体创业就业有关税收政策的公告》，自2023年1月1日至2027年12月31日，企业招用重点群体人员，与其签订一年以上期限劳动合同并依法缴纳社会保险费的，自签订劳动合同并缴纳社会保险当月起，在三年内按实际招用人数予以定额依次扣减增值税、城市维护建设税、教育费附加、地方教育附加和企业所得税优惠。定额标准为每人每年6000元，最高可上浮30%，各省、自治区、直辖市人民政府可根据本地区实际情况在此幅度内确定具体定额标准。许多省、自治区、直辖市均顶格执行扣除标准，即招用重点群体人员的企业扣除定额标准为每人每年7800元，如北京市。

三、军转干部与随军家属创业就业优惠政策

根据《财政部　国家税务总局关于全面推开营业税改征增值税试点的通知》附件3《营业税改征增值税试点过渡政策的规定》，从事个体经营的军队转业干部（随军家属），自领取税务登记证（办理税务登记事项）之日起，其提供的应税服务三年内免征增值税。

为安置自主择业的军队转业干部（随军家属）就业而新开办的企业，自领取税务登记证之日起，其提供的应税服务三年内免征增值税。享受税收优惠政策的企业，自主择业的军队转业干部（随军家属）必须占企业总人数的60%（含）以上。自主择业的军队转业干部必须持有师以上部队颁发的转业证件，随军家属必须有师以上政治机关出具的可以表明其身份的证明。

四、残疾人创业就业优惠政策

详见第70问。

专业提示

推进大众创业、万众创新，是发展的动力之源，也是富民之道、公平之计、强国之策。在对于重点人群的创业就业给予增值税优惠条件的基础上，对招用重点人群的企业同样给予税收优惠，既可以解决就业需求，又可以实现税收优惠。

需要注意的是，一些专项政策有具体的免税执行期限，还有一些专项政策因其设置条件即自带执行期限，如三年内免征增值税。纳税人需要认真区分，准确适用优惠政策。

关联规则

1.《增值税法》第二十五条

2.《财政部　国家税务总局关于全面推开营业税改征增值税试点的通知》附件3《营业税改征增值税试点过渡政策的规定》第一条

3.《财政部　税务总局　退役军人事务部关于进一步扶持自主就业退役士兵创业就业有关税收政策的公告》（财政部　税务总局　退役军人事务部公告2023年第14号）第一、二条

4.《财政部　税务总局　人力资源社会保障部　农业农村部关于进一步支持重点群体创业就业有关税收政策的公告》（财政部　税务总局　人力资源社会保障部　农业农村部公告2023年第15号）第一、二条

5.《国家税务总局　人力资源社会保障部　农业农村部　教育部　退役军人事务部关于重点群体和自主就业退役士兵创业就业税收政策有关执行问题的公告》（国家税务总局　人力资源社会保障部　农业农村部　教育部　退役军人事务部公告2024年第4号）

6.《北京市财政局　国家税务总局北京市税务局　北京市退役军人事务局　北京市人力资源和社会保障局　北京市支援合作办公室关于确定我市自主就业退役士兵和重点群体创业就业有关税收扣减限额标准的通知》（京财税〔2023〕1684号）

77. 我国现行公益事业捐赠的增值税优惠政策有哪些？

（《增值税法》第二十五条）

《增值税法》第二十五条规定，“根据国民经济和社会发展的需要，国务院对……公益事业捐赠等情形可以制定增值税专项优惠政策，报全国人民代表大会常务委员会备案”。

一、《慈善法》中的慈善活动

《慈善法》第三条将“慈善活动”界定为自然人、法人和非法人组织以捐赠财产或者提供服务等方式，自愿开展的公益活动。换言之，慈善活动包括捐赠财产、提供服务等方式，即公益捐赠的内容涵盖财产与服务。

关于捐赠财产，根据第三十六条的规定，“捐赠财产包括货币、实物、房屋、有价证券、股权、知识产权等有形和无形财产”。第八十七条明确规定：“自然人、法人和非法人组织捐赠财产用于慈善活动的，依法享受税收优惠。……境外捐赠用于慈善活动的物资，依法减征或者免征进口关税和进口环节增值税。”由此可见，境外捐赠财产，依法减征或者免征进口关税和进口环节增值税。对此《慈善捐赠物资免征进口税收暂行办法》明确了免征。但对于境内的财产捐赠，《慈善法》仅规定“依法享受税收优惠”。换言之，能否享受税收优惠，以及如何享受税收优惠，在《慈善法》层面并无明确规范，其法律依据应为税法。

关于捐赠慈善服务，根据第六十二条，是指慈善组织和其他组织以及个人基于慈善目的，向社会或者他人提供的志愿无偿服务以及其他非营利服务。从定义可见，慈善服务的捐赠人并不限于慈善组织，但《慈善法》并未就服务捐赠能否享受税收优惠进行原则性规定。

77. 我国现行公益事业捐赠的增值税优惠政策有哪些？（《增值税法》第二十五条）

二、增值税制度中的公益捐赠

1. 捐赠货币

货币的捐赠并非销售，由于其不属于增值税的征税范围，因此捐赠人对外无偿捐赠货币时，无论是对捐赠人还是受赠人，均不征收增值税。

2. 捐赠货币之外的财产

从捐赠人的角度看，《增值税法》第五条规定，“单位和个体工商户无偿转让货物”“单位和个人无偿转让无形资产、不动产或者金融商品”均视同应税交易。换言之，捐赠货币之外的财产在《增值税法》的框架内视同应税交易。需注意的是，自然人无偿转让货物不属于视同应税交易。目前，《增值税暂行条例实施细则》以及《营业税改征增值税试点实施办法》分别通过“视同销售货物”“视同销售无形资产”“视同销售不动产”等进行规范。

此外，根据《慈善捐赠物资免征进口税收暂行办法》第二条的规定，对境外捐赠人无偿向受赠人捐赠的直接用于慈善事业的物资，免征进口关税和进口环节增值税。

3. 捐赠服务

《营业税改征增值税试点实施办法》第十四条规定了“视同销售服务”，即“单位或者个体工商户向其他单位或者个人无偿提供服务，但用于公益事业或者以社会公众为对象的除外”。但《增值税法》的视同应税交易不涉及服务。换言之，新法不再保留视同销售服务的概念。

因此，捐赠人无偿捐赠服务的，不属于应税交易，不征收增值税。

三、公益捐赠财产的增值税优惠政策的选择

如前所述，捐赠服务不属于应税交易，因此公益捐赠的增值税优惠政策如何设计主要集中于公益捐赠财产领域。

1. 现有公益捐赠财产的税收优惠政策

目前,我国多数的捐赠财产政策囿于视同销售货物的规定,仅就特定事项的公益性捐赠特别规定了增值税优惠。

以扶贫捐赠货物为例,根据《财政部　税务总局　国务院扶贫办关于扶贫货物捐赠免征增值税政策的公告》关于延长部分扶贫税收优惠政策执行期限的公告,自 2019 年 1 月 1 日至 2025 年 12 月 31 日,对单位或者个体工商户将自产、委托加工或购买的货物通过公益性社会组织、县级及以上人民政府及其组成部门和直属机构,或直接无偿捐赠给目标脱贫地区的单位和个人,免征增值税。

然而从增值税链条完整和抵扣机制的运行来看,“免税 + 不得抵扣进项税额”的优惠对鼓励公益慈善事业发展的力度有限。因此,实践中也在有了探索“免税 + 抵扣进项税额”的模式。根据《财政部　税务总局　海关总署关于北京 2022 年冬奥会和冬残奥会税收优惠政策的公告》第四条的规定,国际奥委会及其相关实体的境内机构因赞助、捐赠北京冬奥会以及根据协议出售的货物或服务免征增值税的,对应的进项税额可用于抵扣本企业其他应税项目所对应的销项税额。

2. 专项优惠政策的必要性

如前所述,增值税免税制度可能导致纳税人的部分增值税负担无法转嫁,因此如果在一般的免税框架下,公益事业捐赠也会有上述问题。然而,如果对于全部的公益事业捐赠采用“免税 + 抵扣进项税额”模式,也将给税收收入带来极大的冲击。因此《增值税法》授权国务院根据国民经济和社会发展的需要出台公益事业捐赠增值税专项优惠政策,应建立在公益事业捐赠合法合规发展的基础上,应平衡国家、个人与公益事业的关系。

专业提示

由于《增值税法》的视同应税交易的内容不包括服务，因此公益事业捐赠的增值税专项优惠政策需要考虑与“视同应税交易”概念在适用上作区分。《慈善法》第一百零三条明确规定，县级以上人民政府民政部门应当依法履行职责，对慈善活动进行监督检查，对慈善行业组织进行指导。慈善组织的合法合规运作是公益事业捐赠税收优惠政策制定和实施的基础。一方面，要鼓励纳税人履行企业社会责任、参与慈善活动；另一方面，也要确保税收优惠政策不成为纳税人规避税法义务的工具而导致优惠政策被滥用。

关联规则

1.《增值税法》第五、二十五条

2.《慈善法》第三、三十六、六十二、九十二条

3.《财政部　国家税务总局关于全面推开营业税改征增值税试点的通知》(财税〔2016〕36号)附件1《营业税改征增值税试点实施办法》第十四条

4.《慈善捐赠物资免征进口税收暂行办法》(财政部、海关总署、国家税务总局公告2015年第102号)第二条

5.《财政部　税务总局　海关总署关于北京2022年冬奥会和冬残奥会税收优惠政策的公告》(财政部　税务总局　海关总署公告2019年第92号)第四条

6.《国家税务总局关于加强进口环节增值税专用缴款书抵扣税款管理的通知》(国税发〔1996〕32号)第一条

7.《财政部　税务总局　国务院扶贫办关于扶贫货物捐赠免征增值税政策的公告》(财政部　税务总局　国务院扶贫办公告2019年第55号)

8.《关于延长部分扶贫税收优惠政策执行期限的公告》(财政部　税务总局　人力资源社会保障部　国家乡村振兴局公告2021年第18号)

78. 什么是增值税纳税义务发生时间？其与计税期间、纳税期限有何区别？

（《增值税法》第二十八、三十、三十一条）

一、什么是纳税义务发生？纳税义务发生时间有何意义？

从理论上来看，纳税义务发生即税收债务的发生。对于实践的意义主要有：

第一，纳税义务发生关系特定的税收义务和税收法律关系如何适用法律，原则上是以纳税义务发生时有效的法律为依据。因此，针对现行部分税收规范性文件的生效时间早于公布时间是否属于溯及既往的问题，就具体的税收债务而言，需要判定税收债务何时生效即纳税义务何时发生，如果纳税义务发生之后文件公布，产生溯及既往的约束力，那么构成溯及既往。因此，需要严格判断该溯及力的合理性与正当性。

第二，对于一些特定的税种，纳税义务发生时便已确定税额，因此其计税期间自纳税义务发生时起算。如《印花税法》第十六条规定，实行按次计征的，纳税人应当自纳税义务发生之日起十五日内申报缴纳。

第三，对于税收债权相对其他民事债权的优先性的认定。《税收征管法》第四十五条第一款规定了税收优先权制度："税务机关征收税款，税收优先于无担保债权，法律另有规定的除外；纳税人欠缴的税款发生在纳税人以其财产设定抵押、质押或者纳税人的财产被留置之前的，税收应当先于抵押权、质权、留置权执行。"此外《企业破产法》第一百一十三条确定在破产财产清偿顺序中，破产人所欠税款是否作为破产债权的判断以破产申请裁定受理时是否存在为准。上述情形均涉及纳税义务发生时间的认定。

因此，纳税义务发生时间是指税法规定的纳税人应当承担纳税义务的起始时间。规定纳税义务发生时间，一是可明确纳税人承担纳税义务的具体日期；二是有利于税务机关实施税务管理，合理规定申报期限和纳税期限，监督纳税人依法履行纳税义务，保证国家财政收入。

二、什么是计税期间？

计税期间，是指计算和申报税款的时间段或者说是计算税款的时间范围，通常与纳税人的财务周期或税务规定相关。

虽然理论上每一笔纳税义务发生均可以按次征收，但这会给税收征管带来极大挑战，因此根据纳税人的不同适用不同的计税期间，可以提升税收征管的效率。例如，对于一些特定税种，如所得税这类期间税，以一个年度为计税期间符合其特征。

此外，增值税适用一般计税方法的纳税人，采用销项税额与进项税额抵减计算应纳税额的，如要求其每一笔交易都申报销项税额或进项税额也不现实。同时对于起征点的适用，也只能以一个期间进行判断，按期纳税的以月销售额作为判断基准。

三、什么是纳税期限？

纳税期限即申报纳税期限，是指纳税人根据税法规定，完成税款申报和缴纳的时间限制。纳税期限的具体要求因税种、纳税人类型以及税务机关的规定而有所不同。在税收征管中，纳税期间具有更重要的意义。《税收征管法》第三十一条规定，纳税人、扣缴义务人按照法律、行政法规规定或者税务机关依照法律、行政法规的规定确定的期限，缴纳或者解缴税款。此期限即为纳税期限。

纳税期限一般为计税期间期满之日起计算一定期间，如按次计税无计税期间的则以该笔交易发生（纳税义务发生之日）后一定期间为纳税期限。在我国税收法律制度中，规定的纳税期限多为十五日。而所得税由于是按年计征的，需汇算清缴，其纳税期限较长。如《企业所得税法》

第五十四条规定,企业应当自年度终了之日起五个月内,向税务机关报送年度企业所得税纳税申报表,并汇算清缴,结清应缴应退税款。

超过纳税期限未缴纳税款的,则应承担相应的法律责任,《税收征管法》第三十二条规定,纳税人未按照规定期限缴纳税款的,扣缴义务人未按照规定期限解缴税款的,税务机关除责令限期缴纳外,从滞纳税款之日起,按日加收滞纳税款万分之五的滞纳金。

此外,由于纳税期限届满日可能属于周末或节假日,因此每年国家税务总局办公厅还会发布关于明确本年度申报纳税期限的通知,通过考虑节假日因素对实行每月或者每季度期满后十五日内申报纳税的各税种申报纳税期限予以明确。

专业提示

纳税义务发生时间、计税期间和纳税期限,是税法中最为重要的三个时间概念。每一个时间概念所确定的纳税人税法义务、法律责任均是不同的。在每个时间概念下,具体确定纳税义务发生时间、计税期间和纳税期限又因纳税人生产经营的情形不同和业务的差异,而进一步细分为更具体的情形。因此纳税人要准确区分三个相关时间概念的差异,根据自身经营情况具体适用不同的规则。

关联规则

1.《增值税法》第二十八、三十、三十一条

2.《印花税法》第十六条

3.《税收征管法》第三十一、三十二、四十五条

4.《企业破产法》第一百一十三条

79. 如何理解增值税纳税义务发生时间的确定规则?

(《增值税法》第二十八条)

一、增值税纳税义务发生时间确定的一般规则

1. 一般规则

根据1993年《增值税暂行条例》第十九条的规定,增值税纳税义务发生时间为:(1)销售货物或者应税劳务,为收讫销售款项或者取得索取销售款项凭据的当天;2008年修订时,增加了"先开具发票的,为开具发票的当天。"后沿用下来。(2)进口货物,为报关进口的当天。

"营改增"后,《营业税改征增值税试点实施办法》第四十五条对于纳税义务的发生时间规定与前述基本一致:"纳税人发生应税行为并收讫销售款项或者取得索取销售款项凭据的当天;先开具发票的,为开具发票的当天。"

2. 视同销售下的纳税义务发生时间确定

根据《增值税暂行条例实施细则》第三十八条的规定,视同销售货物行为的增值税纳税义务发生时间,为货物移送的当天。

对于视同销售服务、无形资产、不动产的行为,《营业税改征增值税试点实施办法》第四十五条规定,纳税义务发生时间为服务、无形资产转让完成的当天或者不动产权属变更的当天。

3. 扣缴义务的发生时间

增值税扣缴义务发生时间为纳税人增值税纳税义务发生的当天。

4.《增值税法》的相关规则

《增值税法》第二十八条对于纳税义务发生时间确定的一般规则基本与先前规定保持一致。需要指出的是,《增值税法》在表述上以"取得销售款项索取凭据"替代了"取得索取销售款项凭据",更为通顺。具体

而言，按以下规则确定增值税纳税义务发生时间：(1)发生应税交易，纳税义务发生时间为收讫销售款项或者取得销售款项索取凭据的当日；先开具发票的，为开具发票的当日。(2)发生视同应税交易，纳税义务发生时间为完成视同应税交易的当日。(3)进口货物，纳税义务发生时间为货物报关进口的当日。

二、增值税纳税义务发生时间确定的特殊规则

实践中，纳税人经营活动有多种交易模式，《增值税暂行条例实施细则》第三十八条、《营业税改征增值税试点实施办法》第四十五条对不同结算方式下的纳税义务发生时间作了规定。需要指出的是，下述结算方式也影响企业所得税、消费税的纳税义务发生时间，不同税种之间并不完全一致，应做好相应的区分。特殊规则具体如下：

第一，纳税人采取直接收款方式销售货物的，无论货物是否发出，均为收到销售款或者取得索取销售款凭据的当天。对此，《国家税务总局关于增值税纳税义务发生时间有关问题的公告》也专门规定："纳税人生产经营活动中采取直接收款方式销售货物，已将货物移送对方并暂估销售收入入账，但既未取得销售款或取得索取销售款凭据也未开具销售发票的，其增值税纳税义务发生时间为取得销售款或取得索取销售款凭据的当天；先开具发票的，为开具发票的当天。"主要原因在于发货时，货物的所有权相关的风险与报酬并未发生转移，会计尚未确认收入。

第二，纳税人采取托收承付和委托银行收款方式销售货物的，为发出货物并办妥托收手续的当天。主要原因在于发货时，货物的所有权相关的风险与报酬已发生转移。

第三，纳税人采取赊销和分期收款方式销售货物的，为书面合同约定的收款日期的当天，无书面合同的或者书面合同没有约定收款日期的，为货物发出的当天。

第四，纳税人采取预收货款方式销售货物的，为货物发出的当天。如此规定是因为，预收款时货物的所有权相关的风险与报酬并未发生转移，会计上在收款时记“预收账款”，待发货时才发生转移。但生产销售生产工期超过十二个月的大型机械设备、船舶、飞机等货物的，为收到预收款或者书面合同约定的收款日期的当天。

第五，纳税人委托其他纳税人代销货物的，为收到代销单位的代销清单或者收到全部或者部分货款的当天。未收到代销清单及货款的，为发出代销货物满一百八十天的当天。

第六，纳税人销售应税劳务的，为提供劳务同时收讫销售款或者取得索取销售款的凭据的当天。

第七，纳税人提供租赁服务采取预收款方式的，为收到预收款的当天。

第八，纳税人从事金融商品转让的，为金融商品所有权转移的当天。

《增值税法》并未就上述特殊情形下的特殊规则予以规定。一方面，前述情形并非具有普遍性，同时随着经济的发展，将来交易模式还可能出现新的形式，法律不可能穷尽一切情形并对其予以规定，这既不现实也不必要；另一方面，随着经济的发展，前述情形中的一部分在实践中已经逐渐淡化，如托收承付和委托银行收款方式，而较少被采用的原因在于该规则对卖方不利。此外，无论何种结算方式，仍然脱离不了《增值税法》第二十八条的基本规则，即应税交易的纳税义务发生时间为收讫销售款项或者取得索取销售款项凭据的当日。

专业提示

由于应税交易结算方式多样，因此纳税义务发生时间在很大程度上也取决于合同是如何约定的。如在买卖合同中，双方关于付款方式约定为：卖方自合同签订之日收取定金20%，货到买方后付款70%，安装调试完毕后一个月支付剩余10%。买方主张此为预收款方式、卖方主张此为分期收款方式,合同约定何种结算方式虽然是民事法律制度规制的内容,然而预收款和分期收款两种方式下纳税义务发生时间不同。而销售方作为纳税人,纳税义务何时发生对其税法遵从有重要意义。

由于预收款方式是指先收款后发货、分期收款是先发货然后再分期收款,从该买卖合同约定来看,该交易为预收款方式,纳税义务发生时间为货物发出的当天。

关联规则

1.《增值税法》第二十八条

2.《增值税暂行条例》(中华人民共和国国务院令第134号)第十九条

3.《增值税暂行条例实施细则》(中华人民共和国财政部令第65号)第三十八条

4.《财政部　国家税务总局关于全面推开营业税改征增值税试点的通知》(财税〔2016〕36号)附件1《营业税改征增值税试点实施办法》第四十五条

5.《国家税务总局关于增值税纳税义务发生时间有关问题的公告》(国家税务总局公告2011年第40号)

80. 如何适用增值税纳税义务发生时间规则?

(《增值税法》第二十八条)

在《增值税法》第二十八条关于纳税义务发生时间的规定中，核心的规定在于“收讫销售款项或者取得销售款项索取凭据”和“开具发票”。

一、以收取销售款项为判断标准

根据《营业税改征增值税试点实施办法》第四十五条的规定，收讫销售款项，是指纳税人在销售服务、无形资产、不动产过程中或者完成后收到款项。取得索取销售款项凭据的当天，是指书面合同确定的付款日期；未签订书面合同或者书面合同未确定付款日期的，为服务、无形资产转让完成的当天或者不动产权属变更的当天。

无论是收讫销售款项还是取得销售款项索取凭据都属于广义的收取销售款项。

“收讫销售款项的当日”，就是实际收到款项的当天，在实践中一般可以通过银行对账单确定。然而，虽然在多数情形下，企业实际收到款项都会产生纳税义务，但可能存在两种情况不能将其界定为收讫销售款项：一是企业尚未提供相应的商品或服务，但提前收到客户支付的款项，这笔款项就被记录为预收账款。当企业实际提供商品或服务后，应借记“预收账款”账户，贷记相应的收入账户，如“主营业务收入”等，以反映企业已经履行了合同义务，可以确认收入。二是在分期收款模式下，企业收取的是分期款项，并非该笔交易对应的全部销售款项。

“取得销售款项索取凭据的当日”，销售款项索取凭据即具有法律效力且足以据此取得货款或索取销售额的凭据。《增值税暂行条例实施细则》对此并未界定。《河北省国家税务局关于增值税若干问题的公告》第十二条规定："《中华人民共和国增值税暂行条例》第十九条规定的取得销售款项凭据的范围，在财政部、国家税务总局没有明确以前，暂按以下规定执行：包括具有法律效力的发票、书面合同、协议、收据、客户结算凭证、客户提货单等凭据。"营改增后，《营业税改征增值税试点实施办法》将销售服务、无形资产或不动产的"取得索取销售款项凭据的当天"，界定为书面合同确定的付款日期。换言之，国家税务总局已明确合同为销售款项索取凭据。而对于无书面合同或合同未约定付款日期的应税行为，由于服务、无形资产或不动产的销售不同于货物，因此不存在提货单、收货单这一类的凭据。

需要注意的是，可以依据合同约定的付款日期认定纳税义务发生。即使销售方没有收到款项，但在权责发生制视角下，该日期也相当于实际收款日，产生税收义务。这与《企业所得税法》的相关规定一致。例如，利息收入，按照合同约定的债务人应付利息的日期确认收入的实现；租金收入，按照合同约定的承租人应付租金的日期确认收入的实现；特许权使用费收入，按照合同约定的特许权使用人应付特许权使用费的日期确认收入的实现。

二、发票在先以发票开具认定纳税义务发生

如何理解"先开具发票的，为开具发票的当日"？由于一直以来开具发票与收讫销售款项或者取得销售款项索取凭据两类情形并列规定，因此可以认为如果已经收讫销售款项或者取得销售款项索取凭据，那么即使未开具发票也应确认纳税义务发生；换言之，如果开具发票，那么即使未收讫销售款项或者取得销售款项索取凭据，也应确认纳税义务发生。那么能否认为即使未发生应税交易，也产生增值税纳税义务？

《发票管理办法实施细则》第二十四条规定，填开发票的单位和个人必须在发生经营业务确认营业收入时开具发票，未发生经营业务一律不准开具发票。因此,如果未发生应税交易而开具发票,是否属于虚开?例如,甲企业与客户签订了研发合同,收取了研发费用,开具了增值税专用发票,但研发服务还没有发生。此时甲企业开具发票已确认增值税纳税义务发生,在这种情况下不能因为未发生应税交易,而认定甲企业虚开增值税专用发票。因此,对于开具发票的时间,只要不是虚开,则不应过度限制。

此外,实践中存在开具发票后合同无效、终止等情形,在该种情形下,如何处理税款,立法和实践中存在诸多争议。

专业提示

纳税人发生应税交易,纳税义务发生时间判断的核心要素在于合同的约定和发票的开具。纳税人在订立合同时,应区分销售款项、预收款和分期收款三种模式下的纳税义务发生时间的确定规则,同时,也应了解先开具发票在商业和法律上的风险,以更好地规避风险。

关联规则

1.《增值税法》第二十八条

2.《发票管理办法实施细则》(国家税务总局令第56号)第二十四条

3.《财政部　国家税务总局关于全面推开营业税改征增值税试点的通知》(财税〔2016〕36号)附件1《营业税改征增值税试点实施办法》第四十五条

4.《河北省国家税务局关于增值税若干问题的公告》(河北省国家税务局公告2011年第7号)第十二条

81. 如何理解视同应税交易的增值税纳税义务发生时间的确定规则?

(《增值税法》第二十八条)

视同应税交易在现行增值税法律制度下分为视同销售货物和视同销售服务、无形资产、不动产。根据《增值税暂行条例实施细则》第三十八条的规定,视同销售货物行为的增值税纳税义务发生时间,为货物移送的当天。《营业税改征增值税试点实施办法》第四十五条规定,视同销售服务、无形资产、不动产的纳税义务发生时间为服务、无形资产转让完成的当天或者不动产权属变更的当天。

《增值税法》第五条规定的视同应税交易,可以分为:(1)销售货物类,即"单位和个体工商户将自产或者委托加工的货物用于集体福利或者个人消费""单位和个体工商户无偿转让货物";(2)销售无形资产、不动产类,即"单位和个人无偿转让无形资产、不动产视同应税交易";(3)销售金融商品类,即"单位和个人无偿转让……金融商品"。对于不同类型的视同应税交易,应如何确定纳税义务发生时间?《增值税法》统一规定为"发生视同应税交易,纳税义务发生时间为完成视同应税交易的当日",但实践中应如何适用,仍应结合不同类型应税交易的特征以判定纳税义务的发生时间。

一、货物类的视同应税交易的纳税义务发生时间

根据《增值税暂行条例实施细则》第三十八条的规定,视同销售货物行为的增值税纳税义务发生时间,为货物移送的当天。而《增值税法》由于对视同应税交易的范围作了限缩,将其限于将自产或委托加工的货物用于集体福利或个人消费、无偿转让货物两类情形,回到销售货物的本质——货物所有权的移转。因此对于此类视同应税交易,完成视同应税交易的判断标准为货物所有权移转。

货物作为有形动产,其所有权移转的判断规则应当遵循《民法典》的规定。《民法典》第二百零八条规定,动产物权的设立和转让,应当依照法律规定交付。《民法典》第二百二十四条规定,动产物权的设立和转让,自交付时发生效力,但是法律另有规定的除外。

同时根据《企业会计准则第 14 号——收入》对于销售商品的收入确认条件,在视同应税交易下,控制权标准也可以参照适用:企业应当在履行了合同中的履约义务,即在客户取得相关商品控制权时确认收入。取得相关商品控制权,是指能够主导该商品的使用并从中获得几乎全部的经济利益。当合同全部满足下列条件,应当在客户取得相关商品控制权时确认收入:(一)合同各方已批准该合同并承诺将履行各自义务;(二)该合同明确了合同各方与所转让商品或提供劳务(以下简称"转让商品")相关的权利和义务;(三)该合同有明确的与所转让商品相关的支付条款;(四)该合同具有商业实质,即履行该合同将改变企业未来现金流量的风险、时间分布或金额;(五)企业因向客户转让商品而有权取得的对价很可能收回。

二、无偿转让无形资产、不动产的纳税义务发生时间

《营业税改征增值税试点实施办法》第四十五条规定,视同销售无形资产、不动产纳税义务发生时间为无形资产转让完成的当天或者不动产权属变更的当天。

1. 无偿转让无形资产的纳税义务发生时间

无形资产,是指不具实物形态,但能带来经济利益的资产,更多时候只表明公司拥有一种法定权利。无形资产的外延较广,包括技术、商标、著作权、商誉、自然资源使用权和其他权益性无形资产。

"无形资产"区别于传统民法意义上的"物",无法适用关于"动产交付”“不动产登记”的权属变更方式。有些需要进行公示登记(譬如专利),有些则无须公示登记(譬如非专利技术、工艺)。

对于需要公示登记的无形资产,完成视同应税交易的标准为相关登记手续完成。而对于不需要公示登记且具有明显的非公开性、载体形式不确定等特点的无形资产,则需要结合具体情况予以认定,如赠与方完成移交、受赠方实际占有或投入使用,则可以认定为完成视同应税交易、产生增值税纳税义务。

2. 无偿转让不动产的纳税义务发生时间

对于不动产物权的变更,《民法典》第二百零八条规定,不动产物权的设立、变更、转让和消灭,应当依照法律规定登记。因此对于销售不动产类的视同应税交易,完成视同应税交易的标准为完成不动产登记。

三、无偿转让金融商品的纳税义务发生时间

根据《销售服务、无形资产、不动产注释》的规定,金融商品转让是指转让外汇、有价证券、非货物期货和其他金融商品所有权的业务活动。其他金融商品转让包括基金、信托、理财产品等各类资产管理产品和各种金融衍生品的转让。

《营业税改征增值税试点实施办法》第四十五条规定,纳税人从事金融商品转让的,纳税义务发生时间为金融商品所有权转移的当天。而多数的金融商品转让均通过相应的登记结算机构(平台),因此完成登记结算程序可视为完成视同应税交易。

专业提示

《增值税法》限缩了视同应税交易的范围。实践中无偿赠与也可能通过赠与协议的形式体现,但不能简单地将赠与协议中关于转移日期的约定认定为应税交易完成的当天,而应当根据视同应税交易的具体情形判断视同应税交易的完成时间,从而产生纳税义务。

81. 如何理解视同应税交易的增值税纳税义务发生时间的确定规则？

（《增值税法》第二十八条）

关联规则

1.《增值税法》第五、二十八条

2.《发票管理办法实施细则》(国家税务总局令第56号)第二十四条

3.《财政部　国家税务总局关于全面推开营业税改征增值税试点的通知》(财税〔2016〕36号)附件1《营业税改征增值税试点实施办法》第四十五条

4.《财政部　国家税务总局关于全面推开营业税改征增值税试点的通知》(财税〔2016〕36号)附件1《营业税改征增值税试点实施办法》附件《销售服务、无形资产、不动产注释》

5.《增值税暂行条例实施细则》第三十八条

6.《民法典》第二百零八、二百二十四条

7.《企业会计准则第14号——收入》第十三条

82. 应税交易采用分期收款方式的增值税纳税义务发生时间应如何确定?

一、什么是“分期收款”?

分期收款,从形式上来看,是指先发货后分期收款或者一部分货款在货物发出前收取、另一部分货款在货物发出后收取。在销售服务、无形资产和不动产的交易中也存在分期收款的情形。因此分期付款的交易环节包含了合同签订—分期款—应税交易开始或进行中……最后一笔分期款。

由于在分期收款情形下交易与客户实际付款时间不一致,因而从会计的角度来看,如果各方以在合同中明确(或者以隐含的方式)约定的付款时间为客户或企业就转让商品的交易提供了重大融资利益,则合同中即包含了重大融资成分。《企业会计准则第 14 号——收入》规定:企业应当按照分摊至各单项履约义务的交易价格计量收入。企业应当根据合同条款,并结合其以往的习惯做法确定交易价格。在确定交易价格时,企业应当考虑可变对价、合同中存在的重大融资成分、非现金对价、应付客户对价等因素的影响。合同中存在重大融资成分的,企业应当按照假定客户在取得商品控制权时即以现金支付的应付金额确定交易价格。该交易价格与合同对价之间的差额,应当在合同期间内采用实际利率法摊销。

如何判断是否含有重大融资成分,一般说来分期收款期限超过正常信用期限的,属于含有融资成分的销售,此类分期收款销售是按公允价值即分期收款总额的现值一次性确认收入金额。

实务中,对于分期收款期限在一年内的分期收款销售合同,可以不考虑融资成分。本书主要讨论的是普通的分期收款销售。

二、分期收款销售货物的纳税义务发生时间确定

《增值税暂行条例实施细则》第三十八条第三项规定,采取分期收款方式销售货物的纳税义务发生时间为书面合同约定的收款日期的当天,无书面合同的或者书面合同没有约定收款日期的,为货物发出的当天。该规则与企业所得税法律制度一致,《企业所得税法实施条例》第二十三条第一项规定,以分期收款方式销售货物的,按照合同约定的收款日期确认收入的实现。

对于销售方来说,如果未开具发票,则以上述规则确定增值税纳税义务发生。换言之,如果在付款期限未到之前先开具发票的,开具发票的当天发生增值税纳税义务。

此外,在分期收款方式下购销双方对于发票开具也可能有不同的约定,从而影响购买方抵扣进项税额:(1)在约定首付款后,一次性开具所有的增值税专用发票;(2)销售方根据实际收到的款项分期开具增值税专用发票。因此如果购买方是一般纳税人,取得增值税专用发票时可按规定抵扣进项税额,根据合同约定和实际取得的增值税专用发票确认"应交税费——应交增值税(进项税额)"。

三、其他应税交易采用分期收款方式的纳税义务发生时间确定

关于采用分期收款方式销售服务、无形资产和不动产的纳税义务发生时间,增值税法律制度并未统一规定,参考分期销售货物以书面合同约定的收款日期的当天为纳税义务发生时间,似乎也不存在矛盾。但《企业所得税法实施条例》第二十三条第二项规定,对于企业受托加工制造大型机械设备、船舶、飞机,或者从事建筑、安装、装配工程业务以及提供其他劳务等,若持续时间超过十二个月,则须按照纳税年度内完工进度或者完成的工作量来确认收入的实现。在此情况下,应根据项目的实际进度或完成量来分期确认收入,并据此进行税务申报和缴税。

因此,对于周期长的服务在合同约定收款日期外,是否还需要特别规定增值税纳税义务发生时间,需要进一步明确。

此外,当无合同或约定不明时,“货物发出的当天”这一规则在服务、无形资产和不动产销售中如何找到相对应的判断标准?无形资产和不动产尚有可比拟“发出”的情形,而证明服务“发出”则存在一定困难,所以以完成量或完成进度对日期进行分期确认也不失为标准之一。

专业提示

分期收款有融资性质和普通性质之分,而融资性质分期收款的增值税纳税义务发生和收入确认更具复杂性。对于普通的分期收款方式,在不同类型的应税交易下,不难发现现有的纳税义务发生时间的确定规则基本体现以下逻辑:如果先行开票,则开具发票时发生纳税义务;否则以合同约定收款日期为纳税义务发生时间。对于没有书面合同或合同未约定收款日期的,可以服务的完成量或完成进度来确认。

关联规则

1.《增值税暂行条例实施细则》(中华人民共和国财政部令第 65 号)第三十八条

2.《企业所得税法实施条例》(中华人民共和国国务院令第 797 号)第二十三条

3.《企业会计准则第 14 号——收入(2017)》

83.如何理解增值税纳税地点确定的一般规则?

(《增值税法》第二十九条)

一、增值税纳税地点确定的基本标准

增值税纳税地点，是指纳税人在中国境内发生应税交易或者进口货物应缴纳增值税的地点。《增值税法》第二十九条区分了五类不同情形规定纳税地点:有固定生产经营场所、无固定生产经营场所、自然人发生的特定的应税交易、进口货物以及扣缴义务人的纳税地点。

与其他税种相比，增值税的纳税地点规定较复杂，但纳税地点的核心判断因素是生产经营场所和应税交易发生地。以“物”为纳税地点的确定标准之一，体现了增值税为对物税的特征，与对人税有较大差异。如《企业所得税法》对于纳税地点的规定，则以纳税人身份进行区分:第五十条规定，居民企业以企业登记注册地为纳税地点;但登记注册地在境外的，以实际管理机构所在地为纳税地点。第五十一条规定，非居民企业以机构、场所所在地为纳税地点。其核心标准均为企业的登记注册地，即“人”的标准。

在“人”的标准下，《企业所得税法》第五十二条明确规定，除国务院另有规定外，企业之间不得合并缴纳企业所得税。在“物”的标准下，《增值税法》第二十九条则规定总、分机构应分别申报纳税，经批准可汇总申报。

二、增值税纳税地点的基本规则

1. 有固定生产经营场所的纳税人的纳税地点

“固定业户”在此前的税法体系中并无准确定义，《增值税法》不再使用该概念，而采用“有固定生产经营场所的纳税人”这一表述，本质上并无不同，但避免了概念过多容易混淆的问题。

从规则来看,《增值税法》第二十九条规定,“有固定生产经营场所的纳税人,应当向其机构所在地或者居住地主管税务机关申报纳税”。这与《营业税改征增值税试点实施办法》第四十六条基本一致。相较《增值税暂行条例》第二十二条仅有“机构所在地”的规定,更周延,所涉及的纳税人范围既包括企业,也涵盖了个人。

换言之,有固定生产经营场所的纳税人,其纳税地点的判断标准仅有一个,即机构所在地或居住地,而机构所在地的判断依据为登记记载。

2. 无固定生产经营场所的纳税人的纳税地点

《增值税法》第二十九条规定,无固定生产经营场所的纳税人,应当向其应税交易发生地主管税务机关申报纳税;未申报纳税的,由其机构所在地或者居住地主管税务机关补征税款。因此“应税交易发生地”标准优先于“机构所在地或者居住地”标准。与《增值税暂行条例》第二十二条和《营业税改征增值税试点实施办法》第四十六条规定基本一致。

3. 自然人发生特定应税交易的纳税地点

在多数情况下,自然人属于无固定生产经营场所的纳税人,对于自然人应税交易的管理可遵循对无固定生产经营场所的纳税人的管理。在特殊条件下,《市场主体登记管理条例》第十一条规定,电子商务平台内的自然人经营者可以根据国家有关规定,将电子商务平台提供的网络经营场所作为经营场所。对此种情形,则可参照适用有固定生产经营场所的纳税人的规定。

此外,对于特定的应税交易,“销售或者租赁不动产,转让自然资源使用权,提供建筑服务”的自然人应向不动产所在地、自然资源所在地、建筑服务发生地主管税务机关申报纳税。这与《营业税改征增值税试点实施办法》第四十六条基本保持一致。值得指出的是,《增值税法》不再使用“其他个人”这一表述,回归了自然人的私法属性。

4. 进口货物的纳税地点

《增值税法》第二十九条规定，进口货物的纳税人，应当按照海关规定的地点申报纳税。与《增值税暂行条例》第二十二条规定的"报关地海关"不同。

《海关法》第三十五条规定，进口货物应当由收货人在货物的进境地海关办理海关手续，经收发货人申请，海关同意，进口货物的收货人可以在设有海关的指运地办理海关手续。上述货物的转关运输，应当符合海关监管要求；必要时，海关可以派员押运。《关税法》第四十二条规定，进出口货物的纳税人、扣缴义务人可以按照规定选择海关办理申报纳税。由此可见，"报关地海关"的概念已经较为狭隘。

5. 扣缴义务人的纳税地点

《增值税法》第二十九条规定，扣缴义务人，应当向其机构所在地或者居住地主管税务机关申报缴纳扣缴的税款；机构所在地或者居住地在境外的，应当向应税交易发生地主管税务机关申报缴纳扣缴的税款。

相较《增值税暂行条例》《营业税改征增值税试点实施办法》的规定，《增值税法》考虑得更周全，即规定了扣缴义务人在境外时以应税交易发生地为纳税地点，保证了我国的税收管辖权的行使。

专业提示

作为对交易的课税，增值税原则上是属地征收，因此纳税地点的确定也突出了属地原则。而从征管便利的角度来看，以纳税人或扣缴义务人为中心，也是纳税地点确定的标准。《增值税法》对于纳税地点的规定，采用"人"和"物"的标准，同时考虑了征管的因素，体现了现行税收征管中的"放管服"改革的成果。因此，纳税人在适用纳税地点确定规则时，应区分不同情形以及不同规则适用的先后顺序。

关联规则

1.《增值税法》第二十九条

2.《增值税暂行条例》(中华人民共和国国务院令第 691 号)第二十二条

3.《企业所得税法》第五十、五十一、五十二条

4.《海关法》第三十五条

5.《关税法》第四十二条

6.《市场主体登记管理条例》(中华人民共和国国务院令第 746 号)第十一条

7.《财政部　国家税务总局关于全面推开营业税改征增值税试点的通知》(财税〔2016〕36 号)附件 1《营业税改征增值税试点实施办法》第四十六条

84. 有固定生产经营场所的纳税人，应该如何确定增值税纳税地点？

（《增值税法》第二十九条）

一、原则规定

《增值税法》第二十九条明确规定，有固定生产经营场所的纳税人，应当向其机构所在地或者居住地主管税务机关申报纳税。由此可见，对于此类纳税人，纳税地点确定的原则是基于“纳税人”的因素，而在特殊情形下，如何具体适用对人的考量，则需要区分不同情形。

二、固定生产经营场所的判断

根据《市场主体登记管理条例》第八条的规定，“住所或者主要经营场所”属于市场主体的一般登记事项，此外，个人独资企业还应登记“个人独资企业的投资人姓名及居所”、合伙企业还应登记“合伙企业的合伙人名称或者姓名、住所、承担责任方式”、个体工商户还应登记“经营者姓名、住所、经营场所”。同时，第十一条规定，市场主体只能登记一个住所或者主要经营场所。从法理上看，登记的“住所”和“经营场所”合一，因此，以营业执照登记的主要经营场所确定固定生产经营场所，进而确定纳税地点，具有较强的可操作性。

对于从事电子商务经营的自然人经营者，《市场主体登记管理条例》第十一条规定可以根据国家有关规定，将电子商务平台提供的网络经营场所作为经营场所。

三、总分机构的纳税地点

根据《税务登记管理办法》第二条的规定，企业，企业在外地设立的分支机构和从事生产、经营的场所，个体工商户和从事生产、经营的事业单位，均应当依法办理税务登记。因此税务登记是总分机构就地预缴企业所得税以及单独申报缴纳增值税的征管基础。

从公司法的角度来看,总分机构为同一法人。因此在企业所得税制度下,总分机构为一个纳税人。在企业所得税的征管中,总机构、分支机构应按规定,分月或分季分别向所在地主管税务机关申报预缴企业所得税。在年度终了后,总机构统一计算汇总纳税企业的年度应纳税所得额、应纳所得税额,抵减总机构、分支机构当年已就地分期预缴的企业所得税款后,多退少补。由此,体现了总分机构为同一纳税人的特点。

而在增值税制度下,《增值税法》第二十九条规定,总机构和分支机构不在同一县(市)的,应当分别向各自所在地的主管税务机关申报纳税;经省级以上财政、税务主管部门批准,可以由总机构汇总向总机构所在地的主管税务机关申报纳税。与《增值税暂行条例》第二十二条和《营业税改征增值税试点实施办法》第四十六条规定的由国务院财政、税务主管部门或者其授权的财政、税务机关批准相比,将汇总纳税审批权授权给省级以上财政、税务主管部门,不但进一步落实了"放管服"改革,而且授权主体更加明确,还避免了转授权。

在实践中,由财政部和国家税务总局批准的特定类型跨省经营企业的总分机构汇总纳税,主要包括铁路、航空运输企业,如《财政部　税务总局关于航空运输企业汇总缴纳增值税总分机构名单的通知》中的企业。

财政部和国家税务总局授权的财政和税务机关主要是指省(区、市)财政厅(局)、税务局,经其批准,总分机构在同一省(区、市)范围内经营的企业可以汇总纳税。此类汇总缴纳增值税的核准条件主要有:(1)总机构为增值税一般纳税人,分支机构由总机构全资开设且为非独立法人企业。总机构对分支机构具有完全的控制和管理,并履行监督管理责任。(2)总机构实行统一经营、统一采购配送、统一核算、统一规范化管理；总机构与分支机构实现计算机联网，能及时监控货物移送、销售收入实现和发票开具情况，确保财务核算规范。(3)总分支机构能准确计算增值税销项税额、进项税额和应纳税额，准确提供税务资料。具有完备的内部控制制度，明确的会计核算、资金使用、货物移送管理要求，准确记录销售收入和货物进、销、存以及资金的使用情况，规范核算增值税销项税额、进项税额，实现信息管理系统有效监控。分支机构应设置以下账簿：存货明细账、应收应付款项明细账、销售收入明细账、银行存款及现金日记账。按规定可以不设置账簿或由总机构统一设置账簿核算的，分支机构按年保存由总机构提供的包括以上账簿记载内容的相关资料。(4)总分支机构纳税信誉良好。

四、外出经营的纳税地点确定

对于纳税人外出经营，《增值税暂行条例》第二十二条专门进行了规定："固定业户到外县(市)销售货物或者劳务，应当向其机构所在地的主管税务机关报告外出经营事项，并向其机构所在地的主管税务机关申报纳税；未报告的，应当向销售地或者劳务发生地的主管税务机关申报纳税；未向销售地或者劳务发生地的主管税务机关申报纳税的，由其机构所在地的主管税务机关补征税款。"

《增值税法》取消了对外出经营的特别规定，其可能原因有三。第一，随着"放管服"改革的不断深化，根据《国家税务总局关于创新跨区域涉税事项报验管理制度的通知》的要求，国家税务总局将"外出经营活动税收管理"更名为"跨区域涉税事项报验管理"，纳税人跨区域经营前不再报告，改为填报《跨区域涉税事项报告表》。第二，外出经营纳税地点确定规则的核心也是机构所在地，从管理的角度上比应税交易发生地更具可行性。第三，《营业税改征增值税试点实施办法》也并未规定外出经营的纳税地点的特殊规则，反映了服务、无形资产的跨区经营也无制定特别规则的必要性。

因此，对于有固定生产经营场所的纳税人而言，其纳税地点仍然以机构所在地或者居住地为标准确定。

专业提示

有固定生产经营场所的纳税人，既包括法人企业，也包括非法人企业，不因企业主体类型和经营规模存在差异。对分支机构的纳税人来说，《增值税法》基本沿用了《增值税暂行条例》中的规定，实践中，分公司一般有“独立核算”和“非独立核算”两种核算模式。“独立核算”是指分公司在经营过程中，单独对自身的经营成果进行全面、系统的会计核算。“非独立核算”，是指分公司没有完整的会计凭证和会计组织机构，全面核算工作由总机构完成。非独立核算的分公司原则上都是零申报，可以申请汇总纳税。

关联规则

1.《增值税法》第二十九条

2.《增值税暂行条例》(中华人民共和国国务院令第 691 号)第二十二条

3.《税务登记管理办法》(国家税务总局令第 48 号)第二条

4.《市场主体登记管理条例》(中华人民共和国国务院令第 746 号)第八、十一条

5.《财政部　国家税务总局关于全面推开营业税改征增值税试点的通知》(财税〔2016〕36 号)附件 1《营业税改征增值税试点实施办法》

6.《国家税务总局关于创新跨区域涉税事项报验管理制度的通知》(税总发〔2017〕103 号)第一条

85. 无固定生产经营场所的纳税人，应该如何确定增值税纳税地点？

(《增值税法》第二十九条)

一、原则规定

《增值税法》第二十九条明确规定，无固定生产经营场所的纳税人，应当向其应税交易发生地主管税务机关申报纳税；未申报纳税的，由其机构所在地或者居住地主管税务机关补征税款。由此可见，对于此类纳税人，纳税地点确定的原则是基于“物”的因素即“应税交易发生地”；而在特殊情形下，则基于“人”的因素即“机构所在地或者居住地”。

二、适用主体范围

根据《市场主体登记管理条例》第八条的规定，市场主体的一般登记事项包括“住所或者主要经营场所”。同时《税务登记管理办法》第二条强调了税务登记，“企业，企业在外地设立的分支机构和从事生产、经营的场所，个体工商户和从事生产、经营的事业单位，均应当按照《税收征管法》及《实施细则》和本办法的规定办理税务登记”。第八条明确了主管税务机关，即企业，企业在外地设立的分支机构和从事生产、经营的场所，个体工商户和从事生产、经营的事业单位，向生产、经营所在地税务机关申报办理税务登记。由此可见，在我国，企业住所与经营场所合一使住所登记成为市场准入的门槛，[①]市场主体只要办理登记，就不属于无固定生产经营场所的纳税人。

《税务登记管理办法》第二条第二款豁免了“国家机关、个人和无固

① 参见郭富青：《我国企业住所与经营场所分离与分制改革的法律探析》，载《现代法学》2020年第2期。

定生产、经营场所的流动性农村小商贩”办理税务登记的义务。

此外,电子商务经营者应当依法办理市场主体登记。电子商务经营者申请登记成为企业、个体工商户或农民专业合作社的,应当依照现行市场主体登记管理相关规定向各地市场监督管理部门申请办理市场主体登记。个人销售自产农副产品、家庭手工业产品,个人利用自己的技能从事依法无须取得许可的便民劳务活动和零星小额交易活动,以及依照法律、行政法规不需要进行登记的除外。

因此,对于:(1)从事电子商务经营的自然人销售自产农副产品、家庭手工业产品,个人利用自己的技能从事依法无须取得许可的便民劳务活动和零星小额交易活动;(2)无固定生产、经营场所的流动性农村小商贩;(3)不从事电子商务经营的自然人。其发生增值税纳税义务的纳税地点以应税交易发生地为确定标准。

三、应税交易发生地的判断

根据《增值税法》的规定,应税交易包括境内销售货物、服务、无形资产与不动产。

对于从事电子商务经营却无须办理登记的纳税人而言,应税交易发生地可以网络经营场所来认定。

对于不从事电子商务经营的自然人和流动性农村小商贩来说,如果发生销售货物的交易,那么应按照交易活动发生地确定应税交易发生地。在一般情况下,交易活动发生地,主要是指销售货物行为发生的场所,对于无营业机构的前述主体,该地点通常是购货单位或个人的所在地,或是买卖双方约定的其他地点,或是交易的集市。

此外,结合《增值税法》第二十九条第三项的规定,自然人销售或者租赁不动产,转让自然资源使用权,提供建筑服务,应当向不动产所在地、自然资源所在地、建筑服务发生地主管税务机关申报纳税。这些特别规则实质上也指向应税交易发生地,只是更为明确。

四、机构所在地或者居住地

对于机构所在地,不应简单理解为总机构或分支机构的所在地。对于非市场主体来说,如民办非企业单位等,其登记事项不涉及经营场所的登记,而涉及办公场所的登记。根据《民办非企业单位登记暂行办法》第七条的规定,民办非企业单位的办公场所,须按所在市、县、乡(镇)及街道门牌号码的详细地址登记。因此,其机构所在地是其登记的办公场所。

对于自然人的居住地,可结合《民法典》第二十五条的规定予以认定:"自然人以户籍登记或者其他有效身份登记记载的居所为住所;经常居所与住所不一致的,经常居所视为住所。"

专业提示

对于无固定生产经营场所的纳税人,《增值税法》关于纳税地点的判断有两个标准,且适用有先后顺序。第一顺位的判断标准为应税交易发生地,体现了增值税属地征收的原则。但多个零星交易下应税交易发生地可能不止一个,若仍适用应税交易发生地的标准,则可能存在征管不便和效率低的问题。因此,机构所在地、居住地则成为第二顺位的判断标准。以上规定基本沿袭了先前制度。

需要注意的是,虽然对于自然人的特定应税交易有专门规定,其实质也是应税交易所在地标准,但特别规定的目的在于排除机构所在地、居住地。

此外,《增值税法》未采用住所的概念,但主要经营场所、机构所在地、居住地均可以理解为住所的不同形式的表达。

关联规则

1.《增值税法》第二十九条

2.《增值税暂行条例》(中华人民共和国国务院令第691号)第二十二条

3.《民法典》第二十五条

4.《税务登记管理办法》(国家税务总局令第48号)第二、八条

5.《市场主体登记管理条例》(中华人民共和国国务院令第746号)第八条

6.《市场监管总局关于做好电子商务经营者登记工作的意见》(国市监注〔2018〕236号)

7.《民办非企业单位登记暂行办法》(中华人民共和国民政部令第38号)第七条

86. 经批准的总分机构应如何汇总计算缴纳增值税?

(《增值税法》第二十九条)

增值税采用属地缴纳方式,根据《增值税法》第二十九条的规定,有固定生产经营场所的纳税人应当向其机构所在地或者居住地主管税务机关申报纳税。

大型企业设置总分架构在经营中较为常见,全国范围内经营的企业通常跨省设立二级分支机构,同一省各地市设立三级分支机构。而根据增值税法律制度,不论各分支机构是否独立核算,一般都应就地申报纳税。为降低纳税人遵从成本,减缓资金占压等问题,财政部和国家税务总局出台了一系列相关政策,允许经批准的纳税人在规定业务范围内由总机构汇总其分支机构,向总机构所在地主管税务机关申报缴纳增值税。

一、总分机构汇总纳税的原则规定

《增值税暂行条例》以及《营业税改征增值税试点实施办法》对总分机构汇总申报缴纳增值税在总体上作出了原则性规定,即经财政部和国家税务总局或者其授权的财政和税务机关批准,可以由总机构汇总向总机构所在地的主管税务机关申报纳税。

实践中,根据《营业税改征增值税试点有关事项的规定》第一条的规定,“授权的财政和税务机关”主要是指省(自治区、直辖市、计划单列市)财政部门和税务机关。此外,根据《财政部　国家税务总局关于连锁经营企业增值税纳税地点问题的通知》,对于在同一县(市)范围内连锁经营的企业,其汇总申报缴纳增值税,报经县(市)国家税务局会同县(市)财政局审批同意。

《增值税法》第二十九条规定,经省级以上财政、税务主管部门批准,可以由总机构汇总向总机构所在地的主管税务机关申报纳税。这一最新立法与征管实践相衔接，明确了审批主体，将审批权限缩至省级财政、税务主管部门。

二、总分机构汇总纳税的适用主体

目前，经财政部和国家税务总局批准并适用汇总计算的主体主要集中在航空运输企业和铁路运输企业。对于航空运输企业，现行主要规范性文件依据为《国家税务总局关于发布〈航空运输企业增值税征收管理暂行办法〉的公告》（国家税务总局公告2013年第68号）；对于铁路运输企业，现行主要规范性文件依据为《财政部　国家税务总局关于铁路运输企业汇总缴纳增值税的通知》（财税〔2020〕56号）。

此外，关于汇总缴纳增值税的纳税人名单，财政部、国家税务总局则是通过发布总分机构名单实现的，最新一次增补、取消、变更部分分支机构可以参考2023年发布的《财政部　税务总局关于调整铁路和航空运输企业汇总缴纳增值税分支机构名单的通知》（财税〔2023〕15号）。

而对于省级以下的财政部门、税务机关的审批权的行使，则主要依据《财政部　国家税务总局关于连锁经营企业增值税纳税地点问题的通知》和《财政部　国家税务总局关于固定业户总分支机构增值税汇总纳税有关政策的通知》。

三、总分机构增值税汇总计算缴纳方法

实践中，总分机构汇总纳税的具体办法的主要依据为2013年发布的《财政部　国家税务总局关于重新印发〈总分机构试点纳税人增值税计算缴纳暂行办法〉的通知》。

1. 基本规定

总机构汇总计算总机构及其分支机构发生《应税服务范围注释》①

① 《交通运输业和部分现代服务业营业税改征增值税试点实施办法》所附《应税服务范围注释》。

所列业务的应交增值税，抵减分支机构发生《应税服务范围注释》所列业务已缴纳的增值税税款(包括预缴和补缴的增值税税款)后，在总机构所在地解缴入库。分支机构发生《应税服务范围注释》所列业务当期已预缴的增值税税款，在总机构当期增值税应纳税额中抵减不完的，可以结转下期继续抵减。

2. 日常申报税款计算

(1)总机构汇总计算的应交增值税

总机构汇总的应征增值税销售额，为总机构及其分支机构发生《应税服务范围注释》所列业务的应征增值税销售额。以此为依据计算总机构汇总的销项税额。

总机构汇总的进项税额，是指总机构及其分支机构因发生《应税服务范围注释》所列业务而购进货物或者接受加工修理修配劳务和应税服务，支付或者负担的增值税税额。总机构及其分支机构用于发生《应税服务范围注释》所列业务之外的进项税额不得汇总。

(2)分支机构应预缴的增值税

分支机构发生《应税服务范围注释》所列业务，按照应征增值税销售额和预征率计算缴纳增值税。预征率由财政部和国家税务总局规定，并适时予以调整。

分支机构销售货物、提供加工修理修配劳务，按照《增值税暂行条例》及相关规定就地申报缴纳增值税。

3. 汇总计算

每年的第一个纳税申报期结束后，对上一年度总分机构汇总纳税情况进行清算。总机构和分支机构年度清算应交增值税，按照各自销售收入占比和总机构汇总的上一年度应交增值税税额计算。分支机构预缴的增值税超过其年度清算应交增值税的，通过暂停以后纳税申报期预缴增值税的方式予以解决。分支机构预缴的增值税小于其年度清算应交增值税的，差额部分在以后纳税申报期由分支机构在预缴增值税时一并就地补缴入库。

专业提示

与企业所得税相比，总分机构在缴纳增值税时的特殊性在于，原则上二者都可作为独立的纳税人进行纳税申报，这与增值税的属地征收性质直接相关。但在实践中，可以汇总申报的仍然属于原则中的例外。而即便可以汇总申报，分支机构也应做好增值税的预缴工作。

关联规则

1.《增值税法》第二十九条

2.《增值税暂行条例》（中华人民共和国国务院令第691号）第二十二条

3.《财政部　国家税务总局关于全面推开营业税改征增值税试点的通知》（财税〔2016〕36号）附件1《营业税改征增值税试点实施办法》第四十六条

4.《财政部　国家税务总局关于全面推开营业税改征增值税试点的通知》（财税〔2016〕36号）附件2《营业税改征增值税试点有关事项的规定》第一条

5.《财政部　国家税务总局关于重新印发〈总分机构试点纳税人增值税计算缴纳暂行办法〉的通知》（财税〔2013〕74号）

6.《财政部　国家税务总局关于固定业户总分支机构增值税汇总纳税有关政策的通知》（财税〔2012〕9号）

7.《财政部　国家税务总局关于连锁经营企业增值税纳税地点问题的通知》（财税字〔1997〕97号）

8.《国家税务总局关于发布〈航空运输企业增值税征收管理暂行办法〉的公告》（国家税务总局公告2013年第68号）

86. 经批准的总分机构应如何汇总计算缴纳增值税?(《增值税法》第二十九条)

9.《财政部　国家税务总局关于铁路运输企业汇总缴纳增值税的通知》(财税〔2020〕56 号)

10.《财政部　税务总局关于调整铁路和航空运输业企业汇总缴纳增值税分支机构名单的通知》(财税〔2023〕15 号)

87. 如何理解增值税的计税期间？计税期间确定的标准是什么？

（《增值税法》第三十条）

一、如何理解计税期间的概念

计税期间是指纳税人据以计算应纳税额的期间。计税期间说明纳税人应多长时间计缴一次税款，反映了计税的频率。就增值税而言，特别是对销售货物类的交易而言，纳税人几乎每天都在发生应税交易、产生纳税义务，因此为了提高税收效率、节约成本、减轻税务机关和纳税人的征纳负担，计税期间成为税法中的重要概念和制度。计税期间届满后，纳税人归集汇总计税期间内若干纳税义务产生的税款，计算应纳税额，在纳税期限内，将税款缴纳入库。

不同税种计税期间的设定有所不同。由于增值税据以征税的是经常持续发生的销售收入或营业收入，故计税期间比较短；所得税的计税期间为一个纳税年度；财产税对于纳税人持有的财产征税，稳定性较强，一般也实行按年计税；行为税由于其应税行为具有偶然性、临时性或一次性，通常实行按次征收。

计税期间主要解决的是纳税人多长时间计算一次应纳税款的问题，因此计税期间的最后一日只是税款计算截止日，并不是应纳税款缴入国库的截止日。因此，计税期间不同于纳税期限。

二、增值税计税期间的规定

增值税的计税期间有两种类型。第一种是按期计税，即确定一定的间隔期，对该期间内若干纳税义务发生的税款按期汇总计算应纳税额。此种计税期间通常用以对具有持续性、稳定性的课税对象征税。计税期间最短为一日，较长的有一年。第二种是按次计税，即根据纳税行为的发生次数确定计税期间的形式。按次计税实质上体现了纳税义务发生时间和计税期间的重合。

《增值税暂行条例》第二十三条并未规定计税期间，而采用“纳税期限”的概念。“增值税的纳税期限分别为一日、三日、五日、十日、十五日、一个月或者一个季度。纳税人的具体纳税期限，由主管税务机关根据纳税人应纳税额的大小分别核定；不能按照固定期限纳税的，可以按次纳税。”《增值税暂行条例实施细则》第三十九条进一步明确“以一个季度为纳税期限的规定仅适用于小规模纳税人”。

《营业税改征增值税试点实施办法》第四十七条仍采用纳税期限的概念，但进一步明确了“以一个季度为纳税期限的规定适用于小规模纳税人、银行、财务公司、信托投资公司、信用社，以及财政部和国家税务总局规定的其他纳税人”。

根据《北京市国家税务局关于增值税小规模纳税人按季申报缴纳增值税、消费税和文化事业建设费的公告》（已失效）的规定，实行按季申报的小规模纳税人办理了增值税一般纳税人资格登记的，自一般纳税人资格生效之日起，其缴纳增值税、消费税、文化事业建设费的期限由一个季度调整为一个月，财政部和国家税务总局另有规定的除外。

《增值税法》第三十条引入了计税期间的概念，更科学地避免了概念的混淆，有利于纳税人和税务机关工作人员理解和掌握相关规定，保证税法得以正确实施。同时规定取消了“一日、三日和五日”这三种计税期间，改为“增值税的计税期间分别为十日、十五日、一个月或者一个季度”，减少较密的计税和报税频次，有利于降低相关纳税人的纳税申报负担。

三、增值税纳税人计税期间的确定

1. 根据应纳税额的大小核定

《增值税法》第三十条沿用现行规定，纳税人的具体计税期间，由主管税务机关根据纳税人应纳税额的大小分别核定。

一般来说，对经常性、持续性的经营收入征税，应根据应纳税额的多少确定计税期间的长短。因此纳税人生产经营规模大，应纳税额多的，计税期间较短；反之，计税期间较长。这也是为何小规模纳税人的计税期间为一个季度，而一般纳税人的计税期间通常为一个月。

2. 根据纳税人实际情况确定

《增值税法》第三十条沿用现有规定，明确不经常发生应税交易的纳税人，可以按次纳税。因此，为方便纳税人或便于征管，税务机关可根据实际情况在法定范围内来确定计税期间。如对交通不便的地区，计税期间可长一些；交通方便的，计税期间则短。对零散税源，如临时经营者、临时开采者，不能按固定期限计算纳税的，可以按次计算纳税。

专业提示

虽然时间、期间等概念往往体现在程序中，但是增值税计税期间直接关系纳税人应纳税款的计算，属于税收实体法要素。《增值税法》未明确规定，可以认为现有关于计税期间的具体制度仍继续有效，因此，目前仅有小规模纳税人以及特别规定的纳税人适用一个季度的计税期间。由于计税期间是《增值税法》引入的概念，因此纳税人在日常经营和会计核算中，应当区分不同概念，按照计税依据和税率，准确计算计税期间内的应纳税款。

此外，由于纳税人的经营活动涉及多个税种，有必要区分不同税种的计税期间。同时，从简并纳税人申报次数的角度出发，消费税以及随增值税、消费税附征的城市维护建设税、教育费附加，也应当与增值税的计税期间保持一致。因此,对于增值税小规模纳税人来说,其缴纳增值税、消费税、文化事业建设费,以及随增值税、消费税附征的城市维护建设税、教育费附加等税费,原则上实行按季申报。

关联规则

1.《增值税法》第三十条

2.《增值税暂行条例》(中华人民共和国国务院令第 691 号)第二十三条

3.《增值税暂行条例实施细则》(中华人民共和国财政部令第 65 号)第三十九条

4.《营业税改征增值税试点实施办法》第四十七条

5.《国家税务总局关于合理简并纳税人申报缴税次数的公告》(国家税务总局公告 2016 年第 6 号)第一条

88. 如何理解与适用增值税关于申报纳税期限的规定?

(《增值税法》第三十条)

一、现行税法中的纳税期限与申报期限梳理

申报纳税期限严格意义上属于税收程序法要素。增值税立法之前，我国税收法律体系中并无计税期间概念，主要有"纳税期限""申报期限"等概念。

税收实体法规定"纳税期限"，如《增值税暂行条例》第二十三条规定："增值税的纳税期限分别为一日、三日、五日、十日、十五日、一个月或者一个季度。"《消费税暂行条例》第十四条规定："消费税的纳税期限分别为一日、三日、五日、十日、十五日、一个月或者一个季度。"如前所述，其本质为计税期间。

而更多的税收实体法则回避了纳税期限这一存在误用的概念，直接规定按具体期间计算税额。如《资源税法》第十二条规定"资源税按月或者按季申报缴纳"、《企业所得税法》第五十三条规定"企业所得税按纳税年度计算"。

作为唯一的税收程序法，《税收征管法》第二十五条则采用了"申报期限"的概念，明确规定，纳税人必须依照法律、行政法规规定或者税务机关依照法律、行政法规的规定确定的申报期限、申报内容如实办理纳税申报。

由此可见，在税收法律体系中"纳税期限"与"申报期限"并存。需要特别指出的是，《车船税法》第九条在规定"车船税按年申报缴纳"的同时，引入了"申报纳税期限"概念，规定"具体申报纳税期限由省、自治区、直辖市人民政府规定"。而此处的申报纳税期限则应理解为真正意义上的纳税期限。

二、如何理解申报纳税行为及不履行义务的法律责任

与计税期间所代表的一个时间段(范围)不同,申报纳税期限代表一个时间节点,是纳税人履行纳税义务的时限。

纳税申报是纳税人、扣缴义务人向税务机关申报应纳税款或应解缴税款的程序性义务,因此申报期限是纳税人或扣缴义务人办理纳税申报的时间限制。而税法根据不同税种和不同纳税人的特点,将计税期间届满后的一段合理时间规定为申报期限。

严格意义上申报与纳税是两个独立的行为。但在大多数情况下,申报期限和纳税期限一致,即申报的同时完成纳税义务。但在一些情形下,申报期限与纳税期限不同。如《关税法》第四十三条规定,进出口货物的纳税人、扣缴义务人应当自完成申报之日起十五日内缴纳税款。

此外,《税收征管法》对于申报和缴纳税款予以单独规定,可能对适用申报纳税期限存在一定影响。如第二十七条规定,纳税人、扣缴义务人不能按期办理纳税申报或者报送代扣代缴、代收代缴税款报告表的,经税务机关核准,可以延期申报。而第三十一条规定,纳税人因有特殊困难,不能按期缴纳税款的,经省、自治区、直辖市国家税务局、地方税务局批准,可以延期缴纳税款,但是最长不得超过三个月。

对于未按期申报的,第三十五条规定,对于发生纳税义务,未按照规定的期限办理纳税申报,经税务机关责令限期申报,逾期仍不申报的,税务机关有权核定其应纳税额。此外,第六十二条规定了未按期申报的法律责任:由税务机关责令限期改正,并处2000元以下的罚款;情节严重的,可以处2000元以上10,000元以下的罚款。

对于"经税务机关通知申报而拒不申报或者进行虚假的纳税申报,不缴或者少缴应纳税款的",第六十三条将其定性为偷税,这一行为应承担的法律责任为由税务机关追缴其不缴或者少缴的税款、滞纳金,并处

不缴或者少缴的税款百分之五十以上五倍以下的罚款。

三、增值税的申报纳税期限

《增值税法》取消了“一日、三日、五日”的计税期间，规定申报纳税期限主要分两种情况：第一，纳税人以一个月或者一个季度为一个计税期间的，自期满之日起十五日内申报纳税；第二，以十日或者十五日为一个计税期间的，自次月一日起十五日内申报纳税。

根据《税收征管法实施细则》第一百零九条的规定，期限的最后一日是法定休假日的，以休假日期满的次日为期限的最后一日；在期限内有连续三日以上法定休假日的，按休假日天数顺延。此外，每年国家税务总局办公厅还会发布关于明确本年度申报纳税期限的通知，对每月或者每季度期满后十五日内申报纳税期限予以明确。

专业提示

在纳税义务发生后，纳税人应当按照计税依据和税率，准确计算计税期间的应纳税款，在申报纳税期限届满前缴纳入库。

纳税人可以选择在纳税期限内的任意一天缴纳或预缴税款，但不能在纳税期限届满后拖延缴税，否则将承担滞纳的法律责任。如果纳税人由于自身原因在纳税期限之前缴纳税款，则视为纳税人对自身利益的放弃。税务机关不能提前征收或延缓征收。

关联规则

1.《增值税法》第三十条

2.《资源税法》第十二条

3.《企业所得税法》第五十三条

4.《车船税法》第九条

5.《关税法》第四十三条

6.《增值税暂行条例》(中华人民共和国国务院令第 691 号)第二十三条

7.《消费税暂行条例》(中华人民共和国国务院令第 539 号)第十四条

8.《税收征管法》第二十五、二十七、三十一、三十五、六十二、六十三条

9.《税收征管法实施细则》(中华人民共和国国务院令第 666 号)第一百零九条

10.《国家税务总局办公厅关于明确 2025 年度申报纳税期限的通知》(税总办征科函〔2024〕71 号)

89. 如何理解增值税预缴税款的适用情形?

(《增值税法》第三十一条)

一、什么是预缴税款?

预缴税款是为了保证税款均衡入库的一种手段。现行税法规定,需要预缴税款的税种有:按季(月)预缴的企业所得税(《企业所得税法》第五十四条),按季(月)预缴的经营所得的个人所得税(《个人所得税法》第十二条),土地增值税的预征(《土地增值税暂行条例实施细则》第十六条)。这些预缴制度体现的是时间上的预缴,即相对于应缴税款的日期,预缴属于提前缴纳。预缴税额与最后的应纳税额也未必完全相等。

此外,城镇土地使用税和房产税,虽然实行"按年计算、分期缴纳"的制度,但是严格意义上不属于预缴。

二、增值税法律制度中的预缴

1. 增值税预缴的一般情形

增值税法律制度中的预缴最早出现在 1993 年《增值税暂行条例》第二十三条规定中,纳税人以一日、三日、五日、十日或者十五日为一期纳税的,自期满之日起五日内预缴税款,于次月一日起十日内申报纳税并结清上月应纳税款。2008 年该条例修订时,本条表述修改为"于次月 1 日起 15 日内申报纳税并结清上月应纳税款"。

《增值税法》第三十一条取消了"一日、三日、五日"的计税期间,规定"纳税人以十日或者十五日为一个计税期间的,应当自期满之日起五日内预缴税款"。因此,《增值税法》生效后增值税预缴的一般情形主要针对计税期间为十日或者十五日的纳税人。属于时间性预缴。

此外,第三十一条也明确了"法律、行政法规对纳税人预缴税款另有规定的,从其规定",这条规定主要针对的是预缴的特别情形,也意味着现行特别的预缴制度应当提升其法律位阶。

2. 增值税预缴的特别情形

随着"营改增"的推进，一些特定行业的特定业务规定了增值税预缴制度。从类型上看，预缴包括空间性预缴和时间性预缴，并以空间性预缴为主，这主要是基于平衡税源分布的考量。

第一，跨区提供建筑服务。根据《营业税改征增值税试点有关事项的规定》第一条第七项的规定，纳税人跨县（市）提供建筑服务，应在建筑服务发生地预缴税款，向机构所在地主管税务机关进行纳税申报。此后《国家税务总局关于发布〈纳税人跨县（市、区）提供建筑服务增值税征收管理暂行办法〉的公告》《财政部　税务总局关于建筑服务等营改增试点政策的通知》分别对具体情形进行了规定。这种预缴属于空间性预缴。

第二，销售不动产。根据《财政部　国家税务总局关于全面推开营业税改征增值税试点的通知》（财税〔2016〕36 号）附件 2《营业税改征增值税试点有关事项的规定》第一条第八项第一至六和第十点的规定，纳税人销售不动产，应在不动产所在地预缴税款后，向机构所在地主管税务机关进行纳税申报。这种预缴属于空间性预缴。

第三，房地产开发企业取得预收款。根据《财政部　国家税务总局关于全面推开营业税改征增值税试点的通知》（财税〔2016〕36 号）附件 2《营业税改征增值税试点有关事项的规定》第一条第八项第九点的规定，房地产开发企业采取预收款方式销售所开发的房地产项目，在收到预收款时向机构所在地主管税务机关预缴税款。这种预缴增值税属于时间性预缴。

第四，异地不动产（土地使用权）出租。根据《财政部　国家税务总局关于全面推开营业税改征增值税试点的通知》（财税〔2016〕36 号）附件2《营业税改征增值税试点有关事项的规定》第一条第九项的规定，纳税人出租其与机构所在地不在同一县(市)的不动产，应在不动产所在地预缴税款，向机构所在地主管税务机关进行纳税申报。这种预缴属于空间性预缴。

专业提示

增值税的预缴涉及诸多情形，包括：纳税人(不含其他个人)跨地(市、区)提供建筑服务、房地产开发企业预售自行开发的房地产项目、纳税人(不含其他个人)出租与机构所在地不在同一县(市)的不动产等。而预缴税款的地点包括建筑服务所在地、不动产所在地或机构所在地。纳税人尤其是房地产开发企业，应当根据具体情形，确定预缴税款的具体地点，办理预缴申报。纳税人未按照规定的期限办理纳税申报和报送纳税资料的，将影响纳税信用评价结果，并依照《税收征管法》有关规定承担相应法律责任。

关联规则

1.《增值税法》第三十一条

2.《增值税法暂行条例》第二十三条

3.《财政部　国家税务总局关于全面推开营业税改征增值税试点的通知》(财税〔2016〕36号)附件2《营业税改征增值税试点有关事项的规定》

4.《国家税务总局关于发布〈纳税人跨县(市、区)提供建筑服务增值税征收管理暂行办法〉的公告》(国家税务总局公告2016年第17号)

5.《国家税务总局关于发布〈房地产开发企业销售自行开发的房地产项目增值税征收管理暂行办法〉的公告》(国家税务总局公告2016年第18号)

6.《财政部　税务总局关于建筑服务等营改增试点政策的通知》(财税〔2017〕58号)

7.《财政部　国家税务总局关于进一步明确全面推开营改增试点有关再保险　不动产租赁和非学历教育等政策的通知》(财税〔2016〕68 号)

8.《企业所得税法》第五十四条

9.《个人所得税法》第十二条

10.《土地增值税暂行条例实施细则》第十六条

11.《财政部　税务总局关于建筑服务等营改增试点政策的通知》(财税〔2017〕58 号)

90. 个人携带或者寄递进境物品的增值税应如何申报缴纳?

(《增值税法》第三十二条)

个人携带或者寄递进境物品涉及进口关税、进口环节增值税的征收。《关税法》第五条明确规定,个人合理自用的进境物品按照简易征收办法征收关税,并授权国务院规定进境物品关税简易征收办法和免征关税数额。《增值税法》虽没有对个人携带或者寄递进境物品进口环节增值税作原则规定,但第三十二条将个人携带或者寄递进境物品增值税的计征办法授权国务院制定。

一、如何理解个人携带或者寄递进境物品负有纳税义务

个人携带或者寄递进境物品之所以在境内负有增值税纳税义务,其依据也在于消费课税的属地征税原则。一方面,上述物品在离开其购买国时,一般会因出境获得退税,如果入境不征税则出现"双重不征税"这一不合理现象;另一方面,如果物品入境不征税,那么个人将货物改变性质作为物品携带或者邮寄入境,则会产生税源的流失。

二、个人携带或者寄递进境物品如何缴税

1. 纳税人

根据《进境物品关税、增值税、消费税征收办法》的规定,进境物品的携带人或者收件人,是进境物品税款的纳税人。进境物品通关时应当按照规定向海关申报,并接受海关查验。

2. 征税对象

进境物品,是指中华人民共和国准许进境的行李物品、寄递物品和其他物品。

按照进口货物征税的进境物品的包括:(1)超过个人合理自用数量

的进境物品;(2)应税个人自用的汽车、摩托车及其配件、附件;(3)国务院规定按照进口货物征税的其他进境物品。

对于行李物品,以及总值2000元人民币以内的寄递物品,或者总值超过2000元人民币的不可分割单件寄递物品,经海关审核确属个人合理自用的,按照简易征收办法合并征收关税、增值税、消费税。

3. 计税价格的确定

根据2024年《关于发布进境物品分类原则和计税价格确定原则有关事项的公告》的规定:

第一,进境物品的计税价格以实际购买价格为基础确定。海关认为必要时,进境物品的纳税人应当在物品放行前,提供与进境物品相关的反映真实交易价格的购物凭证或资料,并承担相应的法律责任。海关可以根据纳税人提供的上述购物凭证或资料,依法审核确定应税物品计税价格。

第二,海关审核认为进境物品的实际购买价格存疑或无法确定,或者进境物品无实际购买价格的,海关依次使用以下价格确定计税价格:(1)《计税价格表》列明的计税价格,但海关审核认为进境物品的价格是《计税价格表》列明计税价格的二倍及以上或是《计税价格表》列明计税价格的二分之一及以下的除外;(2)按其他合理方法确定的计税价格,优先使用相同物品相同来源地最近时间的市场零售价格。

4. 税额计算

进口税税额 = 计税价格 × 进口税税率

不同归类的进境物品对应不同的进口税税率,进境物品应当适用完成申报之日实施的综合税率。行李物品进境之日即为完成申报之日。

三、个人携带或者寄递进境物品的免税规定

1. 携带行李物品的免税管理

对进境居民旅客携带在境外获取总值5000元人民币以内的行李物

品，进境非居民旅客携带拟留在境内的总值 2000 元人民币以内的行李物品，海关予以免税放行。

2. 邮递物品的免税管理

个人寄自境外的进境物品，每次限值为 2000 元人民币。对应征税额在 50 元人民币以内的寄递物品，海关予以免税放行。

四、横琴粤澳深度合作区个人行李和寄递物品的特殊政策

2021 年中共中央、国务院印发《横琴粤澳深度合作区建设总体方案》，明确提出货物"一线"放开、"二线"管住。即对合作区与澳门特别行政区之间经"一线"进出的货物，除国家法律、行政法规明确规定不予免（保）税的货物及物品外，其他货物及物品免（保）税进入。从合作区经"二线"进入内地的免（保）税货物，按照进口货物有关规定办理海关手续，征收关税和进口环节税。

根据上述方案，2024 年财政部、海关总署、税务总局发布《关于横琴粤澳深度合作区个人行李和寄递物品有关税收政策的通知》规定：

第一，横琴与澳门特别行政区之间设为"一线"。对经"一线"进入合作区的个人行李和寄递物品，以自用、合理数量为限且符合有关管理规定，除国家法律、行政法规明确规定不予免税的外，海关予以免税放行。免税放行后的个人行李和寄递物品，可以正常消费使用。

第二，横琴与中华人民共和国关境内其他地区（内地）之间设为"二线"。对从合作区经"二线"进入内地的个人行李和寄递物品，以自用、合理数量为限，参照自澳门特别行政区进入内地的进境物品适用的有关规定监管、征税；超出自用、合理数量的个人行李和寄递物品，从合作区经"二线"进入内地时，应当按照货物征管。其中，已按规定征收国内环节增值税和消费税的，或合作区内已缴纳进口关税、进口环节增值税和消费税的，不再征收进境物品有关税收。从合作区经"二线"进入内地时,旅客(不含非居民旅客)携带物品不超过8000元人民币(含8000元)的,海关予以免税放行。非居民旅客继续按现行进境物品有关规定执行。

专业提示

出境旅客携带物品进境和从海外邮购物品进境是比较常见的情形,因此,对纳税人来说保留必要的购物凭证是核定价格的基础。特别是对于邮寄物品进境的,由于其免税限制标准低于携带物品进境的情形,纳税人往往选择由物流企业代为缴纳税款而非前往海关处理,因此,出于以维护自身合法权益的考量,纳税人更应该对物品进口环节的税收处理有基本了解。同时还应注意,超出自用、合理数量的进境物品不应再按进境物品办理海关手续,而应当按照进口货物办理相关手续,并按照进口货物的计算依据征收相应的税款。

关联规则

1.《增值税法》第三十二条

2.《关税法》第五条

3.《中共中央　国务院印发〈横琴粤澳深度合作区建设总体方案〉》(国务院公报2021年第26号)

4.《财政部　海关总署　税务总局关于横琴粤澳深度合作区个人行李和寄递物品有关税收政策的通知》(财关税〔2024〕2号)第一、二条

5.《国务院关税税则委员会关于公布〈进境物品关税、增值税、消费税征收办法〉的公告》(税委会公告2024年第11号)第四、五、六、十五条

6.《关于发布进境物品分类原则和计税价格确定原则有关事项的公告》(海关总署公告2024年第175号)第三条

7.《关于发布进境物品分类原则和计税价格确定原则有关事项的公告》

（海关总署公告 2024 年第 175 号）附件 1《中华人民共和国进境物品分类表》

8.《关于发布进境物品分类原则和计税价格确定原则有关事项的公告》（海关总署公告 2024 年第 175 号）附件 2《中华人民共和国进境物品计税价格表》

9.《关于修改和废止进境物品管理相关文件的公告》（海关总署公告 2024 年第 176 号）

10.《关于调整进出境个人邮递物品管理措施有关事宜》（海关总署公告 2010 年第 43 号）

11.《关于进境旅客所携行李物品验放标准有关事宜的公告》（海关总署公告 2010 年第 54 号）

91. 纳税人进口货物应如何申报缴纳增值税?

(《增值税法》第三、十四、三十、三十二条)

一、进口环节增值税的征税范围及纳税人

《增值税法》第三条规定,进口货物的单位和个人(包括个体工商户),为增值税的纳税人。因此,凡是“中华人民共和国准许进出口的货物”,进口均应缴纳增值税。根据《关税法》第三条的规定,进口货物的收货人是关税的纳税人,也是进口环节增值税的纳税人。

二、进口货物增值税的申报

《增值税法》第三十二条规定进口货物的增值税由海关代征。而根据《关税法》第四十二条的规定,进出口货物的纳税人可以按照规定选择海关办理申报纳税。纳税人应当按照规定的期限和要求如实向海关申报税额,并提供相关资料。必要时,海关可以要求纳税人补充申报。

自2024年12月1日起实施的《海关进出口货物征税管理办法》第七条对前述规定进一步细化,纳税人进口货物时应当依法向海关办理申报纳税手续,按照规定提交有关单证。海关认为必要时,纳税人还应当提供确定计税价格、商品归类、原产地等所需的相关资料。提供的资料为外文的,海关需要时,纳税人应当提供中文译文并且对译文内容的完整性和准确性负责。

纳税人应当按照法律、行政法规及有关规定,如实、规范申报进口货物的计税价格、商品编号、商品名称及规格型号、原产地、数量等计税相关信息,计算并向海关申报税额。

三、进口货物增值税应纳税额的计算

1. 基本概念

《增值税法》第十四条第三款规定,进口货物,按照本法规定的组成计税价格乘以适用税率计算缴纳增值税。组成计税价格,为关税计税价格加上关税和消费税;国务院另有规定的,从其规定。

而1993年以来的《增值税暂行条例》采用的一直是“关税完税价格”的表述。这一概念源自《进出口关税条例》(已失效)。由于关税完税价格可能在概念上容易让人误解为“包含关税在内的价格”,因此《关税法》采用了计税价格的概念,体现了概念的科学性和准确性。由此《增值税法》在进口货物的组成计税价格的表述中,采用了与《关税法》一致的概念。

2. 关税计税价格

根据《关税法》第二十四条的规定,进口货物的计税价格以成交价格以及该货物运抵中华人民共和国境内输入地点起卸前的运输及其相关费用、保险费为基础确定。其中,进口货物的成交价格,是指卖方向中华人民共和国境内销售该货物时买方为进口该货物向卖方实付、应付的,并依法调整后的价款总额,包括直接支付的价款和间接支付的价款。

由于部分进口货物的关税是从量计征的,并不适用计税价格的概念,但其进口环节增值税仍然以计税价格为基础。因此,对于进口货物的成交价格不符合条件或成交价格不能确定的,《关税法》第二十七条规定了海关估定该货物的计税价格的方法及适用次序。

3. 应纳税额的计算

进口环节增值税应纳税额 = (计税价格 + 关税税额 + 进口环节消费税税额) × 增值税税率

根据《海关进出口货物征税管理办法》第十三条,进出口货物的价格及有关费用以外币计价的,按照计征汇率折合为人民币计算计税价格,采用四舍五入法计算至分。进出口货物适用的关税税率,按照《关税法》有关最惠国税率、协定税率、特惠税率、普通税率、出口税率、关税配额税率或者暂定税率的规定确定。进口货物适用的进口环节增值税税率、消费税税率，按照相关法律、行政法规及有关规定确定。

进口货物应当适用纳税人完成申报之日实施的税率和计征汇率。

四、进口货物增值税的税款缴纳

《增值税暂行条例》第二十四条规定，纳税人进口货物，应当自海关填发海关进口增值税专用缴款书之日起十五日内缴纳税款。《增值税法》第三十条第四款规定，纳税人进口货物，应当按照海关规定的期限申报并缴纳税款。

随着海关税制改革的推进，纳税人缴纳税款的期限也日益多元化。虽然《关税法》第四十三条原则上规定了进出口货物的纳税人应当自完成申报之日起十五日内缴纳税款，但《海关进出口货物征税管理办法》第二十条也规定了"特殊情形需要实施税收风险管理的除外"。对于选择汇总征税模式的，纳税人可以自完成申报之日起十五日内或者次月第五个工作日结束前汇总缴纳税款。

此外，《关税法》第四十三条还规定了"符合海关规定条件并提供担保的，可以于次月第五个工作日结束前汇总缴纳税款"。

由此可见，进口货物增值税的缴税期限变得更加有弹性。

专业提示

纳税人进口货物缴纳增值税，纳税义务发生时间为货物报关进口当天，纳税地点为海关规定的地点。纳税人在计算缴纳进口环节增值税时应按如下顺序操作：(1)确定关税计税价格；(2)缴纳关税；(3)如属于应税消费品，计算缴纳消费税；(4)向海关缴纳增值税。

关联规则

1.《增值税法》第三、十四、三十、三十二条

2.《关税法》第三、二十四、二十七、四十二、四十三条

3.《增值税暂行条例》第十四、二十四条

4.《海关进出口货物征税管理办法》(海关总署令第 272 号)第七、十三、二十条

92. 增值税发票都有哪些类型？

(《增值税法》第三十四条)

一、纸质发票和电子发票

以介质为标准，可以将增值税发票分为纸质发票和电子发票。根据《发票管理办法实施细则》第三条的规定，电子发票是指在购销商品、提供或者接受服务以及从事其他经营活动中，按照税务机关发票管理规定以数据电文形式开具、收取的收付款凭证。

《增值税法》第三十四条明确规定，“增值税发票包括纸质发票和电子发票。电子发票与纸质发票具有同等法律效力。国家积极推广使用电子发票”。2023 年修订的《发票管理办法》采用了相同的表述。

电子发票不同于纸质发票的电子化，与传统纸质发票的区别主要有两点：一是从传统的物理介质发展为数据电文形式，二是打破了纸质发票作为会计记账凭证的传统，具备了发票会计档案电子记账的条件。

二、专用发票和普通发票

以是否具有抵扣功能为标准，可以将增值税发票分为增值税专用发票和普通发票。专用发票，是增值税一般纳税人销售货物或者提供应税劳务开具的发票，是购买方支付增值税额并可按照增值税有关规定据以抵扣增值税进项税额的凭证。增值税普通发票的格式、字体、栏次、内容与增值税专用发票完全一致。

三、增值税发票的具体类型

“营改增”后，为完善增值税发票的开具和使用规定，2017 年国家税务总局货物和劳务税司下发《关于做好增值税发票使用宣传辅导有关工作的通知》，所附《增值税发票开具指南》以丰富而翔实的内容对增值税发票作了解读，从形式和用途的角度对于增值税发票进行区分，规定了五种类型:增值税专用发票、增值税普通发票(折叠票)、增值税普通发票(卷票)、增值税电子普通发票和机动车销售统一发票。

1. 增值税专用发票

此类发票由基本联次或者基本联次附加其他联次构成,分为三联版和六联版两种。基本联次为三联:第一联为记账联,是销售方记账凭证;第二联为抵扣联,是购买方扣税凭证;第三联为发票联,是购买方记账凭证。其他联次的用途,由纳税人自行确定。纳税人办理产权过户手续需要使用发票的,可以使用增值税专用发票第六联。

2020 年,国家税务总局决定在全国新设立登记的纳税人中实行增值税专用发票电子化。增值税电子专用发票进一步简化发票票面样式,采用电子签名代替原发票专用章,将“货物或应税劳务、服务名称”栏次简化为“项目名称”,取消了原“销售方:(章)”栏次,使增值税电子专用发票的开具更加简便。

2. 增值税普通发票(折叠票)

此类发票由基本联次或者基本联次附加其他联次构成,分为两联版和五联版两种。基本联次为两联:第一联为记账联,是销售方记账凭证;第二联为发票联,是购买方记账凭证。其他联次的用途,由纳税人自行确定。纳税人办理产权过户手续需要使用发票的,可以使用增值税普通发票第三联。

3. 增值税普通发票(卷票)

此类发票分为两种规格:长 × 宽为 57mm × 177. 8mm、长 × 宽为 76mm × 177. 8mm,均为单联。纳税人通过新系统开具印有本单位名称的增值税普通发票(卷票)。印有本单位名称的增值税普通发票(卷票),由国家税务总局统一招标采购的增值税普通发票(卷票)中标厂商印制,其式样、规格、联次和防伪措施等与原有增值税普通发票(卷票)

一致,并加印企业发票专用章。

4. 增值税电子普通发票

此类发票没有规定联次,开票方和受票方需要纸质发票的,可以自行打印增值税电子普通发票的版式文件,其法律效力、基本用途、基本使用规定等与税务机关监制的增值税普通发票相同。

5. 机动车销售统一发票

此类发票为电脑六联式发票:第一联为发票联,是购货单位付款凭证;第二联为抵扣联,是购货单位扣税凭证;第三联为报税联,由车购税征收单位留存;第四联为注册登记联,由车辆登记单位留存;第五联为记账联,是销货单位记账凭证;第六联为存根联,由销货单位留存。

根据《国家税务总局关于增值税发票管理若干事项的公告》,自2018年4月1日起,二手车交易市场、二手车经销企业、经纪机构和拍卖企业应当通过增值税发票管理新系统开具二手车销售统一发票。无论是机动车销售统一发票还是二手车销售统一发票,均不得抵扣进项税额。

根据《发票管理办法》第三条的规定,上述五种类型的发票在购销商品、提供或者接受服务以及从事其他经营活动时均具有收付款凭证的效力。但从是否具有抵扣增值税进项税额功能的角度区分,上述发票中仅有增值税专用发票、增值税电子普通发票(纳税人购进国内旅客运输服务未取得增值税专用发票的)属于增值税合法有效的扣税凭证。

专业提示

在日常经营活动中,开具发票和收取发票都是纳税人经营活动的重要内容。随着全面数字化电子发票的推广,在未来,发票的类型和功能可能面临更多的调整。不同发票之间使用的成本、开具和收取的便捷程度均不一样,纳税人应当选择适合自身财务会计管理数字化水平的发票,确保合法合规的税务遵从。

关联规则

1.《增值税法》第三十四条

2.《发票管理办法》第三条

3.《发票管理办法实施细则》第三条

4.《机动车发票使用办法》第六条

5.《关于深化增值税改革有关政策的公告》(财政部　税务总局　海关总署公告 2019 年第 39 号)

6.《国家税务总局关于增值税发票管理若干事项的公告》(国家税务总局公告 2017 年第 45 号)

7.《国家税务总局货物和劳务税司关于做好增值税发票使用宣传辅导有关工作的通知》(税总货便函〔2017〕127 号)附件《增值税发票开具指南》

93. 什么是数电发票？数电发票的使用有哪些注意事项？

（《增值税法》第三十四条）

根据《发票管理办法实施细则》第三条的规定，电子发票是指在购销商品、提供或者接受服务以及从事其他经营活动中，按照税务机关发票管理规定以数据电文形式开具、收取的收付款凭证。

数电发票是《发票管理办法》中“电子发票”的一种，是将发票的票面要素全面数字化、号码全国统一赋予、开票额度智能授予、信息通过税务数字账户等方式在征纳主体之间自动流转的新型发票。与纸质发票具有同等法律效力。

一、数电发票的类型

数电发票为单一联次，将纸质发票的票面信息全面数字化，通过标签管理将多个票种集成归并为电子发票单一票种，实现全国统一赋码、系统智能赋予发票总额度、税务数字账户设立、发票自动流转交付和数据归集。

数电发票的具体类别包括电子发票（增值税专用发票）、电子发票（普通发票）、电子发票（航空运输电子客票行程单）、电子发票（铁路电子客票）、电子发票（机动车销售统一发票）、电子发票（二手车销售统一发票）等。数电发票可以根据特定业务标签生成建筑服务、成品油、报废产品收购、旅客运输服务、货物运输服务、不动产销售、不动产经营租赁服务、农产品收购、光伏收购、代收车船税、自产农产品销售、差额征税、机动车、二手车、代开发票、通行费、医疗服务、拖拉机和联合收割机、稀土等特定业务发票。

二、数电发票的使用

1. 数电发票的领用

数电发票实现了“去介质”，纳税人不再需要预先领取税控专用设备；通过“赋码制”取消特定发票号段申领，发票信息生成后，系统自动分配唯一的发票号码；通过“赋额制”自动为纳税人赋予当月发票总额度，实现开票“零前置”。基于此，新办纳税人可实现“开业即可开票”。

2. 数电发票的开票用票

数电发票以数字化形态存在，其使用较之传统发票主要有以下优点：

一是发票开具渠道更多元。电子发票服务平台全部功能上线后，纳税人不仅可以通过电脑网页端开具数电发票，还可以通过客户端、移动端手机 App 随时随地开具数电发票。

二是“一站式”服务更便捷。纳税人只需要登录全国统一规范电子税务局，使用其集成的电子发票服务平台上的“发票业务”功能，即可进行发票开具、交付、查验以及用途勾选等系列操作，享受“一站式”服务，不再需要登录多个平台完成相关操作。

三是发票数据应用更广泛。通过“一户式”“一人式”发票数据归集，加强各税费数据联动，为实现“一表集成”式税费申报预填服务奠定数据基础。

四是破除特定格式要求，满足个性业务需求。数电发票增加了 XML 的数据电文格式，同时保留 PDF、OFD 等格式，降低发票使用成本，提升纳税人用票的便利度和获得感。特定业务的数电发票票面按照特定内容展示相应信息，同时票面左上角展示该业务类型的字样。

五是纳税服务渠道更畅通。电子发票服务平台提供征纳互动相关功能，如增加智能咨询，纳税人在开票、受票等过程中，平台自动接收纳税人业务处理过程中存在的问题并进行智能答疑；增设异议提交功能，纳税人对当月发票总额度有异议时，可以通过平台向税务机关提出。

3. 数电发票的入账归档

通过制发电子发票数据规范、出台电子发票国家标准，实现数电发票全流程数字化流转。同时，通过税务数字账户下载的数电发票含有数字签名，无须加盖发票专用章即可入账归档。

三、如何开具红字数电发票

蓝字数电发票开具后，发生销售退回（包括全部退回和部分退回）、开票有误、应税服务中止（包括全部中止和部分中止）、销售折让等情形的，应当按照规定开具红字数电发票。

蓝字数电发票未进行用途确认及入账确认的，开票方发起红冲流程，并直接开具红字数电发票。农产品收购发票、报废产品收购发票、光伏收购发票等，无论是否进行用途确认或入账确认，均由开票方发起红冲流程，并直接开具红字数电发票。

蓝字数电发票已进行用途确认或入账确认的（用于出口退税勾选和确认的仍按现行规定执行），开票方或受票方均可发起红冲流程，并经对方确认《红字发票信息确认单》（以下简称《确认单》）后，由开票方开具红字数电发票。《确认单》发起后七十二小时内未经确认的，自动作废。蓝字数电发票已用于出口退税勾选和确认的，需操作进货凭证信息回退并确认通过后，由开票方发起红冲流程，并直接开具红字数电发票。

受票方已将数电发票用于增值税申报抵扣的，应暂依《确认单》所列增值税税额从当期进项税额中转出，待取得开票方开具的红字数电发票后，将其与《确认单》一并作为记账凭证。

专业提示

数电发票比一般的电子发票对纳税人的税法遵从提出了更高的要

求。纸质、电子化发票在公共服务平台上开具，可以离线开票。数电发票在电子发票服务平台上开具，仅允许纳税人在线开票，对按照规定不使用网络办税、不具备网络条件或者存在重大涉税风险的，电子发票服务平台可以暂不提供服务。因此，对于纳税人而言，除了在开具发票时注意发票的完整性和合规性以外，还应关注数据标准的变动，准确开展数电发票的管理等工作。

关联规则

1.《增值税法》第三十四条

2.《发票管理办法实施细则》(国家税务总局令第56号)第三条

3.《国家税务总局关于推广应用全面数字化电子发票的公告》(国家税务总局公告2024年第11号)

94. 什么是《商品和服务税收分类编码表》？纳税人开具发票时应如何选择分类编码？编码选择错误应承担何种法律责任？

一、商品和服务税收分类编码及其基本结构

2016年2月15日，国家税务总局发布《商品和服务税收分类与编码（试行）》，决定自2016年2月19日开始在北京市、上海市、江苏省和广东省进行编码推广的试点工作。

根据《国家税务总局关于增值税发票管理若干事项的公告》，自2018年1月1日起，纳税人通过增值税发票管理新系统开具增值税发票（包括：增值税专用发票、增值税普通发票、增值税电子普通发票）时，商品和服务税收分类编码对应的简称会自动显示并打印在发票票面“货物或应税劳务、服务名称”或“项目”栏次中。

纳税人按分类编码上注明的税率和征收率开具发票，能使税务机关统计、筛选、分析、比对数据等更加便利，也有利于加强税收征收管理。

编码具体由篇、类、章、节、条、款、项、目、子目和细目组成，共十九位。其中，篇级编码共六类，1～6分别代表货物、劳务、服务、无形资产、不动产和未发生销售行为的不征税项目。

二、如何选择商品和服务税收分类编码

第一，纳税人开具发票的销售项目名称应能够反映所售货物、劳务、服务等的客观实质，并包含能够识别门类、位置等的辨识信息，不应仅列俗称、简称、货物或服务的商业名称、统括名称（如“货物”“工程”等）。

第二，纳税人在进行“商品和服务税收分类编码”选择时，应先按照关键字进行查找；无法直接查找到的，根据政策进行行业、大类的划分；在进行小类细划分时，无法清楚界定、归类的，可以按照商品的材料或用途选择最近似的编码;劳务或服务类按照交易实质选择最近似编码。选择编码类别时应尽可能选择编码表中列出的相应项目,如果没有,则可查找并选择编码表中相应类别下的“其他×××”选项。有时,根据系统推荐选择的编码,可能对应的未必是匹配的货物。例如,纳税人销售绞股蓝花纹的纸箱,商品品名“绞股蓝纸箱”,智能赋码推荐了“中药”的税收编码,但准确的应当是“纸和纸板制容器”的税收编码。

第三,某种货物,如果找到了两个符合的编码,应选择最适合的那一个。例如,纳税人销售橡胶材质的儿童游泳圈,搜索编码的时候,按材质“橡胶”可以搜索到其他橡胶制品,按用途“玩具”也可以搜索到其他玩具,那么此时,该纳税人可以根据企业的经营范围和主要产品服务作辅助判断,选择最适合的那一个以避免税收风险。

第四,如果选择的商品税收分类编码对应的税率(或征收率)与实际不符,可以选择并确认合适的税率。例如,小规模纳税人选择餐饮服务时,系统带出税率为6%,其可自行更改为3%。此外,纳税人在填写“享受优惠政策”项选择“是”时,要根据实际情况在“税率”项中选择优惠税率。

第五,在增值税发票管理新系统中,商品编码是可以根据企业实际经营情况细化的。但是需注意的是,不能凭空生造编码,只能在《商品与服务税收分类编码表》中规定的编码下进行细化。

第六,项目名称要开具清晰。纳税人销售的货物品种比较多的,即使都属于同一大类,也不可以只选择一个编码来开具发票,而是要一一选择对应编码。例如,纳税人从事水果销售,销售的货物包括樱桃、山竹、蓝莓等,开具发票的时候不可以只选择其中一种水果的编码,应一一选择对应编码开具发票。对于超过发票票面项数、难以开全的发票,可以采用发票清单的形式。

三、商品和服务税收分类编码选择错误的法律责任

纳税人不选择商品和服务税收分类与编码的，属于发票栏目填写不全。主管税务机关可根据《发票管理办法》第三十三条的规定，责令其改正，并且可以处1万元以下的罚款。

纳税人恶意开具编码与实际经营业务情况不符的发票，属于虚开发票。主管税务机关可根据《发票管理办法》第三十五条的规定，没收其违法所得。虚开金额在1万元以下的，可以并处5万元以下的罚款；虚开金额超过1万元的，并处5万元以上50万元以下的罚款；构成犯罪的，依法追究刑事责任。

专业提示

纳税人根据商品和服务税收分类编码，开具与实际经营活动相符的发票是税法遵从的重要内容。随着企业经营业务的拓展，商品编码可以根据企业实际经营情况新增，但企业不能创设编码，所有的编码都体现在商品与服务税收分类编码表中。

需要关注的是，《增值税法》将原本的货物与服务予以合并，并将应税交易调整为四类，但商品和服务税收分类编码并不必然进行全面的调整。

关联规则

1.《增值税法》第三、三十四条

2.《发票管理办法》第二十一、三十三、三十五条

3.《国家税务总局关于增值税发票管理若干事项的公告》（国家税务总局公告2017年第45号）第一条

4.《国家税务总局关于开展商品和服务税收分类与编码试点工作的通知》（税总函〔2016〕56号）

95. 自然人如何代开发票？可能的法律风险有哪些？

一、自然人申请代开增值税普通发票

1993 年制定的《发票管理办法》并未规定代开发票。

2004 年,《国家税务总局关于加强和规范税务机关代开普通发票工作的通知》明确了代开发票的概念,是指由税务机关根据收款方(或提供劳务服务方)的申请,依照法规、规章以及其他规范性文件的规定,代为向付款方(或接受劳务服务方)开具发票的行为。

2010 年《发票管理办法》修订后,进一步明确了自然人可以代开发票。第十六条规定:"需要临时使用发票的单位和个人,可以凭购销商品、提供或者接受服务以及从事其他经营活动的书面证明、经办人身份证明,直接向经营地税务机关申请代开发票。"

"营改增"后,根据《国家税务总局货物和劳务税司关于做好增值税发票使用宣传辅导有关工作的通知》所附《增值税发票开具指南》的规定,依法不需要办理税务登记的单位和个人,临时取得收入,需要开具增值税普通发票的,可以向税务机关申请代开增值税普通发票。同时,个人申请代开的增值税普通发票可以作为受票企业进行所得税税前扣除的凭证资料。

二、自然人申请代开增值税专用发票

由于增值税专用发票具有抵扣功能,长期以来自然人申请代开增值税专用发票一直受到严格限制。

根据《税务机关代开增值税专用发票管理办法(试行)》第二、四、五条的规定,主管税务机关可为辖区范围内已办理税务登记的小规模纳税人(包括个体经营者)以及国家税务总局确定的其他纳税人代开专用发票,其他单位和个人则不得代开。

“营改增”后，《国家税务总局关于营业税改征增值税委托地税局代征税款和代开增值税发票的通知》规定：“增值税小规模纳税人销售其取得的不动产以及其他个人出租不动产，购买方或承租方不属于其他个人的，纳税人缴纳增值税后可以向地税局申请代开增值税专用发票。”至此，自然人申请代开增值税专用发票有了明确规定。

目前，自然人可以代开的增值税专用发票主要包含以下情形：

第一，自然人销售或者出租其取得的不动产，可以在缴纳税款的同时，向税务机关申请代开增值税专用发票。

第二，接受税务机关委托代征税款的保险企业，向个人保险代理人支付佣金费用后，可代个人保险代理人统一向主管税务机关申请汇总代开增值税普通发票或增值税专用发票。其中，个人保险代理人，是指根据保险企业的委托，在保险企业授权范围内代为办理保险业务的自然人，不包括个体工商户。

第三，证券经纪人、信用卡和旅游等行业代开增值税专用发票、比照保险代理人的相关规定执行。

第四，具有运输资质并办理税务登记（包括临时税务登记）的自然人在境内提供公路、内河货物运输服务，经备案后可申请代开增值税专用发票。

三、自然人提供劳务已预扣预缴个人所得税的为何还要代开发票？

实践中，几乎每个企业都会发生支付给非雇员的劳务报酬支出。根据《个人所得税法实施条例》第六条第一款第二项的规定，劳务报酬所得的范围覆盖较广，同时还包括其他劳务的兜底性规定。一般来说，支付企业作为扣缴义务人，对于自然人取得的劳务报酬所得依法办理全员全额扣缴申报。那么企业将劳务报酬发放表和转款凭据作为记账凭据的同时，进行个人所得税代扣代缴申报，即满足了自身税务合规的要求吗？

根据《企业所得税税前扣除凭证管理办法》第九条的规定，企业在境内发生的支出项目属于增值税应税项目的，对方为已办理税务登记的增值税纳税人，其支出以发票（包括按照规定由税务机关代开的发票）作为税前扣除凭证；对方为依法无须办理税务登记的单位或者从事小额零星经营业务的个人，其支出以税务机关代开的发票或者收款凭证及内部凭证作为税前扣除凭证，收款凭证应载明收款单位名称、个人姓名及身份证号、支出项目、收款金额等相关信息。由此可见，支付企业还须取得相应的发票作为税前扣除凭证，方可规避相应的税务风险。

四、自然人代开发票的法律风险

1. 虚开的风险

虽然自然人代开发票是从税务机关取得的，那么企业接受这种发票是否必然不存在税务不合规问题？需要指出的是，税务机关代开发票，只能证明发票来源真实，并不代表经营业务的真实存在，仍然可能存在票面信息与真实交易不一致的情况，导致受票企业被认定虚开发票。

2. 自然人在代开发票环节转换收入性质，逃避缴纳个人所得税

在我国个人所得税分类所得税制下，不同类型所得的计税方法存在差异，因此所得类型不同将直接导致个人所得税的应纳税额的差异。特别是劳务报酬所得与经营所得难以区分，自然人在申请代开发票时，规避“劳务”，将个人劳务报酬转换为经营所得，降低税率、减少税负。因此自然人代开发票如票面所载收入性质与自己提供的服务不一致，也可能被认定为虚开。

以国家税务总局广西壮族自治区税务局第二稽查局行政处罚案为例，某教育咨询公司在 2019 年 4 月向杜某等 6 人支付课程培训服务费合计 1,530,000 元。上述 6 人向该教育咨询公司提供了由国家税务总

局枣庄市某税务局第一分局代开的增值税普通发票6份，金额合计1,530,000元，并按“经营所得”品目申报缴纳个人所得税合计7427.2元。税务机关认定，该教育咨询公司应按劳务报酬所得代扣代缴杜某等6人个人所得税。对该教育咨询公司处以应扣未扣个人所得税428,922.34元50%的罚款，罚款金额214,461.17元。

专业提示

自然人代开发票不仅涉及增值税问题，也涉及自然人的个人所得税和所得支付方的企业所得税税前扣除问题。在特定的情形下，自然人可以申请代开增值税专用发票，该发票还可以用于支付方抵扣进项税额。因此企业取得自然人代开发票是否合法合规等问题会对其产生不同的影响。

关联规则

1.《发票管理办法》第十六条

2.《个人所得税法实施条例》第六条

3.《国家税务总局关于加强和规范税务机关代开普通发票工作的通知》（国税函〔2004〕1024号）第一条

4.《国家税务总局关于印发〈税务机关代开增值税专用发票管理办法（试行）〉的通知》（国税发〔2004〕153号）第二、四、五条

5.《国家税务总局关于营业税改征增值税委托地税局代征税款和代开增值税发票的通知》（税总函〔2016〕145号）第二条

6.《国家税务总局关于个人保险代理人税收征管有关问题的公告》（国家税务总局公告2016年第45号）

7.《国家税务总局货物和劳务税司关于做好增值税发票使用宣传辅导有关工作的通知》（税总货便函〔2017〕127号）附件《增值税发票开具指南》

8.《国家税务总局关于发布〈货物运输业小规模纳税人申请代开增值税专用发票管理办法〉的公告》(国家税务总局公告 2017 年第 55 号)

9.《国家税务总局关于发布〈企业所得税税前扣除凭证管理办法〉的公告》(国家税务总局公告 2018 年第 28 号)

96. 小规模纳税人开具增值税专用发票的注意事项有哪些?

一、小规模纳税人开具增值税专用发票的相关规定

"营改增"后,国家税务总局陆续开展增值税小规模纳税人自行开具增值税专用发票试点工作,试点工作覆盖住宿业,鉴证咨询业,建筑业,工业以及信息传输、软件和信息技术服务业五个行业。为进一步激发市场主体创业创新活力,促进小微企业发展,2019 年 3 月 1 日起,租赁和商务服务业,科学研究和技术服务业,居民服务、修理和其他服务业被纳入增值税小规模纳税人自行开具增值税专用发票试点范围。试点纳税人可以选择自行开具增值税专用发票或者向税务机关申请代开。

根据《国家税务总局关于增值税发票管理等有关事项的公告》的规定,自 2020 年 2 月 1 日起,取消行业限制,增值税小规模纳税人(其他个人除外)发生增值税应税行为,需要开具增值税专用发票的,可以自愿使用增值税发票管理系统自行开具。选择自行开具增值税专用发票的小规模纳税人,税务机关不再为其代开增值税专用发票。

二、小规模纳税人销售额未达起征点,如何开具增值税发票

1. 开具增值税普通发票

根据《关于增值税发票管理等有关事项的公告》,已经使用增值税发票管理系统的小规模纳税人,月销售额未超过 10 万元的,可以自愿选择是否继续使用现有税控设备开具增值税发票。符合免税条件的小规模纳税人,代开增值税普通发票时不征收增值税。需要指出的是,按照现行发票管理有关规定,机动车销售统一发票在性质上属于普通发票,销售额未超过免税标准的小规模纳税人开具机动车销售统一发票的销售额,免征增值税。

因此，具体而言：如果小规模纳税人在开票时不确定月销售额是否在10万元以下，能否享受免税政策，并适用3%征收率的应税销售收入，那么应先按照1%征收率开具增值税普通发票。申报纳税时，如果月销售额未超过10万元，可以在申报纳税时进行免税申报，如果月销售额超过10万元，可以在申报纳税时减按1%征收率申报缴纳增值税。

2. 放弃免税、开具增值税专用发票

根据《国家税务总局关于增值税小规模纳税人减免增值税等政策有关征管事项的公告》第四、五条有关规定，小规模纳税人适用月销售额10万元以下免征增值税政策的，可就该笔销售收入选择放弃免税并开具增值税专用发票；小规模纳税人适用3%征收率销售收入减按1%征收率征收增值税政策的，可就该笔销售收入选择放弃减税并开具增值税专用发票。

3. 开具增值税专用发票后的退税

按照现行政策规定，纳税人自行开具增值税专用发票，应就其开具的增值税专用发票相对应的应税行为计算缴纳增值税。如果小规模纳税人月销售额未超过10万元(以1个季度为1个纳税期的，季度销售额未超过30万元)，那么当期因开具增值税专用发票已经缴纳的税款，在增值税专用发票全部联次追回或者按规定开具红字专用发票后，可以向主管税务机关申请退还已缴纳的增值税。

三、小规模纳税人未享受优惠政策即开具3%征收率的增值税专用发票，应如何补救

根据《财政部　税务总局关于明确增值税小规模纳税人减免增值税等政策的公告》和《财政部　税务总局关于增值税小规模纳税人减免增值税政策的公告》，自2023年1月1日至2027年12月31日，增值税小规模纳税人适用3%征收率的应税销售收入，减按1%征收率征收增值税。如果纳税人先行开具3%的增值税专用发票,那么由于增值税专用发票具有抵扣功能,因此在增值税专用发票全部联次追回予以作废或者按规定开具红字专用发票后,方可就此笔业务适用减征增值税政策。否则,需要就已开具增值税专用发票的应税销售收入按3%征收率申报缴纳增值税。

同时,按照《国家税务总局关于红字增值税发票开具有关问题的公告》的规定,购买方取得专用发票已用于申报抵扣的,需要在填写《开具红字增值税专用发票信息表》,并将增值税税额从进项税额中转出后,由税务机关根据校验通过的《开具红字增值税专用发票信息表》为销售方代开红字专用发票,并不需要将原发票退回。

专业提示

一直以来,小规模纳税人因其销售额有限,在税收征管方面的严格程度不同于一般纳税人。然而随着信息化对社会经济生活的逐步覆盖,特别是税收征管数字化升级和智能化改造不断深化,原本在小规模纳税人和一般纳税人之间的税法遵从的鸿沟已不复存在。而小规模纳税人可以开具增值税专用发票既是其权利的实现,也是对其税务合规的要求。

关联规则

1.《国家税务总局关于红字增值税发票开具有关问题的公告》(国家税务总局公告2016年第47号)第一条

2.《国家税务总局关于增值税发票管理等有关事项的公告》(国家税务总局公告2019年第33号)第五条

3.《国家税务总局关于增值税小规模纳税人减免增值税等政策有关征管事项的公告》(国家税务总局公告2023年第1号)第四、五条

4.《财政部　税务总局关于明确增值税小规模纳税人减免增值税等政策的公告》(财政部　税务总局公告2023年第1号)第二条

5.《财政部　税务总局关于增值税小规模纳税人减免增值税政策的公告》(财政部　税务总局公告2023年第19号)第二条

97. 当企业发生销售退回或者开票有误等情况时，已经开具的发票应如何处理？

无论是消费者网上购物收到商品后，因各种原因申请退货，还是在其他商事交易中，都有可能发生销售退回或者开票有误等情况。那么作为商家，已经开具的增值税发票应如何处理？

一、增值税纸质普通发票

纳税人在开具增值税纸质普通发票当月，发生销货退回、开票有误等情形，收到退回的发票联符合作废条件的，按作废处理；开具时发现有误的，可即时作废。

同时具有下列情形的，符合发票作废的条件：(1)收到退回的发票联时间未超过销售方开票当月；(2)销售方未抄税并且未记账。

不符合作废条件的，做冲红处理。

二、增值税纸质专用发票

纳税人在开具增值税专用发票当月，发生销货退回、开票有误等情形，收到退回的发票联、抵扣联符合作废条件的，按作废处理；开具时发现有误的，可即时作废。作废增值税专用发票须在增值税发票管理新系统(以下简称新系统)中将相应的数据电文按“作废”处理，在纸质增值税专用发票(含未打印的增值税专用发票)各联次上注明“作废”字样，全联次留存。

同时具有下列情形的，符合发票作废的条件：(1)收到退回的发票联、抵扣联，且时间未超过销售方开票当月；(2)销售方未抄税且未记账；(3)购买方未认证，或者认证结果为“纳税人识别号认证不符”“增值税专用发票代码、号码认证不符”。

不符合作废条件，需要开具红字增值税专用发票的，按以下方法处理：

第一，购买方取得专用发票已用于申报抵扣的，购买方可在新系统中填开并上传《开具红字增值税专用发票信息表》（以下简称《信息表》），在填开《信息表》时不填写相对应的蓝字专用发票信息，应暂依《信息表》所列增值税税额从当期进项税额中转出，待取得销售方开具的红字专用发票后，与《信息表》一并作为记账凭证。

购买方取得专用发票未用于申报抵扣，但发票联或抵扣联无法退回的，购买方填开《信息表》时应填写相对应的蓝字专用发票信息。

销售方开具专用发票尚未交付购买方，以及购买方未用于申报抵扣并将发票联及抵扣联退回的，销售方可在新系统中填开并上传《信息表》。销售方填开《信息表》时应填写相对应的蓝字专用发票信息。

第二，主管税务机关通过网络接收纳税人上传的《信息表》，系统自动校验通过后，生成带有“红字发票信息表编号”的《信息表》，并将信息同步至纳税人端系统中。

第三，销售方凭税务机关系统校验通过的《信息表》开具红字专用发票，在新系统中以销项负数开具。红字专用发票应与《信息表》一一对应。

第四，纳税人也可凭《信息表》电子信息或纸质资料到税务机关对《信息表》内容进行系统校验。

三、增值税电子普通发票

增值税电子普通发票具有可复制、无法回收的特点，所以增值税电子普通发票一旦开具就不能作废。开票后发生开票有误、销货退回或销售折让等情形时，应开具红字增值税电子普通发票，无须退回增值税电子普通发票。

四、增值税电子专用发票

增值税电子专用发票的载体由税务机关监制的增值税纸质专用发

票转变为符合税务机关规定格式的电子文件，一旦开具无法作废。如果发生开票有误的情形，应先开具红字电子专用发票进行冲回，再按照正确的金额重新开具一张蓝字电子专用发票。

纳税人开具电子专用发票后，发生销售退回、开票有误、应税服务中止、销售折让等情形，需要开具红字电子专用发票的，按照以下规定执行：

第一，购买方已将电子专用发票用于申报抵扣的，由购买方在增值税发票管理系统（以下简称发票管理系统）中填开并上传《信息表》，填开《信息表》时不填写相对应的蓝字电子专用发票信息。购买方未将电子专用发票用于申报抵扣的，由销售方在发票管理系统中填开并上传《信息表》，填开《信息表》时应填写相对应的蓝字电子专用发票信息。

第二，税务机关通过网络接收纳税人上传的《信息表》，系统自动校验通过后，生成带有“红字发票信息表编号”的《信息表》，并将信息同步至纳税人端系统中。

第三，销售方凭税务机关系统校验通过的《信息表》开具红字电子专用发票，在发票管理系统中以销项负数开具。红字电子专用发票应与《信息表》一一对应。

第四，购买方已将电子专用发票用于申报抵扣的，应当暂依《信息表》所列增值税税额从当期进项税额中转出，待取得销售方开具的红字电子专用发票后，与《信息表》一并作为记账凭证。

五、成品油专用发票

根据《国家税务总局关于成品油消费税征收管理有关问题的公告》的规定，所有成品油发票均须通过新系统中成品油发票开具模块开具，开具成品油专用发票后，发生销售退回、开票有误以及销售折让等情形的，应按规定开具红字成品油专用发票。销售退回、开票有误等原因涉及销售数量的，应在《信息表》中填写相应数量，销售折让的不填写数量。

六、机动车销售统一发票

根据《机动车发票使用办法》第八条的规定，销售方销售机动车开具增值税专用发票后，发生销货退回、开票有误、销售折让等情形，应当凭发票管理系统校验通过的《信息表》开具红字增值税专用发票。发生销货退回、开票有误的，在"规格型号"栏填写机动车车辆识别代号/车架号；发生销售折让的，"规格型号"栏不填写机动车车辆识别代号/车架号。

专业提示

随着电子发票的日益普及，纳税人的发票合规不仅表现在开具发票环节，也表现在对日常经营中可能发生的销售退回、开票有误、销售折让或应税服务中止等问题的处理中，应税交易的不同情形、开具发票的不同类型，都会影响发票合规的处理方式。

关联规则

1.《发票管理办法实施细则》(国家税务总局令第56号)第二十六、二十七条

2.《国家税务总局关于红字增值税发票开具有关问题的公告》(国家税务总局公告2016年第47号)第一条

3.《国家税务总局关于成品油消费税征收管理有关问题的公告》(国家税务总局公告2018年第1号)第一条

4.《国家税务总局关于在新办纳税人中实行增值税专用发票电子化有关事项的公告》(国家税务总局公告2020年第22号)第七条

5.《国家税务总局、工业和信息化部、公安部关于发布〈机动车发票使用办法〉的公告》(国家税务总局、工业和信息化部、公安部公告2020年第23号)第八条

98. 什么是虚开发票？虚开发票包含哪些具体的行为？

在行政法律、法规和规范性文件层面，发票管理领域和税收征收管理领域分别对虚开增值税专用发票的行为作了规定，主要体现在《税收征管法》与《发票管理办法》中。

一、什么是“虚开发票”？

《税收征管法》并没有明确规定何谓虚开发票，只在第二十一条第二款中原则性规定“应当按照规定开具、使用、取得发票”。

《发票管理办法》第二十一条第一款规定发票应如实开具，即“按照规定的时限、顺序、栏目，全部联次一次性如实开具”；而虚开行为则规定在该条第二款：“任何单位和个人不得有下列虚开发票行为：（一）为他人、为自己开具与实际经营业务情况不符的发票；（二）让他人为自己开具与实际经营业务情况不符的发票；（三）介绍他人开具与实际经营业务情况不符的发票。”根据上述规定，虚开行为主体包括单位和个人，即个人或公司都可能成为虚开发票行为的主体。

对于何谓“与实际经营业务情况不符”，《发票管理办法实施细则》第二十九条予以明确：“（一）未购销商品、未提供或者接受服务、未从事其他经营活动，而开具或取得发票；（二）有购销商品、提供或者接受服务、从事其他经营活动，但开具或取得的发票载明的购买方、销售方、商品名称或经营项目、金额等与实际情况不符。”因此，无论是否实际存在经营活动，只要开具发票的内容与实际情况不一致，即可能被认定为存在虚开行为。换言之，税务机关在认定虚开发票行为时更关注行为本身，即客观层面，而非考察行为人的主观层面因素，同时也不要求实际造成税款损失的结果。

虚开的发票类型，既包括增值税专用发票，用于出口退税、抵扣税款的其他发票，也包括一般的普通发票。无论是经税务机关监制的发票，还是伪造的假发票，只要符合上述条件，均构成虚开行为。

二、"虚开发票"的具体行为

1. 为他人、为自己开具与实际经营业务情况不符的发票。例如，甲公司与乙公司之间无交易发生，但甲公司却为乙公司开具发票，这违反了《发票管理办法实施细则》第二十四条的规定，即"填开发票的单位和个人必须在发生经营业务确认营业收入时开具发票。未发生经营业务一律不准开具发票"。又如，甲公司与乙公司之间有交易发生，但由甲公司向第三人开具发票，或由第三人向乙公司开具发票，或交易的标的包括商品或服务的名称、数量、单价、金额等与实际经营业务不一致，即是虚开。

2. 让他人为自己开具与实际经营业务情况不符的发票。例如，甲公司出于各种目的，需要增值税发票，要求乙公司在双方没有实际交易的情况下为其开具发票。此时，无论是受票方甲公司还是开票方乙公司均构成虚开发票，即便甲公司没有开具发票的行为。

3. 介绍他人开具与实际经营业务情况不符的发票。该项主要是将中间人也纳入了虚开发票的主体范畴，这里面又分两种情形：一种是职业的，即以此为赚钱的方式，在开票方与受票方之间充当"掮客"的角色，赚取中介手续费；另一种则是出于"好心帮忙"，但也属于虚开发票。

三、不构成虚开发票的情形

根据《国家税务总局关于纳税人对外开具增值税专用发票有关问题的公告》（国家税务总局公告2014年第39号），同时符合下列情形的，不构成虚开发票：（1）纳税人向受票方纳税人销售了货物，或者提供了增值税应税劳务、应税服务；（2）纳税人向受票方纳税人收取了所销售货物、所提供应税劳务或者应税服务的款项，或者取得了索取销售款项的凭据；(3)纳税人按规定向受票方纳税人开具的增值税专用发票相关内容，与所销售货物、所提供应税劳务或者应税服务相符，且该增值税专用发票是纳税人合法取得并以自己名义开具的。

国家税务总局在前述公告的解读中，进一步明确了其他认定要素：(1)纳税人对外开具发票，应当拥有货物的所有权，既包括以直接购买方式取得货物所有权，也包括以"先卖后买"方式取得货物所有权。(2)挂靠方是否以被挂靠方的名义，被挂靠方是否真实经营，也将影响虚开的认定。

当然，国家税务总局在解读中也进一步明确，不符合上述三种情形的也不能必然认定为虚开，仍需要税务机关证明行为人符合虚开的要件(参见本书问题99)。

专业提示

虚开发票的主体不仅包括开具发票的主体，也包括接受虚开发票的主体以及第三人。换言之，并非只有纳税人可构成虚开发票。在实践中，为他人、为自己开具，让他人为自己开具以及介绍他人开具，都是虚开的外观形式。然而认定虚开的核心是证明"与实际经营业务情况不符"。对于税务机关而言，需结合纳税人的行为，综合考虑企业的实际经营情况、财务记录、发票内容等因素。对于企业而言，应当确保经营的真实性，防范开票环节的税务风险，加强对受票单位、第三方合作人员的诚信审核，确保对货物服务交付、资金收付等关键环节、关键交易行为的控制。

关联规则

1.《税收征管法》第二十一条

2.《发票管理办法》第二十一条

3.《发票管理办法实施细则》第二十四、二十九条

4.《国家税务总局关于纳税人对外开具增值税专用发票有关问题的公告》(国家税务总局公告2014年第39号)

99. 如何认定行为人违反《发票管理办法》，构成虚开发票？虚开发票有哪些典型手段？

一、如何认定行为人构成"虚开发票"？

1. 关于主体的认定

根据《发票管理办法》对虚开的界定，虚开发票的主体多样，包括开票方、受票方以及第三人，而虚开的发票对于不同的主体具有不同的意义。开票方，往往是收取开票服务费。第三人，或是具有中介身份，收取中介费用；或是因自己不具有交易资格，包括交易主体资格，无法开具受票方所需要的发票等，故通过开票方开具发票，从而从开票方处取得交易价款。受票方，或是不存在经营活动，虚开发票从而进行税款抵扣或税前扣除；或是存在经营活动，但无法取得合法合规的发票。因此，主体不同、虚开的目的存在差异，可能导致行为性质认定的差异，即单纯的虚开发票或是虚开发票仅是服务于其他违法行为的一种手段。

2. 有货虚开和无货虚开的认定

根据《发票管理办法实施细则》关于虚开发票的认定和解释，"未购销商品、未提供或者接受服务、未从事其他经营活动，而开具或取得发票"，一般是指"无货虚开"；"有购销商品、提供或者接受服务、从事其他经营活动，但开具或取得的发票载明的购买方、销售方、商品名称或经营项目、金额等与实际情况不符"，一般是指"有货虚开"。虽然二者情形不同，但《发票管理办法》在定性上并未加以区分，而是对两种虚开行为一视同仁；差别可能主要体现在个案中定性后的罚款倍数裁量上。

实践中，税务机关认定行为人是否存在虚开，往往依据是否存在货票分离、资金回流等情况。

二、货票分离是否构成虚开？

实践中认定真实货物交易，通常会依据“四流一致”，“四流”也就是货物流、合同流、资金流和发票流。货票分离最简单的理解即货物与发票无法对应，与前述要求不符。然而在大宗商品，如石油、金属等的交易中，由于长距离运输和存储的成本过高，实践中往往通过转让相应的货权凭证如提货单等完成货物的交付。这符合《民法典》第二百二十七条关于指示交付的规定，而“中油国门案”即属于此种情况。①

对此，在《国家税务总局关于纳税人对外开具增值税专用发票有关问题的公告》（国家税务总局公告2014年第39号）的解读中，明确了“先卖后买”方式，即纳税人将货物销售给下家在前，从上家购买货物在后。

因此如果货票分离满足以下条件，则不应认定为虚开。第一，从货物流来看，在市场交易中，交易双方为了增加利润，通过减少中间过程以及减少仓储等方式降低成本，是一种交易惯例。第二，从资金流来看，市场交易下，市场主体不仅处在一笔交易中，还处在不同的债权债务关系中；一笔交易的资金可以由第三人支付，也可以向第三人支付。第三，从发票来看，发票需与合同当事人相一致，即开票方与受票方之间应存在民商事合同关系；而发票的交付方式，在法律并未明确规定的情况下，只要交付的方式和过程不违反法律的禁止性强制性规定即可。

三、资金回流是否构成虚开？

所谓资金回流，主要是指在虚开增值税专用发票案件中，为掩盖虚开事实，行为人往往制造存在真实交易的假象而虚构交易。在虚构交易的诸多环节中，其中一环便是虚构交易款项的支付，而支付的交易款项最终要以各种形式回流到支付方，如直接转回支付方的账户，而更常见

① 参见北京市第三中级人民法院行政判决书，(2017)京03行终164号。

的则是转回支付方主要负责人或有关员工的账户。

如果说资金回流是虚构交易的重要环节，那么是否意味着存在资金回流即属于虚构交易从而构成虚开？现代商业活动中，经济往来日益复杂与频繁，在具体案件中，对于开票方与受票方之间的资金往来是否属于为了虚构交易而进行的资金回流的判断，需要作出全面调查，必须与纳税人的生产经营能力、物流、购销等情况相结合进行综合考量，不能仅凭交易片段即武断认定存在虚开行为。

因此税务机关认定资金回流需注意以下几点：第一，确定“资金回流”是否客观存在，即是否有完整、客观的证据材料予以支撑，如银行流水、收付款申请单、收付款记录等。第二，明确资金往来的交易事实及法律依据。第三，双方是否均有回流的意思且就该笔交易本身以回流为条件。第四，资金回流是否缺乏合理的商业目的。第五，回流账户与交易对方账户是否不符或为隐蔽账户。

专业提示

实践中，货票分离并不必然构成虚开行为，纳税人通过“先卖后买”方式取得货物进行销售，提前开具增值税专票、之后取得进项发票，不宜认定为虚开。同时仅依据资金回流的事实，而不考察是否具有合理商业目的等实质要素，也不能武断认定构成虚开。

关联规则

1.《民法典》第二百二十七条

2.《发票管理办法》第二十一条

3.《发票管理办法实施细则》第二十九条

4.《国家税务总局关于纳税人对外开具增值税专用发票有关问题的公告》(国家税务总局公告 2014 年第 39 号)

100. 虚开发票的行政法责任有哪些?

(《增值税法》第三十七条)

如前所述,虚开发票的主体和目的的差异,可能导致认定行为性质和法律责任的差异。根据《税收征管法》第六十三条第一款的规定,纳税人伪造、变造、隐匿、擅自销毁账簿、记账凭证,或者在账簿上多列支出或者不列、少列收入,或者经税务机关通知申报而拒不申报或者进行虚假的纳税申报,不缴或者少缴应纳税款的,是偷税。由此可见,如果企业取得虚开的增值税专用发票用作成本扣除或者用于申报抵扣进项税额,可能会产生虚开发票和偷税的行政责任的竞合。

一、虚开发票在增值税上的后果

虽然增值税法律制度中并没有明确规定虚开,但相关法律制度早已明确了虚开发票不得抵扣进项。《增值税暂行条例》第九条规定,纳税人购进货物、劳务、服务、无形资产、不动产,取得的增值税扣税凭证不符合法律、行政法规或者国务院税务主管部门有关规定的,其进项税额不得从销项税额中抵扣。而《增值税法》第十六条第三款则从正面明确了"纳税人应当凭法律、行政法规或者国务院规定的增值税扣税凭证从销项税额中抵扣进项税额"。

即便是"善意取得"虚开发票,根据《国家税务总局关于纳税人善意取得虚开的增值税专用发票处理问题的通知》(国税发〔2000〕187号)的规定,对购货方不以偷税或者骗取出口退税论处,但不予抵扣进项税款。除非能重新取得合法、有效的专用发票,才准许其抵扣进项税款。

二、虚开发票的行政法责任

《增值税法》第三十七条明确规定,纳税人违反本条规定的,依照《税收征管法》和有关法律、行政法规规定追究责任。同比纳税人未依法开具和使用发票，可依照《发票管理办法》追究责任。

《发票管理办法》第三十七条第一款明确规定了虚开发票的法律责任："违反本办法的规定虚开发票的，由税务机关没收违法所得；虚开金额在一万元以下的，可以并处五万元以下的罚款；虚开金额超过一万元的，并处五万元以上五十万元以下的罚款；构成犯罪的，依法追究刑事责任。"

该条款中的"没收违法所得"，主要是指通过开票或介绍开票取得的开票服务费或中介费，而罚款的标准主要根据虚开的金额决定。对于《发票管理办法》规定的两档处罚幅度，各地均以区域为单位规定了本区域内的税务行政处罚裁量基准，如《华北区域税务行政处罚裁量基准》《东北区域税务行政处罚裁量基准》《中南区域税务行政处罚裁量基准》《华东区域税务行政处罚裁量基准》《西北五省（区）税务行政处罚裁量基准》等。这些基准充分考虑了违法行为的违法手段和危害后果，合理划分裁量阶次，进一步压缩裁量空间，确保税务行政处罚裁量权的公平合理，为相对人提供更加明确的遵从指引。

以《华东区域税务行政处罚裁量基准》为例，其细分了三类五档的处罚标准：违法程度较轻的，虚开金额在 1 万元以下的，没收违法所得，并处 5 万元以下罚款。违法程度一般的，虚开金额在 1 万元以上（不含本数）50 万元以下的，没收违法所得，并处 5 万元以上 10 万元以下的罚款。违法程度严重的：（1）虚开金额在 50 万元以上（不含本数）200 万元以下的，没收违法所得，并处 10 万元以上 20 万元以下的罚款。（2）虚开金额在 200 万元以上（不含本数）500 万元以下的，没收违法所得，并处 20 万元以上 50 万元以下的罚款。（3）虚开金额在 500 万元以上（不含本数）的，没收违法所得，并处 50 万元的罚款。

《东北区域税务行政处罚裁量基准》针对虚开金额不满 1 万元的，区分了“五年内首次”和“五年内二次以上”的情况，前者处1万元以下的罚款，后者处1万元以上(不含)5万元以下的罚款。

三、虚开发票与其他行政违法行为的责任竞合

对于主要不是以获得开票服务费或中介费为目的的行为人而言，一方面不存在违法所得可以没收，另一方面行为人通常的目的是偷逃税款或骗取税款，而《发票管理办法》第三十七条罚款50万元的上限对其的震慑力有限。因此《税收征管法》第六十三、六十六条分别规定了偷税、骗取国家出口退税款的法律责任，罚款的标准则是根据少缴的税款或骗取的退税款，结合行为的严重程度确定罚款适用倍数。偷税适用50%以上5倍以下的罚款，骗取国家出口退税款适用1倍以上5倍以下的罚款。关于具体如何适用，前述的税务行政处罚裁量基准也予以了进一步细化。

由此，根据《行政处罚法》第二十九条的规定，依据一事不二罚的原则，对于同时构成虚开发票和偷税的行为，按照罚款数额高的规定进行处罚。实践中，一般认定偷税的罚款数额相对较高，而税务机关在作出行政处罚决定之前，应当根据《行政处罚法》第四十四条的规定，履行告知义务。

四、虚开发票对纳税人信用的影响

《重大税收违法失信主体信息公布管理办法》(国家税务总局令第54号)第六条关于确定失信主体的违法行为中，涉及虚开发票的有：(1)虚开增值税专用发票或者虚开用于骗取出口退税、抵扣税款的其他发票的；(2)虚开增值税普通发票100份以上或者金额400万元以上的；(3)具有偷税、逃避追缴欠税、骗取出口退税、抗税、虚开发票等行为，在稽查案件执行完毕前，不履行税收义务并脱离税务机关监管，经税务机关检查确认走逃(失联)的。

对于税务机关依法确定的失信主体,纳入纳税信用评价范围的,按照纳税信用管理规定,将其纳税信用级别判为D级,适用相应的D级纳税人管理措施。对于依法向社会公布信息的失信主体,税务机关将失信信息提供给相关部门,由相关部门依法依规采取失信惩戒措施。失信主体信息自公布之日起满3年的,税务机关在5日内停止信息公布。

五、虚开发票的行刑衔接

《行政执法机关移送涉嫌犯罪案件的规定》(中华人民共和国国务院令第730号)第一条规定了适用的范围,即本规定适用于“破坏社会主义市场经济秩序罪、妨害社会管理秩序罪以及其他罪”领域。第三条则明确了行政执法机关向公安机关移送的法定职责。因此虚开发票涉嫌犯罪的,税务机关必须依法移送。

专业提示

实践中,对于虚开发票的行为,除了受票人无法抵扣增值税进项税额外,相关行为人还涉及相应的行政处罚。在不构成刑事犯罪的情形下,如行为人以虚开发票为手段、以偷税为目的,利用虚开的发票进行偷税,则按照偷税的规定即《税收征管法》进行处理。如仅有虚开行为,不涉及其他行政违法行为,则根据《发票管理办法》进行处理。

关联规则

1.《增值税法》第十六、三十七条

2.《税收征管法》第六十三、六十六条

3.《增值税暂行条例》第九条

4.《发票管理办法》第三十七条

5.《行政处罚法》第二十九、四十四条

6.《国务院办公厅关于进一步规范行政裁量权基准制定和管理工作的

意见》(国办发〔2022〕27 号)

7.《国家税务总局关于纳税人善意取得虚开的增值税专用发票处理问题的通知》(国税发〔2000〕187 号)

8.《华北区域税务行政处罚裁量基准》

9.《东北区域税务行政处罚裁量基准》

10.《中南区域税务行政处罚裁量基准》

11.《华东区域税务行政处罚裁量基准》

12.《西北五省(区)税务行政处罚裁量基准》

13.《行政执法机关移送涉嫌犯罪案件的规定》(中华人民共和国国务院令第 310 号)